YI JIANGXIN JIAO YUWEN

以匠心教语文

张华军 著

首都师范大学出版社
CAPITAL NORMAL UNIVERSITY PRESS

图书在版编目（CIP）数据

以匠心教语文 / 张华军著. —北京：首都师范大学出版社，2017.10
ISBN 978-7-5656-3677-6

Ⅰ. ①以… Ⅱ. ①张… Ⅲ. ①中学语文课—教学研究—高中
Ⅳ. ①G633.302

中国版本图书馆 CIP 数据核字（2017）第 155086 号

YI JIANGXIN JIAO YUWEN
以匠心教语文
张华军 著

责任编辑 王 静
首都师范大学出版社出版发行
地 址 北京西三环北路 105 号
邮 编 100048
电 话 68418523（总编室） 68982468（发行部）
网 址 http://cnupn.cnu.edu.cn
印 刷 北京九州迅驰传媒文化有限公司
经 销 全国新华书店
版 次 2017 年 10 月第 1 版
印 次 2017 年 10 月第 1 次印刷
开 本 710mm×1000mm 1/16
印 张 14.75
字 数 230 千
定 价 35.00 元

难能可贵的工匠精神

——为张华军文集序

华军的文集即将付梓，嘱我为序，我欣然应命。这倒不仅仅是义不容辞，更重要的是觉得它确很有现实的意义。

首先是知识性的意义。

中学语文教学不能局限于知识的传授，但也决不能忽视知识的传授。学生在中学阶段接受的知识会影响他们一辈子：正确的知识是正能量，错误的知识是负能量。我常常感叹一些“名家”所犯的常识性错误。据查，一位“大师”在一次讲演中就有八处知识性错误。这且不说，就我们常见的古诗文选本，特别是给孩子们用的语文教材，其注释、解说、鉴赏中的错误，足以令人不安。比如不知道“上”有“旁”“畔”之义，就把“忆昔午桥桥上饮”解释为“想当年在午桥的桥上喝酒”（蔡义江《宋词三百首全解》）——桥面上是饮酒作乐的地方吗？不知道“冰”还有“冻结”之义，就把“瀚海阑干百丈冰”翻译成“浩瀚沙漠上覆盖着百尺厚冰”（张碧波、邹尊兴编著《新编唐诗三百首译释》）——有百尺厚冰覆盖，那还是沙漠吗？每当看到这样的谬误，我就想到中学语文教师的责任：如果当初的语文教师工作到位，这些都已成为专家、教授的人怎还会犯这样低级的错误呢？大概是出于这样的认识与责任感，华军特别关注语文教材中知识性的错误，一字一词，甚至一个标点，都详加辨正，尽量不给学生造成终生之憾。比如，教材选了《论语》中“侍坐”一章，其中有“如或知尔，则何以哉”一句。历来的译文是“如果有人知道你们，那么你们打算怎么办呢”，连博学如杨伯峻者，在《论语译注》中的翻译也大体如此。但华军发现了这里的问题，并提出更为合理可信的解释：或，虽在一般意义上义为“有的人”，但这里却不能是随便什么人，而只能是君王之类，即有权有势的统治者；知，也不是一般意义上的“知道”“了解”，而是知遇、赏识。这样，才能引出下面诸弟子的话题。教材还选了《孟子》中“寡人之于国也”一章，其中有“黎民不饥不寒”一句，教参的译文是：“百姓没有挨饿受冻的。”这不是教参一家的解读，杨先生的《孟子译注》的译文也是：“一般百姓饿不着，冻不着。”一般人可能一辈子就这样理解了。华军在这里又发现了问题，辨正分析之后，他告诉我们，这里的“寒”讲作“受冻”是不妥的，而应该理解为“人对人的冷淡、薄情”。好，我们又长了一点知识，以后为学也好，闲谈也好，又少了一次出乖露丑的可能。例子还有很多。所以，仅仅从获得知识的角度，华军的书也值得一读。

其次是方法论的意义。

我们所谓的“方法”，是指发现问题、解决问题的思路与手段；所谓“方法论”，是指具有普适意义的方法——你可以用，他也可以用；今天有用，明天依然有用。任何科学有效的方法，都不可能来自什么人的灵光一现或主观臆断，而是来自对客观事物内在规律的体认与遵循。

上面我们说到华军重视知识的传授。进一步看，他的传授知识，也并非简单地“我讲你记”：老师给定标准答案，学生死记硬背。他研究教材有方法，传授知识讲究方法，进而整个课堂教学也讲究方法。

单从阅读教学的方面看，华军使用了一系列具有方法论意义的概念：文章诸因互解律、以文解文、以事解文、以理解文、以情解文，等等。

任何文本都是客观的存在，而任何客观存在的事物都是有规律的。文本各因素之间具有一种既互相制约又相互阐释的关系，我们谓之“文章诸因互解律”；基于对此规律的认知与遵循，我们提出“以文解文”的解读方法。

所谓“以事解文”，就是根据相关的事实、背景来解读文章。文章话语，总是产生于特定的时代、特定的环境，言说者总是有所为而言、有所指而说。所以，要准确把握文章本意，常常要把文章与特定的事实、特定的背景联系起来；而文章本身常常又没有提供这样的事实，所以，要在文章之外寻找参考的材料，或者参看既有注释，或者从自己的知识积累中去提取，或者去查书、去问人，这是一种方法，也是一种态度。

“以理解文”。读书不讲理，失之十万八千里。这里的“理”包括文理和事理两个方面。文理，就是诗文的脉络，文章内在的逻辑；事理，是指文章所涉事物的道理、规律。文理与事理，在一篇诗文中又常常互相牵连，一方不明，会影响到对另一方的理解。

解读文本，不仅要读出其中的“理”，还常常要体悟其中的“情”。除了要从整体上把握文本的情感基调，还要能从局部、从细节的叙写中体悟到作者的情之所在。这当然离不开对整体的把握，有时还要靠背景的支持，但有的文本并不使用情态语，也不让情感“溢于言表”，这时更需要睁开情感的眼睛，这就是“以情解文”。

我们看华军的文章，有一些直接就以某种方法为题；其他文章，从字词之解、标点之辨，到文章脉络之厘清、单元教学之设计，也无不渗透着“方法”的意识，这对还处于懵懂状态的教书者，是很好的启示与借鉴。

再次是精神上的意义。

近期有一个概念又“火”起来：工匠精神。一种“精神”之火，一方面说明它的重要，另一方面也正告白着它的稀缺。其实，在世风浮躁、人心如蓬的大背景下，兢兢业业、埋头苦干的“工匠”还是有的，只不过常常被忽视，甚至被藐视。在中学语文教学的领域，华军就具有一种工匠精神。

工匠精神的底色是良心。具体到语文教学，就是要坚守学科的本色，确实保障学生的权益——他们来上你的语文课，是来“学语文”的，是来学习如何把书读明白、把文章写得像样子的。如果你置此于不顾，而是“观上色以取恩宠”，或玩花招以逐名利，就是没有良心。不但要坚守本色，还要讲究效率。如今的世道，早已不允许十年寒窗只读经了。学生要学的东西太多，要做的事情太杂，高中的课表上划给语文学科的每周不过4—5个课时。所以必须讲究效率：争取在最少的时间内取得最大的收益。时至今日，一些“名人”还到处高唱“多读多写”的调子：他们告诉世人，学习语文的唯一途径就是多读多写。如果不是无知，那就是无耻；或者是无知导致了无耻。如果仅凭“多”就能解决问题，学生为什么还要上语文课？为什么还要有语文教师？据我观察，华军不仅坚守着语文的本色，还在不断追求着教学的效率——讲究“方法”就是讲究效率。这就是良心。

工匠精神的作风是严谨。一个真正的工匠，总是以极致的态度对待自己的产品，他们精雕细琢，精益求精、追求完美。这种精神，是各行各业都不可或缺的。十年磨一剑是工匠精神；千载莫高窟是工匠精神；“语不惊人死不休”是工匠精神；“批阅十载、增删五次”是工匠精神；就连孔夫子从“十五而志于学”到“七十而从心所欲”，一生不断修为不断进取，也是一种工匠精神。可以说，没有工匠精神，就没有精雕的国宝，没有丝绣的奇葩；没有工匠精神，就没有天安门城楼，没有嵩岳寺宝塔；没有工匠精神，就没有梅兰芳的京剧，没有齐白石的国画；到了今天，没有工匠精神，卫星上不了天，航母下不了海。华军不是名家，没有光环，但他是那么严肃认真，连一个标点都不肯轻易放过，不正是工匠精神的体现吗？

工匠精神的气质是坚定。坚守职业的良心，坚守自己的信念，是工匠精神的重要内涵。且不说社会的大环境，单就语文教学看，就足以令人迷惘而动摇。几十年来，语文教学可算是“改革”最热闹的领域。“文革”刚结束的时候，就有第一波的“改革”。那时候的时髦口号是“X 步法”，从“三步法”到“八步法”，步步为营，旗帜林立。但语文教学哪可能总是按那几步进行？初一时是那几步，到高一你还是那几步？教一篇小说你是那几步，教一首绝句你还是那几步？诸家之间已经显示着矛盾，实践中更不可能照此办理。但不管怎样，大凡举旗自立者，都得到了不错的收获：至少是赢得了“知名度”，更得意的是成了“教育家”。“X 步法”销声匿迹之后，又陆续冒出了不少口号：生活语文、生态语文、生命语文、绿色语文、深度语文、大语文、真语文……教法上也是花样不断翻新，今日“穿越”，明日“翻转”，接着又来了“整合”，等等。于是，又诞生了一批“教育家”。面对这波诡云谲的局面，不少教师陷于迷茫之中，也有不少人奋力跟风：生命语文？深刻啊，于是也来“生命”。绿色语文？时髦啊，于是也来“绿色”……穿越？神奇啊，于是他就来“穿越”。“翻转”，洋玩意儿啊，于是他就来“翻转”……但都不过是一阵风。风过之后，“教育家”们收拾收拾走人，跟风的或许分得一杯羹，但终究是愧对学子，也难以自立。华军从教近二十年，从一开始就确立了自己的方向，不为名利所动，不为时风所迷，至今终有所成，难能可贵，同行者自可借鉴。

文如其人。华军山东人，诚朴热情，勤奋好学，颇有山东好汉的本色。他的教学与治学，能有今日的成绩，也是老天不负苦心人。能与之为友，又有机会为其文集作序，幸哉幸哉！

王俊鸣
2017 年 4 月 21 日

目　　录

第一部分　备课札记

一、《烛之武退秦师》四则

1.“然郑亡”中的“然”是“然而”的意思吗

“然郑亡”中的“然”课本必修 1(人教社 2016 年 6 月第 10 次印刷)解释为“然而”，其余各大注本、译本基本都这样解释、翻译，这很不恰当。“然郑亡”的语境是“辞曰：‘臣之壮也，犹不如人；今老矣，无能为也已。’公曰：‘吾不能早用子，今急而求子，是寡人之过也。然郑亡，子亦有不利焉。’许之。”“然”前面说的是郑伯诚恳地向烛之武道歉，这是动之以情；“然”后面说的是郑国灭亡，烛之武也会深受其害，这句话有前提义：郑国人民深受其害，这是晓之以义，喻之以利。这是从“情”“义”“利”三方面来打动烛之武，烛之武才“许之”。既然如此，“然”所领起的内容和“然”前面的内容就是并列关系，而不是“转折”关系。如果“然”是表转折的关系，则语义的重点在转折词所领起的内容，则郑伯的真诚道歉岂不是虚伪了？岂不成了陪衬、装饰？而这绝不是郑伯的本意，郑伯的本意就是要以真诚来化解烛之武的情绪，烛之武没有情绪了，受到感动了，才能听得进去理性的“义”与“利”。那么，“然”应该怎么解释呢？“郑亡”很明显不是眼前的现实，而是假设的情况，因此应理解为“如果”；解释为“如果”，“然”所领起的内容和“是寡人之过也”就是并列关系。

“然”有“如果”的意思吗？常见的工具书如《辞源(第三版)》《大辞海(语词卷)》《汉语大字典(第二版，九卷本)》《汉语大词典(12 卷本)》《康熙字典》等均没有“如果”的意思。就笔者所见，两本讲虚词的工具书有此义项：

由王叔岷先生撰写、中华书局于 2007 年 6 北京第 1 次印刷的《古籍虚字广义》第 333 页：

“然”犹“如”也。《文心雕龙·指瑕》中有言：“全写则揭箧，傍采则探囊，然世远者太轻，时同者为尤矣[（要是）全盘照写，那就等于撬箱子的大盗，（要是）摘引一部分，那也等于摸荷包的小偷，要是抄古书就太轻薄，抄同时人就是过错。——笔者参考周振甫等诸先生的著作译出]。”“然”犹“如”也”。（“者”“则”互文，“者”犹“则”也，“者”“则”同义）

由解慧全、崔永琳、郑天一编著，中华书局于 2013 年 10 月北京第 2 次印刷的《古书虚词通解》第 558 页对“然”的解释：

犹……，若也。“然”与“若”互训，何休注《公羊》亦训“然”为“如”。此义《释词》不载。

例：①夫杨，横树之即生，倒树之即生，折而树之又生，然使十人树之，而一人拔之，即无生杨（杨树，横着栽种它就可以活，倒过来栽种它可以活，折断了栽种它同样可以活，如果让十个人栽种杨树，可是一个人拔杨树，那么就没有活的杨树了。——笔者译，有参考）。

②夫骅骝绿耳，一日而至千里，然其使之搏兔，不如豺狼（骅骝、绿耳那样的名马，一天能行千里，如果让它们去捕捉野兔，就不如豺与狼了——笔者译，有参考）。（《淮 • 主术》）此“然”字义并同“若”词。

2. 烛之武说辞的关键以及思路到底是什么——兼与《北京会考说明》商榷

《烛之武退秦师》乃千古名篇，而烛之武的说辞又是其中的关键，对烛之武说辞的关键及思路应该没有任何问题，可是就是这不成问题的问题却很成问题，请看《北京新课改版会考说明》（以下简称《说明》）对此的分析：

烛之武在与秦伯的谈话中，首先以“越国以鄙远，君知其难也”说明即使消灭郑国，秦国也无法越过别国统治郑国，又以“邻之厚，君之薄也”说明晋国的扩张意味着秦国势力的削弱；继而又分析了存郑对秦有益无害，接着以“许君焦、瑕，朝济而夕设版焉”的事实说明晋国的野心，利用两国矛盾来离间双方；最后得出亡郑是“阙秦以利晋”的结论，最终打动了秦伯。

对此，笔者实在不敢苟同，以献芹之论就教于大方之家。

第一，烛之武说辞的关键是什么？说“关键”之前先要了解烛之武游说秦伯的意图：首先要说服秦伯停止进攻自己，其次要离间秦晋联盟，只有这样才能彻底解除亡国之患，这里问题的核心是秦。游说秦伯的关键是什么？笔者认为当是“若亡郑而有益于君，敢以烦执事”，也就是说烛之武游说的着眼点是亡郑对秦国到底是有益还是有害，有益的话，您秦君就只管来亡郑好了，作为郑国使臣的烛之武要论述的当然是亡郑于秦无益甚至有害，顺此而下的意思当然就是烛之武游说秦君的主旨：如果亡郑于秦无益甚至有害，又何必亡郑呢？不过这一层意思对于作为使臣的烛之武来说只能是潜台词，面上只能从秦国的利益着眼。总之，游说秦伯的关键就是言之以利害，这一点清朝的余诚在《古文释义》卷一中说得很明白："'武见秦伯'一段，前一段就秦与郑说，后一段就秦与晋说，皆从利害上立言，反反复复，似深为秦筹者，委婉入情，令人自为心折，极是辞令妙品。"下面的说辞就是由"利害"这一关键生发出来的。而绝不是像"说明"中所说的"阙秦以利晋"为说辞的关键。"阙秦以利晋"是承着关联词"且"所领起的"若不阙秦，将焉取之"而来的，只是论证此关键的一个方面。

第二，由此关键出发的说辞及思路是如何展开的呢？

由关联词"且"知道，文章是从两个方面来展开游说的。"且"应如何理解呢？这要由前后两方面的关系来决定。

从"越国以鄙远"到"且"前面，是从哪个方面来晓之以利害的呢？由"若舍郑"知道前面说的是若亡郑于秦无益且有害："越国以鄙远，君知其难也"，此为无益；"焉用亡郑以陪邻？邻之厚，君之薄也"，此为有害，这两者是从反面说的。"若舍郑以为东道主，行李之往来，共其乏困，君亦无所害"说的是舍郑对秦有益("无所害"是有益的委婉说法)，这是从正面说的。在正反对比之中，亡郑于秦有益还是有害，一目了然。这是以地理位置("越国以鄙远""东道主")为客观依据来分析的。这是着眼于现实(或曰准现实)。这样秦便不会亡郑了。

从"且"到"惟君图之"，是从哪个方面来晓之以利害的呢？这一层谈的是亡郑后晋对秦的危害。这一层的关键才是"说明"中所说的"阙秦以利晋"。"阙秦以利晋"是如何体现的呢？文中是这样表述的："既东封郑，又欲肆其西封，若不阙秦，将焉取之？"这就是亡郑后"既东封郑"的后果，招来的只会有祸害。后果为什么如此严重呢？根本是"夫晋，何厌之有？"就是晋贪得无厌。烛之武认为晋贪婪的依据是什么？"君尝为晋君赐矣，许君焦、瑕，朝济而夕设版焉，君之所知也。"因此这一层是以历史事实为客观依据，合乎逻辑地推出了"阙秦以利晋"的结论。这是着眼于未来。这样秦晋联盟便被拆散了。

对此论证过程，清汪基在《古文喈凤》卷二中说得很明白："烛之武一席话，始则见亡郑而徒为晋利而无济于秦，继则见亡郑不但无益于秦且有害于秦，千回百折，字字沁入秦穆公心坎里。"

"且"表递进关系更好，也就不难理解了。

笔者认为，这样才算从根本上抓住了烛之武说辞的关键，才算大体抓住了烛之武说辞的思路。不知《说明》的编写者以为然否？

3.“敢”字献疑

2016 年 6 月出版的人教版必修 1《烛之武退秦师》中对“敢以烦执事”的翻译如下：“怎敢拿这件事来麻烦您”。这个翻译的问题有二：

(1)“敢以烦执事”的句末符号，课本标注的是句号，表示陈述语气，而课本的翻译，由于有“怎敢”这个反问词，应表反问语气，句末符号应为问号，很明显在语气上与课本不一致。用陈述语气比用反问语气更能表达准亡国之臣对征服者的谦卑，更有利于游说的成功。

(2)课本的翻译 ，“这件事”似指“自己来游说秦君退兵”(由徐中玉主编、浙江教育出版社出版的《古文鉴赏大辞典》即持此观点，将“敢以烦执事”意译为“我也不来找您谈了”，虽然在文意上可通，可惜在文中缺乏文字依据)一事，而从前文来看应该指的就是“亡郑”一事。“敢以烦执事”，这句话很明显在“以”后省略了代词“之”，“之”指代的是“亡郑”。这样烛之武这句话要表达的应是“您只管来灭亡郑国好了”，北京大学中文系编的《先秦文学史参考资料》也是这样认为的：“郑亡国而对秦有益，那就麻烦您用兵也无所谓。”由上海辞书出版社出版的《古文鉴赏辞典》也表达了同样的意思：假如灭郑对秦国有好处，那就麻烦您来吧。从课本的翻译中很难看出“您只管来灭亡郑国好了”的意思，相反，看出的倒是“您就别灭亡郑国了”这样的意思。

此句翻译的关键在“敢”字上。和本句相关的“敢”字义项有两个：“谦词，有冒昧的意思”和“副词，用于反问句，有‘岂敢’的意思”(商务印书馆出版的《古汉语常用字字典(第 5 版)》)，课本取的很明显是后一个义项，后一义项的语义不合适，前一义项合适吗？

笔者肯定地说前一义项合适：这样既符合烛之武应有的谦卑语气，又能表达烛之武“您只管来灭亡郑国好了”的意思。另外，商务印书馆出版的《古代汉语词典(第 2 版)》第 413 页关于“敢”的第三个注解“谦词，冒昧”中，列举的第一个例句就是此句。由人民教育出版社中学语文编辑室选编、人民教育出版社于 1962 年出版的《古代散文选》上册；袁行霈主编、由中华书局 2007 年出版的《中国文学作品选注》第一册；朱东润担任首席顾问、吴功正担任执行主编，由江苏文艺出版社于 1987 年出版的《古文鉴赏辞典》，对本句中的“敢”也都是作为“谦词，冒昧”来处理的，只是在表述上偶有差异，如“表敬副词”，实际是一回事。

4.“越国以鄙远”中的”鄙”是意动用法还是使动用法

课本必修 1 把“越国以鄙远”中的“鄙”解释为“边邑。这里用作动词”，将整个句子翻译为“越过别国而把远地当作边邑”，“远，指郑国”。很明显教材编写者把“鄙”理解为意动用法。对此，我有不同的想法，我认为“鄙”应为使动用法。

首先，从诸侯战胜国的心理可以得之。“越国以鄙远”前面的句子是“若亡郑而有益于君，敢以烦执事”，可见“越国以鄙远”的前提是“亡郑”，即郑国被秦晋灭亡，在这种情况下，秦晋都不可能“把远地当作边邑”，因为“把远地当作边邑”和自己的领土扩大没有必然的关系，而这是秦晋都不能容忍的。最大限度地将土地纳入自己的版图是诸侯国君共同的愿望，概莫能外，秦国当然也希望“使远地成为自己的边邑”。文中说晋东“封郑”，即如果亡郑后，由于地理位置的原因，晋使郑国成为自己的疆界，同理可推，难道秦会满足于只把郑当作自己的边邑，即满足于望梅止渴、画饼充饥？这不可能。两国尽管为秦晋之好，但国家利益永远至上，这是亘古不变的原则，从烛之武以不亡郑于秦“有益”为理由成功地说服了秦伯就可以看出来。因此，秦国当然要“让郑国成为自己的边邑”。因此要把“鄙”理解为使动用法。

其次，还可以联系上下文得出。“越国以鄙远，君知其难也。焉用亡郑以陪邻?”先看“其难”。“其”作为代词，指代的是“越国以鄙远”，如果把“鄙远”理解为意动用法，则“越国以鄙远”不难，如果把“鄙远”理解为使动用法，则“越国以鄙远”确实难。这样看来“鄙”为使动用法。

“焉用用亡郑以陪邻”有前提义“陪邻”，即给晋国增加土地。晋国的土地是如何增加的呢？秦国很难“越国以鄙远”，自然晋国就要使郑国成为自己的边邑，即下文(晋)“既东封郑”中的“封郑”。课本将“封”解释为“疆界，这里用作动词”，这里的“封“是使动用法。这样“鄙”与“封”同义，为使动用法。

从笔者所见的注本看，将“鄙”理解为使动用法的不多。由江西师范学院中文系选注、江西人民出版社于 1979 年 9 月第一次印刷的《历代散文选注》第 8 页将“越国以鄙远”翻译为“秦国越过晋国使远方的郑国成为自己的边邑”，由北大中文系中国文学史教研室选注、高等教育出版社于 1960 年 2 月第 3 次印刷的《先秦文学史参考资料》第 164 页将“越国以鄙远，君知其难也”理解为“假定秦征服了郑国，使郑国作为秦的边邑；那就必须超越晋国，才能把秦国的国境伸到很远的郑国去。您一定会想到，这样做是很难的”。上海辞书出版社 1997 年 12 月第 2 次印刷的《古文鉴赏辞典(上册)》第 15 页将“越国以鄙远，君知其难也”翻译为“秦在西，郑在东，中间隔着晋国。秦要超越晋国，把郑国的土地纳入自己的版图，作为自己的边邑，这是很难办到的”。由阴法鲁主编、北京大学出版社于1997年10月第1次印刷的《古文观止译注》第59页将“鄙远”翻译为“在遥远的土地上开辟自己的边邑”。由徐中玉主编、浙江教育出版社于1998年3月第3次印刷的《古文鉴赏辞典》第28页和由朱成器、仇洪伟主编，对外经济贸易大学出版社于1996年3月第1次印刷的《古文名篇新议》第2页，以及由殷义祥注、山东文艺出版社于2013年8月第1次印刷的《古文观止新注》第35页均将“鄙”解释为“设置边邑（设立边境）”。语虽不同，本质一样。

二、《荆轲刺秦王》六则

1.“试”字解释之我见

“以试人”中的“试”一般都不注解，大概编者以为都知道，应该是“试验”或“用”的意思？细推文意，其实不精准。

“以试人”的前文是“于是太子预求天下之利匕首，得赵人徐夫人之匕首，取之百金，使工以药淬之”，强调匕首的“利”即锋利和“淬”“药”后毒之剧，而后文则说“血濡缕”即血流汩汩和“人无不立死者”，前者是匕首“锋利”的体现，后面是匕首“剧毒”的效果，而“人无不立死”又是和“血濡缕”有因果关系的：“毒”通过“血”而进入人体。因此匕首“锋利”尤为重要。

那么，如何“试”才能体现出匕首的锋利？

按照我们的日常经验，“碰”一下就血流汩汩才可见匕首锋利。

“碰”的义项在工具书中有吗？

在《汉语大词典》中有“触”的义项，其后的例子是“《金瓶梅词话》第三一回：“‘且休教孩儿出来，恐风试着他。’”“触”即“碰”。从词义间的引申关系来看，“碰”是“试验”的具体表现，是语境义，更具体，更精确。

2. 是“年十二，杀人”，还是“年十二杀人”

当我读到课本必修1《荆轲刺秦王》“燕国有勇士秦武阳，年十二，杀人，人不敢与忤视。乃令秦武阳为副”中的“年十二，杀人”时，想秦武阳做荆轲副手时只有十二岁？这也太小了。再想，这不对。

尽管秦武阳十二岁能杀人，可这只能说明他胆量足够大，力气不小；“人不敢与忤视”，想必眼露凶光，可谓强悍，但要完成去刺杀秦王的重大使命，派一名十二岁的未成年人去，难道燕国举国的成年人勇士中就没有更强悍的？对于一个十二岁的孩子，要冒着生命危险去虎狼之国的秦廷刺杀秦王，这种心理压力绝对无法承受，这不合事理。因此当秦武阳“至陛下，秦武阳色变振恐”也就不足为奇了，也就在情理之中了，而这是太子丹在刺杀秦王的谋划中必须充分考虑的。所以，从事理考虑，秦武阳去刺杀秦王时不可能是十二岁。

说秦武阳年十二和荆轲出使秦国还有其他不合事理的地方。一个十二岁的没有闻达于诸侯的孩子要做出使秦国的使者，一般而言，这是对秦国的不尊重。或曰战国时秦国甘茂之孙甘罗十二岁不就出使赵国了吗？可《史记》上说得很清楚：甘罗能出使，虽然“年少”，但因为是“名家之子孙，诸侯皆闻之”，而秦武阳非“名家之子孙”，不在诸侯中闻名，如何能出使？

总之，秦武阳为副时不可能是十二岁。

如何才能让秦武阳为副时不是十二岁而是成年人呢？我们要分析“燕国有勇士秦武阳，年十二杀人，人不敢与忤视。乃令秦武阳为副”这两句话。前一句话的重点是“燕国有勇士秦武阳”，是后一句话“乃令秦武阳为副”的原因，那么“年十二杀人，人不敢与忤视”就是在解释秦武阳之“勇”的。秦武阳为什么被认为是“勇”士呢？例证就是他在十二岁的时候就杀过人，人们不敢与之对视。这样在句读上就要将“年十二，杀人”改为“年十二杀人”，即在十二岁的时候就杀过人。由张清常、王延栋编著，南开大学出版社于 1993 年 3 月第 1 次印刷的《战国策笺注》，以及由王守谦等译注、贵州人民出版社于 1996 年 3 月第 3 次印刷的《战国策全译》也是这样断句的。司马迁将《荆轲刺秦王》全文收入了《刺客列传》，将此句中的“二”改为“三”，由韩兆琦著、广西师范大学出版社于 1996 年 8 月第 2 次印刷的《史记选注集评》的断句也是如此。

3.“唯”字怎么理解更合适

“唯大王命之”课本翻译为“一切听大王的吩咐”，这一点 2007 年的课本和 2016 年的课本是一致的，不同的是 2007 年的课本特地将“唯”字解释为“‘希望’的意思”，而 2016 年的课本则将此解释删去了，何也？难道说是此注解有误？那“唯”又该作何解释呢？我们有必要对此进行探讨。

要解释清楚“唯”字，就必须先准确理解“唯大王命之”。

先看课本的翻译。按课本的解释，“唯”字当解释为“听任，随便”。“命”应为动词，可理解为“召见”，这有根据：“《广韵》：召也”，“召”又有“召见”的意思。如果直译的话，就是“听凭大王您召见燕使者”，这与课本的意译是一致的。语气虽委婉，不过却与蒙嘉“先言于秦王”的目的并不是很合拍：接受了荆轲“厚遗”的蒙嘉提前在秦王面前为荆轲说话的目的是希望秦王召见荆轲，况且蒙嘉又是秦王的宠臣，有什么话当然可以直说，而无须拐弯抹角、极尽委婉之能事。

因此，笔者以为课本将“唯”理解为“听任，随便”不是很合适，而如果理解为2007年课本“‘希望’的意思”更合适，这与蒙嘉的宠臣身份、与蒙嘉的说话目的是极其吻合的。另外，在《烛之武退秦师》中，有“唯君图之”一句，与“唯大王命之”的句子结构完全一致，课本将“唯君图之”翻译为“希望您考虑这件事”，将“唯”理解为“句首语气词，表示希望”，作为使者的烛之武对秦王说话尚且无须拐弯抹角，作为宠臣的蒙嘉又何必像课本翻译的那样“九曲回肠”呢？与此相同的句式还有《廉颇蔺相如列传》：“唯大王与群臣孰计议之。”(书下对“唯”的注解是“通常用在句首，表希望的语气。”)《左传·子产却楚逆女以兵》：“唯大夫图之。”《韩非子·初见秦》：“为人臣不忠，当死；言而不当，亦当死。虽然，臣愿悉言所闻，唯大王裁其罪。”《史记·高祖本纪》：“沛父兄皆顿首曰：‘沛幸得复，丰未复，唯陛下哀怜之。’”《史记·乐毅列传》：“恐侍御者之亲左右之说，不察疏远之行，故敢献书以闻，唯君王之留意焉。”汉袁康《越绝书·外传记范伯传》：“道听之徒，唯大王察之。”“唯”都作“希望”讲。

4. 到底谁“发图”

“发图”的主语是荆轲，这是大家的共识，可能因为教参也是这样认为的。最近因教授节选自《战国策·燕策三·燕太子丹质于秦》的《荆轲刺秦王》，就去看由张清常先生、王延栋先生编著，南开大学出版社出版的《战国策笺注》，两位先生在对《燕太子丹质于秦》注解之前有一句话：“本章为叙事体，盖自《史记·刺客列传》抄入，而删去首尾。因此两文可互解。对“发图”，两位先生注为：“‘发图’上《史记》及鲍本(即南宋鲍彪的《战国策校注》)有‘秦王’二字”。基于此，我们有必要辨析一番。到底谁“发图”呢？是秦王还是荆轲？

首先，看“发图”的前文：“轲既取图奉之”。“奉”，进献，“轲既取图奉之”说明图已经在秦王手中了，荆轲手中已经没有图了，又如何“发图”？发图的只能是秦王。

其次，看“发图”的后文：“因左手把秦王之袖，而右手持匕首揕之”。“因”作“趁机”讲更好，主语是荆轲。如果是秦王发图，古人的书写、绘图习惯都是自右而左的，看字视图也应如此。由后文的“秦王惊，自引而起”中的“自引而起(自己挣着站起来)”可知，此时秦王是坐着的。荆轲站在秦王的对面，当秦王自右而左打开地图至“图穷”时，右手距离匕首最近，当“图穷而匕首见”时，荆轲才最有可能“左手把秦王之袖，而右手持匕首揕之”。如果是荆轲“发图”，如何“因左手把秦王之袖”？这在文中没有根据。

因此，笔者以为“发图”的主语应为“秦王”。

5.“尺兵”解释献疑

对“而秦法，群臣侍殿上者，不得持尺兵”中的“尺兵”，人教社 2016 年出版的必修 1《荆轲刺秦王》将之注为：“尺寸之兵，指各种兵器”。《史记·刺客列传》及南宋鲍彪的《战国策校注》原文是“尺寸之兵”，将“尺兵”解释为“尺寸之兵”，可以理解，然而将“尺寸之兵”解释为“各种兵器”就不好理解了。难道“尺寸”有“各种”的意思？

查阅《汉语大词典》对“尺寸”有七种解释：①尺和寸，指量具。②形容事物些许、细小或低微。③指些少或微小的事物。如土地、才能、功劳、距离等。④法规；标准。⑤分寸，指适当的限度或程度。⑥指高低、长短、大小等。⑦指尺脉和寸脉。“尺寸”并没有“各种”的意思。比较一下，第二种注解较好。《辞源(修订本)》：尺寸皆微量，引申为少、短小或细微。1999 年版的《辞海·词语分册》，由北京教育出版社出版的《中学语文词典》均引此句，解释为“短小的兵器”。“微细”与“短小”义同。台湾出的《中文大辞典》同样引用此句，解释为“极短小之兵器也”。《李氏中文字典》将其解释为“物之大小长短”。

再看各家注解。张清常先生、王延栋先生的《战国策笺注》(1993 年出版)：“泛指各种武器。”不知这个解释由何得出。王伯祥的《史记选》：“不得持尺寸之兵：不许携带些许武器。尺寸言其微细。”由人民文学出版社出版，罗根泽编、戚法仁注的《先秦散文选》：“尺兵，形容其短小。”由浙江教育出版社出版，徐中玉主编的《古文鉴赏大辞典》：“尺寸之兵，指任何极小的武器。”

综合来看，“尺兵”当解释为“短小的兵器”，“不得持尺兵”即再小的兵器都不许带。

6.“王负剑！王负剑！”下引号的位置献疑

我认为“王负剑！王负剑”下引号的位置应该在第一个“王负剑”的后面。原因如下：

首先，从句子内部看，没有第二个“王负剑”的动作，与“左右乃曰：‘王负剑！’”的呼应又在哪里？

其次，从句子前后看秦王的动作，如果下引号的位置如课文所说，前面是"秦王方还柱走，卒惶急不知所为"，后面紧接着就是"遂拔以击荆轲"，请问"左右"提醒"王负剑"又有何用？这次和前面"左手把秦王之袖，而右手持匕首揕之"时的情况几乎一样，同样是"恐急"，同样是"剑长"，同样是"剑坚"，同样是"不可立拔"，前面都击不了荆轲，这次如果没有"王负剑"的动作，秦王又如何"遂拔以击荆轲"？

因此，"王负剑！王负剑"下引号的位置应该在第一个"王负剑"的后面。

由罗根泽编、戚法仁注，人民文学出版社于 1997 年 10 月第 1 次印刷的《先秦散文选》选入了《战国策》中的这篇文章，下引号就在第一个"王负剑"之后。司马迁的《史记·刺客列传》中有荆轲的传记，《战国策·燕三·燕太子丹质于秦》几乎被全文照录，改动的地方不大，此处司马迁就改为"王负剑负剑"，少了一个"王"字，更简洁了，但意思不变。此外，以中华书局 2016 年 2 月第 2 次印刷的点校本二十四史修订本《史记》和由王伯祥选注、人民文学出版社于 1997 年 5 月第 1 次印刷的《史记选》为代表的选本均如此标点："'王负剑！'负剑"，下引号仍然在"王负剑"之后。

三、《鸿门宴》选文指瑕

《鸿门宴》节选自《项羽本纪》，主要叙述了项羽进入函谷关后与刘邦的一场战斗，是传统篇目，选文二十多年来一直如此。

叙事性选文的标准是什么呢？独立成篇应是根本的要求，照应当然要做好。

《鸿门宴》多次提到"遣将守关"的事。张良献策时提过：张良曰："谁为大王为此计者？"曰："鲰生说我曰：'拒关，毋内诸侯，秦地可尽王也'，故听之。"沛公向项伯"奉卮酒为寿"时辩解"所以遣将守关者，备他盗之出入与非常也。"樊哙闯帐时也说："故遣将守关者，备他盗出入与非常也。"既然如此，"遣将守关"的事选文怎么没提呢？怎么可以不提呢？如此，岂不失之于照应？

其实，文章开头"沛公军霸上"前正好有这么一段文字："行略定秦地，函谷关有兵把守，不得入。又闻沛公已破咸阳，项羽大怒，使当阳君等击关。项羽遂入，至于戏西。"如果补上这一小段文字，选文就针脚绵密、有呼有应了。另外加上此段文字，有此"项羽大怒"，使下文的"项羽大怒：旦日飨士卒，为击破沛公军"提供了更充分的理由，否则项羽一听曹无伤的话就信以为真，岂非真莽夫一个？同时加上此段文字也可以更好地体现项羽火爆的脾气、自负的性格。

由中华书局出版的点校本二十四史修订本《史记》；由王伯祥选注、人民文学出版社出版的《史记选》；由韩兆琦著、广西师大出版社出版的《史记选注集评》；由徐中玉主编、浙江教育出版社出版的《古文鉴赏大辞典》；由袁行霈主编、中华书局出版的《中国文学作品选注》就是这样分段的。

由上海辞书出版社出版的《古文鉴赏辞典》，由人民教育出版社中学语文编辑室选编、人民教育出版社 1962 年出版的《古代散文选》，由吴功正任执行主编、江苏文艺出版社 1987 年出版的《古文鉴赏辞典》，在“行略定秦地”前加了一句话“楚军夜击阬秦卒二十余万人新安城南”。

当然，笔者也注意到了个别出版物，如由钱伯城主编、上海古籍出版社出版的《古文观止新编》和课本是一样的，但毕竟是少数。

四、《赤壁赋》两则

1.“知不可乎骤得”，客想得什么

苏轼的《前赤壁赋》是文采与哲理完美结合的佳作。哲理部分主要体现在第三、四段，第三段是客对苏子所问“何为其然(指箫声充满了悲伤)也?”的回答，第四段是苏子以哲理解开了客心中的疙瘩，客因此“喜而笑”(第五段)。对于苏子的疑问，客的回答最后归结到“知不可乎骤得，托遗响于悲风”，这两句之间很明显是因果关系，那么客到底想“得”到什么？对此，各种鉴赏文章或语焉不详，或理解不准，本文试对此求解。笔者认为客想“得”到的内容有两个：功业永垂和生命长存。前者是就人的社会价值而言，后者是对人的自然生理而言。这可以从第三、第四段中推究获得。

先从内容上探求。

先看第三段。客的回答，由望天(“月明星稀”句)、望地(“西望夏口，东望武昌”句)引出曹操这个历史人物，赞叹其“固为一世之雄也”，却以“而今安在哉”作结，哀叹功业永垂千古不可得，一世之雄如曹操者尚且如此，“况吾与子渔樵于江渚之上，侣鱼虾而友麋鹿，驾一叶之扁舟，举匏樽以相属”，何况我和你这些无名小辈、凡夫俗子，怎可奢望建功立业？即使梦想成真，又当如何？“风流总被雨打风吹去”“浪淘尽千古风流人物”而已。这是一层，认为功业永垂不可得。再看后面："寄蜉蝣于天地，渺沧海之一粟。哀吾生之须臾，羡长江之无穷。挟飞仙以遨游，抱明月而长终"，中心句是"哀吾生之须臾，羡长江之无穷"，通过一"哀"一"羡"，哀痛于企羡生命长存而不可得。

再看第四段。苏子说了几层意思来解开客心中的疙瘩？由"且夫(再说)"可知说了两层。先看"且夫"前面的内容："客亦知夫水与月乎？逝者如斯，而未尝往也；盈虚者如彼，而卒莫消长也。盖将自其变者而观之，则天地曾不能以一瞬；自其不变者而观之，则物与我皆无尽也，而又何羡乎？"作者以水和月为例，对"变"与"不变"两方面都作了辨析，强调了"不变"这一面："自其不变者而观之，则物与我皆无尽也"，即生命是永恒的，客不必"哀吾生之须臾"，也不必"羡长江之无穷"了。苏子是如何解开客"功业之无用"这个疙瘩的呢？再看由"且夫"引起的第二层。"且夫天地之间，物各有主，苟非吾之所有，虽一毫而莫取。"看似宿命论，其实是作者用来对待功名富贵、得失荣辱的。既然功名事业不扰我心，那么如何让永恒的生命幸福快乐呢？"唯江上之清风，与山间之明月，耳得之而为声，目遇之而成色，取之无禁，用之不竭，是造物者之无尽藏也，而吾与子之所共适。"寄情山水、用心明月，足矣。然则功业无用与有用于我又有什么关系？又怎会奢望功业永垂？所以这一层是针对客感慨于功业永垂不可得而发的。苏轼的这两番有针对性的劝解怎能不使"客喜而笑"？

由以上对内容的探求可知，"不可乎骤得"中"得"的内容确实是功业永垂、生命永恒。

再从语言标志上印证。

既然第三、第四段在内容上是相对的，则在语言上也应当有标志。第四段中"且夫"前的"自其不变者而观之，则物与我皆无尽也，而又何羡乎？"和第三段中的"哀吾生之须臾，羡长江之无穷"形成对照，故知这表达不同观点的两句话所在的层次当为对同一内容即生命是否永恒的不同态度。第四段中的"而吾与子(之所共适)"和第三段中的"况吾与子(渔樵于江渚之上)"相照应，则这两句在层次上阐明的内容至少当密切相关。

故客想得到的是功业永垂、生命长存。

2."逝者""盈虚者"该如何解释

"逝者如斯，而未尝往也；盈虚者如彼，而卒莫消长也"，人教版课本必修3将"斯"解释为"此，这里指水"，将"彼"解释为"那，这里指月亮"，对整个句子的翻译则是这样的："流去的(水)像这样(不断地流去)，而并没有流去；时圆时缺的(月亮)像那样(不断地圆缺)，却终于没有增减。”

这里的关键之一是“如”字该作何解释。

一是可以理解为比喻词：像，如同。这样的话，解释和翻译之间就存在矛盾：既然“斯”是指“水”，“彼”是指“月亮”，照此，“逝者如斯，而未尝往也；盈虚者如彼，而卒莫消长也”就应该翻译为“流去的(水)像水一样(不断地流去)，而并没有流去；时圆时缺的(月亮)像月亮一样(不断地圆缺)，却终于没有增减”，以水喻水，以月喻月，这还是比喻吗?

我认为“斯”“彼”的解释没有错：因为对于在江上泛舟的苏轼他们而言，水在近处，故以“斯”指代，正如《论语·子罕》“子在川上曰：‘逝者如斯夫!不舍昼夜’”中的“斯”；月亮在远处，故以“彼”指代。既然如此，问题就出在对“逝者”“盈虚者”的翻译上。

首先，“者”在此没有确指，是泛指一切事物，是概而言之，可译为“……的事物”。为什么呢?因为后文“盖将自其变者而观之，则天地曾不能以一瞬；自其不变者而观之，则物与我皆无尽也，而又何羡乎!”中的“盖”表明这句话是对上文的议论，则两个代词“其”均指代“逝者”和“盈虚者”。而从本句看，两个“其”指代的内容包括“天地”，也包括“物与我”。

其次，课本将“逝”解释为“往”是对的，因为在“逝者如斯，而未尝往”中，“逝”与“往”同义互解，则“逝者”可解释为“消逝的事物”；同样，“盈虚者如彼，而卒莫消长也”中“盈虚”与“消长”同义互解，“盈虚”“消长”，《汉语大词典》对这两词的解释是“变化”，因此“盈虚者”就是“变化的事物”。

这样整个句子的翻译就合乎比喻的要求了，和下文的相承相连也就顺理成章了。

二是，“如”字也可以理解为表示举例。我们讲一个道理，要举例说明之，常用这个“如”字——唐代有很多大诗人，如李白、杜甫、白居易等。

如果是这样，东坡先生就是在拿“水”和“月亮”举例。这样，课本对“逝者”“盈虚者”的解释仍然是错误的，仍然要依据上面的解释，因为举例前的内容必须是概括性的。这两句话就可以这样翻译：看上去流逝的事物，就像这水，其实并没有流逝；看上去不断变化的事物，就像那月亮，其实也并没有变化。

五、《琵琶行》两则

1. “轻拢慢捻抹复挑”中的“捻”用“撚”更好

“轻拢慢捻抹复挑”中的“捻”改为“撚”更好，理由有二：

首先，从词义、读音辨析。“捻”，课本说是“揉弦”，笔者从商务印书馆出版的《古代汉语词典(第2版，大字本)》第1046页中见到了相似义项：“弹奏丝弦乐器的一种指法”，其所附的例句中有一个“捻”的对象确实是“琵琶”——黄姬水《听查十八弹琵琶》：“抑扬按捻擅奇妙，从此人间第一声”，这样看来，用“捻”也未尝不可，但不读“niǎn”，而是读“niē”，这让我大吃一惊，教书近二十年了，一直读“niǎn”，难道我读错了？难道我误人子弟快二十年了？再翻阅其他工具书，商务印书馆《辞源(第三版)》中和乐器有关的，也读“niē”，意思是：“按，捏。《文苑英华》卷七一‘南朝’中梁文帝筝赋：‘照琼环而俯捻，度玉爪而徐牵’。”《汉语大字典(第二版，九卷本)》《汉语大词典》基本与《辞源》相同，不过只解释为“按”，《汉语大字典》例句中的宾语为“窍”“管”，对象为管乐器，而不必是弦乐器。也就是说，对“捻”是否解释为与琵琶有关，是存在争议的。而“撚”，各工具书，如商务印书馆出版的《古代汉语词典(第2版，大字本)》《古汉语常用字字典(第5版)》《辞源(第三版)》《汉语大字典(第二版，九卷本)》《汉语大词典》等无一例外都将“撚”解释为“弹奏琵琶的一种指法”，并且其后的例句正有“轻拢慢撚抹复挑”，且大多只有此句，“撚”读“niǎn”。综合比较词义、读音，用“撚”比用“捻”更好。

或曰“捻”与“撚”可以为通假字，猜测可嘉，却很难成立：在台湾1968年出版、大陆1982年翻印的《中文大辞典》第14册第353页明确指出，只是在“手捏(即引棉作线或揉纸使紧)”这一义项上才通假，显然这一义项不符合本诗所提供的语境。

其次，从版本考察。由上海辞书出版社出版的影响较大的《唐诗鉴赏辞典》；由中华书局1959年据四藤唫社本印刷的《唐诗三百首》；由袁行霈先生任主编、中华书局在2007年出版的与面向21世纪课程教材《中国文学史》相配套的《中国文学作品选注》；由顾学颉、周汝昌选注，人民文学出版社于1986年出版的《白居易诗选》；由苏仲翔先生选注、古典文学出版社1957年出版的《元白诗选》；由霍松林先生译注、百花文艺出版社于1960年出版的《白居易诗选译》；由马茂元先生选注、上海古籍于 2000 年出版的《唐诗选》等较有影响的版本用的即是“撚”字而非“捻”字，当然也有个别版本用的是“捻”，就笔者所见，有由谢思炜选注、中华书局于 2005 年出版的《白居易诗选》和由萧瑞峰、彭万隆撰写，上海古籍于 2003 年出版的《刘禹锡　白居易》等，但影响很小。这样，综合比较版本，用“撚”还是比“捻”好。

综上所述，“轻拢慢捻抹复挑”中的“捻”用“撚”更好。

2.“又闻此语重唧唧”中“重”字读“zhòng”较为合适

“我闻琵琶已叹息，又闻此语重唧唧”中“重”的读音，开始我读为“chóng”，理由是这两句可看作用了“对偶”的修辞，“已”，已经，副词，这样“重”应与“已”词性相同，则译为“又”较合适。但后来认真辨认，发现这根本就没用什么“对偶”的修辞；若将“重”译为“又”，和前面的“又”字就重复了，有叠床架屋之嫌。这是从局部看。

再从整体看。对于琵琶女的行止，作者有三次反应，依次是：“我闻琵琶已叹息”“又闻此语重唧唧”“座中泣下谁最多？江州司马青衫湿”。很明显，作者的反应应是逐步深入的，这样才符合“同是天涯沦落人，相逢何必曾相识”的“天涯沦落”之恨。因此“重”应为“重重地”才符合语境。

由此观之，“又闻此语重唧唧”中“重”字读“zhòng”较为合适。

六、《寡人之于国也》一则

“黎民不饥不寒”中的“寒”是“受冻”的意思吗

人教版教参(2016 年 7 月第 2 版)第 80 页的“参考译文”对“七十者衣帛食肉，黎民不饥不寒”的翻译是“七十岁的人能穿上丝织品、吃上肉食，百姓没有挨饿受冻的”。很明显，教材编写者认同“寒”是“受冻”的意思。这很明显错了。

“七十者衣帛食肉，黎民不饥不寒”是对本段前文的概括。“七十者衣帛”概括的是“五亩之宅，树之以桑，五十者可以衣帛矣(五十岁的人都可以‘衣帛’，七十岁的人当然更应该、更可以‘衣帛’)”，“七十者”“食肉”概括的是“鸡豚狗彘之畜，无失其时，七十者可以食肉矣”，“黎民不饥”概括的是“百亩之田，勿夺其时，数口之家可以无饥矣”，那么“黎民”“不寒”概括的就只能是“谨庠序之教，申之以孝悌之义，颁白者不负戴于道路矣”，“谨庠序之教，申之以孝悌之义，颁白者不负戴于道路矣”能概括出老百姓不“受冻”吗？与老百姓不“受冻”有什么关系？“寒”应该怎样理解呢？

由于概括语中的“衣帛”“食肉”“不饥”均是从结果句(即“五十者可以衣帛矣”“七十者可以食肉矣”“数口之家可以无饥矣”)中提取出来的，对“寒”的理解也要从“颁白者不负戴于道路矣”中提取出来：由于学校认真(“谨”)地、反复(“申”)地对学子进行了“孝悌”的教育，这样“头发花白的老人不会在路上背着或顶着东西了。意思是年轻人知道孝敬老人，都来代劳了”。(翻译见人教版 2016 年 6 月课本必修 3 第 47 页)这样老人心里温暖，全社会的老百姓心里也温暖，因为谁都有老的一天，这样人对人就不会冷淡、薄情了，就不会有所谓“扶不扶”的纠结，正所谓“黎民不寒”。

《汉语大词典》(12 卷本)第三卷第 1542 页对“寒”有个解释“对人冷淡；薄情。《左传·闵公二年》：‘羊舌大夫 曰：‘不可。违命不孝，弃事不忠。虽知其寒，恶不可取。子其死之！’杜预注：‘寒，薄也’。”用在此句很合适。

七、《过秦论》两则

1.“抗”注商榷

“陈涉之位，非尊于齐、楚、燕、赵、韩、魏、宋、卫、中山之君也；锄耰棘矜，非铦于钩戟长铩也；谪戍之众，非抗于九国之师也；深谋远虑，行军用兵之道，非及向时之士也。”对“抗”的注解，人教社必修 3(2016 年 6 月第 10 次印刷)将之解为“匹敌，相当”，而以前好几年课本均将之解释为“高、强”，究竟哪一个注解更合适呢？笔者以为解释为“高、强”更合适。为什么呢？这主要是从文章的形式着眼的。

以上所引课文是一个相对完整的内容，说的是秦王朝守天下时的对手陈涉和秦国夺天下时的对手六国不可同日而语。贾谊采用了他所擅长的赋的艺术表现手法“铺采摛文”，从领袖的地位、武器装备、军队素质、指挥作战能力四个方面来渲染一番。其中前三句所采用的结构为“……非(尊、铦、抗)于……”，很明显使用了排比的修辞，则“尊、铦、抗”的词性应是一样的，“尊”“ 铦(锋利)”为形容词，则“抗”也应为形容词，解释为“高、强”更合适。

2.“为之谋”注解指瑕

《过秦论》第二段充分渲染秦国攻取天下时其对手九国合纵后的强大——

主明、士良、地广、兵众，其中对“士良”是这样铺叙的：“于是六国之士，有宁越、徐尚、苏秦、杜赫之属为之谋，齐明、周最、陈轸、召滑、楼缓、翟景、苏厉、乐毅之徒通其意，吴起、孙膑、带佗、倪良、王廖、田忌、廉颇、赵奢之伦制其兵。”2016 年 6 月印刷的人教版必修 3 第 51 页注解①，将“为之谋”解释为“替他们谋划”，谬矣！

单从此句看，“……之属为之谋，……之徒通其意，……之伦制其兵”，三项连说，很整齐，分明是排比句。这样，“为之谋”“通其意”“制其兵”结构应相同：根据书中翻译“通其意，沟通他们的意见”，“制其兵，统帅他们的军队”，均为动宾结构，“为之谋”也应该是动宾结构，而“替他们谋划”则是由状语和中心词组成的修饰关系，因此这个翻译是错误的。

应如何注解才是正确的？

根据结构相同的原则，“为”应和“通”“制”一样，是动词，而不是介词，“谋”应为“名词”而不是动词“谋划”，“之”应与“其”通，为修饰语。既然两个“其”意思相同，语境也相同，则“之”即“其”，但“之”能训为“其”吗？

“之”训为“其”，王引之在《经传释词》中已有训诂。今略举《广释词》《汉语大词典》中的几个例子来验证。

张华《晋冬之初岁小会歌》：宣其壅滞，训之德音。“之”“其”互文，“之”犹“其”也。

《武王伐纣平话》卷中：“纣王令推上法场，斩之老母”。

清王士禛《池北偶谈・谈异五・女化男》：“乃之聘礼，还之夫家”

这样“之”即“他们的”，与其响应，“谋”应为“参谋”，“为”则与之对应译为“做”，读阳平调。“为之谋”就可以译为“做他们的参谋”。

这样，排比的节奏更强烈了，散文赋体化的特点就更突出了。贾谊是辞赋家，总览全文，用词造句多排比，笔酣墨饱，读来酣畅淋漓，实际使用的是辞赋手法，特别是这些天下之士，如果认真考察一下年代，有些人相去甚至上百年，如果是历史学家，这样写是不足为训的，但辞赋家却容许以如此集中、夸张的排比句式来取得打动读者的效果，由此更可见贾谊作为辞赋大家对散文语言赋体化的创新。

八、《归去来兮辞》三则

1. 如何理解“脱然有怀”

人教版必修5(2016年6月第9次印刷)将“脱然”理解为“轻快的样子”，将“有怀”理解为“有所思念”，那么“脱然有怀”就可以翻译为“轻快地有所思念”。以“轻快”修饰“有所思念”，首先，请问教材编写者这种搭配通顺吗？其次，作者怀念什么？根据下文“求之靡途”“故便求之(指彭责令)”，难道作者在怀念为官之事？可上文并没有提示之前做过官，根据下文“及少日，眷然有归欤之情”，作者不可能思念为官之事。君不见靖节先生在《归园田居(其一)》中说“少无适俗韵，性本爱丘山”吗？

如何理解才好？首先，看“有怀”。根据上文“亲故多劝余为长吏”和下文的“求之靡途”“遂见用为小邑”“故便求之”，可以肯定地推断：“怀”指做长吏的想法。查商务印书馆出版的《古汉语常用字字典(第5版)》《古代汉语词典(第2版)》及《汉语大词典》《汉语大字典》，“怀”均有“心意”的意思。其次，对于“脱然”，赵丕杰的《中学文言难句析疑》认为，“‘脱’为或然之词，犹言偶然，盖魏晋南北朝时常用语。”“言本无心出仕，出于‘亲故多劝余为长吏’，这才偶然产生了出仕的念头。注者多以先秦古语求之，故不得其解。”此言得之。《归园田居(其一)》陶渊明不是说自己“误落尘网中”吗？

2. 如何理解“会有四方之事”

“会有四方之事”课本注为“指他接受建威将军江州刺史刘敬宣的任命出使的事”。这个批注实在是荒谬。请问：“他接受建威将军江州刺史刘敬宣的任命出使”不是官职吗？何来上文的“求之靡途”？既然是官职，诸侯又以爱惜人才为美德，家叔又怜惜陶渊明贫苦，下文又怎能说陶渊明被任用到小县做县官？难道使者的官职会比县官还小？不可解矣。对此，袁行霈的解释让人心服：“四方，诸侯也。‘四方之事’，即诸侯之事，与下文‘诸侯以惠爱为德’呼应。‘事’，变故，多指重大的政治军事事件。此处所谓‘四方之事’指当时刺史、都督之间及其与东晋王朝间的矛盾战争，即自王恭起兵以来变幻莫测的政治局面。”(由袁行霈撰、中华书局出版的《陶渊明集笺注》第467页)。

3. 如何理解“心惮远役”中的“役”

“心惮远役”，课本翻译为“心里害怕到远方服役”。“服役”，《现代汉语词典(第6版)》或解释为“服兵役”，这和陶渊明没有关系，或解释为“旧时指服劳役”，这和陶渊明更没有关系了。可见这个解释脱离了语境。“役”，根据上文的“遂见用为小邑”，可知“役”应指“为小邑”，即做小县的县官。又根据下文，“故便求之(彭泽县令)”，为什么？不仅是因为彭泽距离家近，仅有一百里，而且“公田之利，足以为酒”。这样彭泽县属于“小邑”，属离家比较近的“小邑”，做彭泽令就不属于“远役”。这样，根据上下文推断，“役”应为“做小县令”。查工具书，发现商务印书馆出版的《古代汉语词典(第2版)》及《汉语大词典》有“供职做官”的义项。《汉语大字典》更有“职位低微的官员”的义项，在文中可引申为动词：做职位低微的官员，在文中指做小县的县令，岂不合适？

九、《滕王阁序》一则

“时运不齐”中的“齐”应该怎么读

“不齐”，人教版必修5(2016年6月第9次印刷)第31页将之解释为：“有蹉跎、有坎坷。”对“齐”没有注音。那么，“齐”就有与“蹉跎”“坎坷”相反的意思，即“得意”“顺利”的意思。“齐”的这个义项，商务印书馆出版的《古汉语常用字字典(第5版)》《古代汉语词典(第2版)》《古今汉语词典》中没有，中华书局出版的《王力古汉语字典》中没有，上海辞书出版的辞海版的《古汉语大词典》中也没有。在第二版九卷本的《汉语大字典》第八卷的第5099页，“齐”有个义项：通“济”，其下面有两个义项：“成”和“止息”，这两个义项不合语境。但在12卷本的《汉语大词典》第12卷第1426页读“jì”的读音下有个义项“通‘济’”。之后下面有四个义项，不仅有“成”和“止息”这样的义项，还有“好；顺利”这个义项，其后有三个例句：“唐王勃《滕王阁诗序》：‘时运不齐，命途多舛。’元无名氏《举案齐眉》第三折：‘虽然时运不齐，他可也志不灰。’明朱权《私奔相如》第四折：‘文齐福不齐’。”

这样看来，“时运不齐”中的“齐”是“好；顺利”的意思，应该读“jì”。

十、《逍遥游》两则

1.“野马也，尘埃也，生物之以息相吹也”句义之我见

课本人教版必修5(2016年6月第9次印刷)对此句的解释是：“山野中的

雾气，空中的尘埃，都是生物用气息相吹拂的结果。野马，游动的雾气，春天山林沼泽中的雾气奔腾如野马。”这句话翻译的错误是显而易见的。

第一，这不符合事理。“山野中的雾气，空中的尘埃”怎么能是“生物用气息相吹拂的结果”?《现代汉语词典(第 6 版)》对“雾气”形成原因的解释是“气温下降时，在接近地面的空气中，水蒸气凝结成的悬浮的微小水滴”，这与“生物”的“气息”有什么关系？对“尘埃”的解释是“附在器物上或飞扬着的细土”，或许与“生物”的气息有关系，但不是唯一的原因，怎么能说“都是”？如风吹也可以。

第二，这不符合文理。作者写这句话的用意是什么？如果这样翻译，和上文的大鹏乘着六月的“息”(风)去往九万里的高空能有什么关系？和后文人们从地上往上看、大鹏的“视下”又能有什么关系？

对这两句话的理解向来众说纷纭。如何理解才符合事理、通于文理？我对此的思考如下：

首先，“野马也，尘埃也”描述的是什么呢?

这要从庄子的表达方法说起。庄子用了三种方法来表达“道”，其中“重言十七”，即借重古人的话，十之七能被人信，这样原文和“重言”可以就互解。对大鹏从大海到高空的过程，借助“棘”(“汤之问棘也是已”)的“重言”中有一句：“绝云气”，“云气”就正是此处所说的“野马也，尘埃也”，同义互解。这样，郭象注“野马”为“游气也”，我认同，因为这属于“云气”，可以解释为“如野马般的云气”；“尘埃”，却不是“空气中的尘埃”，因为这不是“云气”，“野马”既是比喻，“尘埃”也应是比喻，这也是保持文理顺畅的需要，应是“如尘埃般的云气”，因此我也认为将“野马”“尘埃”都指“云气”更好。崔譔说：“天地间气如野马驰也，天地间气蓊郁如尘埃扬也。”罗勉道说：“野马、尘埃喻游气也。”(这两位先生的说法均摘自中华书局 2012 年出版的《庄子岐解》第 8 页)。另外，根据“绝云气”中的“绝”“直上穿过(见课本注解)”可知，这“云气”乃是从北海到高空的，和“山林沼泽”有什么关系？这“云气”乃高空中的云气，绝不可能是山林沼泽中的云气。

其次，“生物之以息相吹也”怎么理解更好呢?

这句和“野马也，尘埃也”构成因果关系，解释“野马也，尘埃也”的由来。这“云气”的形状是怎么来的呢？根据前文，是被“六月息”(即“扶摇”风)吹出来的，而这“六月息”是造化所为，是大自然的现象。因此罗勉道、王夫之、王懋竑等诸先生都将“生物”解释为“造化”“造物”(出处同上)，而“以息相吹”

之"息"应与"去以六月息者也"中的"息"字同义；"之"，助词，取独；"相"，代词，偏指动作的一方，指代"云气"，这句话就可以翻译成：(云气的不同形态)是大自然用风(即旋风)吹云气所形成的。

再次，"野马也，尘埃也，生物之以息相吹也"是从什么角度写的？

这要从文理入手。先看后文。根据"绝运气"的"绝"，可知这"云气"是作者想象大鹏"抟扶摇而上"时所看到的，更想含蓄地暗示这风伴随着大鹏升空的全过程，有九万里之厚，为下文的议论做了铺垫。到了九万里的高空后，说其"视下"："其(指大鹏)视下也，亦若是则已矣"。"是"作为代词"这样"，指代的是前面从地面所看到的高空苍苍的颜色，不过这没有什么稀奇："则已矣"，再说("且夫")其需要九万里的高空的风才能托得起，才能没有什么阻碍向南飞，这也是其局限，无法逍遥，"而后乃今将图南"。再看前文。前文说的是大鹏水击三千里、凭借"六月息"飞到九万里高空。这样文理就是大鹏"徙于南冥"的过程：去以六月息—绝运气(这时大鹏看到了云气被风吹动的样子)—至九万里的高空(描述"其视下"，大地"苍苍"罢了；议论说理—为什么要到九万里的高空才向南飞，依然说其不逍遥)—图南，这样作者所塑造的大鹏形象才生动、具体、形象，才能为其最后议论什么才是真正的"逍遥"服务；如果去掉"绝云气"的描写，文学描写的效果、议论说理的基础就会大打折扣、大大削弱。

2. 蜩与学鸠笑之曰："我决起而飞，抢榆枋(而止)，时则不至，而控于地而已矣，奚以之九万里而南为？"

对于"抢榆枋"一句的原文，曹础基先生的《庄子浅注(修订本)》和陈鼓应先生的《庄子今注今译(最新修订本)》均没有"而止"二字，但课本节选的《逍遥游》有此二字。再一看陈先生的注解"陈碧虚《庄子阙误》引文如海本及江南古藏本'枋'下有'而止'二字"，知道课本这样也是有出处的。

该不该有"而止"二字？我赞同曹础基先生和陈鼓应先生的看法。

根据下一句"时则不至"，可知这句话有个前提义：蜩与学鸠"至榆枋"了，而"抢(撞，碰到)榆枋"已经表达了"至榆枋"的意思了，再加"而止"就画蛇添足了。另外，"抢榆枋"和"时则不至"连用，可以更直接地强调二虫追求的目标短小，并且语气连贯而下；如果加"而止"和"时则不至"连用，在表达二虫追求目标短小上就显得拖沓了，语气的连贯性就差了。

十一、《子路、曾皙、冉有、公西华侍坐》两则

1. 如何理解“如或知尔”中的“或”和“知”

“或”作“有的人”讲，这人人皆知，很少有人深究的是“有的人”指什么样的人。要理解“有的人”，就必须联系下文。下文“知尔”的人包括赋予子路治理“千乘之国”权力的人、赋予冉有治理“方六七十，如五六十”这样的小国权力的人，赋予公西华负责“宗庙之事，如会同”赞礼职务的人。这样看来，这样的人只能是中等国家、小国的君主或天子，即不同规模国家的统治者。

这样，“知”就不能理解为“知道”“了解”，而必须理解为“知遇；赏识”（《汉语大词典》）。

这与“人不知而不愠，不亦君子乎”中的“人”和“知”的意思是一样的。

2.“夫子哂之”中的“哂”是解释为“微笑”还是“讥笑”

很多翻译如中华书局出版的杨伯峻先生的《论语译注》、张燕婴先生的《论语》，安徽文艺出版社出版的李泽厚先生的《论语今读》，中国华侨出版社出版的《张居正讲解论语》，山东友谊出版社出版的杨朝明先生主编的《论语诠解》，上海三联书店出版的傅佩荣先生的《解读论语》，均将“哂”解释为“微微一笑”。在商务版的《古代汉语词典(第 2 版)》、中华书局版的《王力古汉语字典》及《汉语大词典》《汉语大字典》中，在“微笑”这一解释后面均附了“夫子哂之”这一例句。把“哂”解释为“微笑”对吗？

商务版的《古汉语常用字字典(第 5 版)》、上海辞书出版社出版的《大辞海·语词卷》对“哂”有两个解释：“微笑”及由此引申来的“讥笑”，在“讥笑”的义项后附有本课的例句：夫子何哂由也？”

“夫子哂之”中的“哂”是解释为“微笑”还是“讥笑”？我认为应该是“讥笑”。为什么呢？

首先，从语法上分析。“哂之”中的“之”如何理解呢？根据后面曾皙的提问“夫子何哂由也？”，知道“之”为代词，指代子路。既然如此，和“之”相搭配的动词应该是哪一个呢？“微笑”后面不能带宾语，“讥笑”可以带宾语，因此“哂”为“讥笑”的意思。

其次，从文理分析。我们可以看“夫子哂之”之后的“结果”：

后面三位学生看到“率尔而对”“为国以礼，其言不让”的子路被“夫子哂

之”之后，就再也不像子路那样积极发言了，孔子只好点名：“求，尔何如?”“赤，尔何如?”“点，尔何如?”而且学生的发言一个比一个“谦虚”：冉有刚说“方六七十”之后担心孔子说自己不够谦虚，马上改为“如五六十”，连“国”也不敢说了，总之是小国，是比不上子路的，而实际上，“政事：冉有，季路”（《论语·先进》），冉有排在子路的前面，说明其政治才能比子路是要高的，至少不低。而公西华则“非曰能之，愿学焉”，比冉有更谦虚，连有能力胜任小相的话都不敢说了，而实际上“赤也为之小，孰能为之大?”，公西赤不止可以做到“士”这最低一级的“小相”，还可以做到“卿”这一级的“大相”。

学生的这种不敢表达自己真实志向的后果，是“微笑”还是“讥笑”可以导致的？“哂”如果翻译为“微笑”，“微笑”看不出明显的情感倾向，而“讥笑”的情感倾向则不言而喻。

答案不言自明：当然是“讥笑”的结果。

不过好在孔子已经发现了自己的“讥笑”所带来的后果，当曾皙说“异乎三子者之撰”时，孔子马上说：“何伤乎？亦各言其志也。”语气亲切，态度诚恳，这使得曾皙坦然且充分地表达了自己过自由自在的生活的理想。

综上所述，“哂”在这里是“讥笑”之义。

十二、《梦游天姥吟留别》两则

1.“渌水荡漾清猿啼”中的“清”是“凄清”的意思吗

“渌水荡漾清猿啼”的“清”，选修《中国古代诗歌散文欣赏》（人教社 2016 年 6 月第 3 次印刷）注为“这里是凄清的意思”，那么这里表现的是李白的悲伤心情，这可能是受郦道元《水经注·江水·三峡》中“每至晴初霜旦，林寒涧肃，常有高猿长啸，属引凄异，空谷传响，哀转久绝。故渔者歌曰：‘巴东三峡巫峡长，猿鸣三声泪沾裳’”的影响，同样是三峡的猿啼，可李白在《早发白帝城》中就这样描写：“两岸猿声啼不住，轻舟已过万重山。”表现的是快乐的心情。因此，猿啼之“清”表现的是哪种心情，完全要由语境而定。李白在梦境中表现的是欢乐的心情。这可从两方面看出来。一是李白进入梦境的原因：越人所说的天姥山——天姥山不是仙境胜似仙境和天姥山的高峻，作者梦游天姥山时必然会怀着欢乐的心情去游览；二是作者梦醒之后，“恍惊起而长嗟。惟觉时之枕席，失向来之烟霞”。梦游的仙境失去之后，作者是长长地叹息，是悲凉的心情。由此反推，作者梦游天姥山时必然是快乐的。因此，将“清”解释为“凄清”与整个梦境的感情基调不吻合，可解释为“清脆的猿啼之声”。

或曰：梦境中清脆的声响和昏暗恍惚的色彩表现的是李白欢乐的心情吗？其实，这不过是反衬下文洞天仙境的光辉灿烂、壮丽非凡而已。

2.“云之君”“仙之人”是如何来迎接李白的

“云之君”“仙之人”迎接李白的句子是“霓为衣兮风为马，云之君兮纷纷而来下。虎鼓瑟兮鸾回车，仙之人兮列如麻。”首先，“云之君”中的“云”借指高空，“云天”也有“高空”的意思，可比喻仙境。因此，“云”可比喻仙境，与“仙”同义。“君”尊称神祇。这样，“云之君”与“仙之人”是同义的。如此，“云之君”是不是只是“纷纷而来下”而没有“列如麻”？“仙之人”是不是只是“列如麻”而没有“纷纷而来下”？正如同《琵琶行》中“主人下马客在船”是互文（主人下马而且在船，客人要在船就必须下马）一样，“云之君兮纷纷而来下”与“仙之人兮列如麻”也是互文。同样，“云之君”不仅“霓为衣兮风为马”而且“虎鼓瑟兮鸾回车”；“仙之人”不仅“虎鼓瑟兮鸾回车”，而且“霓为衣兮风为马”，也是互文。这样，这四句以互文的修辞就构成了一个整体。

十三、《虞美人》一则

如何理解“春花秋月何时了，往事知多少”

先看“春花秋月何时了”。

一般都将“春花秋月”理解为大自然赐予人类最美好的景观。这不尽恰当。因为如果这样解释，下文的美好景观只出现了“春花”和“月明”，而“月明”中的“月”无法理解为“秋月”，由于上一句有“昨夜”，是春天的“昨夜”，这样今年就没有了“秋月”，可是这样语言间就失去了呼应。

那么“春花秋月”怎么理解较好呢？春花秋月，是一年中最有代表性的事物，也就代表着一年的时间：一年时间的轮转和消逝。下文“又东风”意味着又一春花秋月的轮转，这样“月明”之“月”就是“秋月”了，从而让李煜情不自禁地想到了在春花秋月中存在的故国的雕栏玉砌。“又”字正是强调时间的轮转与消逝。李煜感叹的是时间之流，而不是时间之“点”，这才能与作者如不舍昼夜、长流不断的“一江春春水向东流”的愁情吻合。由袁行霈主编、中华书局2007年出版的《中国文学作品选注》对此的注解是："秋月，一作'秋叶'，则'春花秋叶'指岁月推移更替，亦通。"王延龄先生对此作了赏析："李煜这首词只是用朴素的语言吟咏着、感叹着自己的身世和遭遇，诉说着人生的愁恨，是这种愁恨感动着人——李煜处在人生的绝路上，已经看到了生命的尽头，他回顾着滔滔江水一般流逝的时光，春花秋月，年复一年，四十年的往事，涌现在心头。小楼东风，春光又新，但可惜是最后的时日了；月色依旧，可惜已经不是旧时的家园：春花秋月触发着无限的愁恨和悲哀。伤春悲秋是诗词的俗套，但李煜这首词包含有具体的特殊的内容，凝聚着他的心血和生命。"①陈邦彦对此也有类似的分析："三、四两句，则如俞平伯《读词偶得》所指出，分别与一、二句'隔句相承'。'又东风'与'何时了'相呼应，暗示春去秋来固无了时，而人间的'悲恨相续'（王安石《桂枝香》词中语）也无了时；白居易《长恨歌》'此恨绵绵无绝期'、黄景仁《绮怀》诗'茫茫来日愁如海'，正是'又'字的言外之旨。"②

"往事知多少"与"春花秋月何时了"是什么关系呢？原本，年年"春花秋月"，人们只嫌看不够、赏不尽，可此时被囚禁在"小楼"中的亡国之君李煜却希望春花年年不要再开放，秋月岁岁不要再圆满，这是为什么呢？是因为"往事知道多少"吗？可按此理解看不出二者之间有很明确的因果关系。

问题的关键在于对"往事知多少"的准确理解。

"往事"指李煜过去在南唐做帝王时所过的幸福快乐的生活，这无异议。可是"知"，应该怎么理解？这要以同义互解的思路从后文中去找答案。

下文说"小楼昨夜又东风，故国不堪回首月明中"。

又一年开始了它的轮转，作者却说"故国不堪回首"。"故国"课本注曰："指南唐故都金陵（今南京）"，可以；《汉语大词典》有个义项"已经灭亡的国家"，其后附有此例句，更好。"不堪"，乃"不忍心"（《汉语大词典》）。"回首"，《汉语大词典》《大辞海·语词卷》等工具书中有"回想，回忆"的义项，在《汉语大词典》中所附的正是这个例句："故国不堪回首"就可译为"灭亡的南唐不忍回忆"。这句话有前提义：今年又春花秋月，必然会回忆故国，而这同样是作者不想看到春花秋月的原因；之前年年看到春花秋月就烦，是因为看到春花明月就必然会"往事知多少"。这样，"春花秋月何时了"与"往事知多少"

① 王延龄：《亡国之君的一曲哀歌》，出自《唐宋词鉴赏集》，人民文学出版社，1983年，第60页。
② 陈邦彦主编：《词林观止》，上海古籍出版社，1996年，第116页。

之间就存在因果关系；这样，“往事知多少”正与“故国回首”基本同义。

这样，“知”与“回首”同义，都是“回想，回忆”的意思 。而“知”本身就有“记忆”(《汉语大字典》《汉语大词典》)的意思。夏承畴等将“往事知多少”翻译为“因为它们会勾起许多往事”①。词异而义实同。

既然“春花秋月何时了”与“往事知多少”之间存在因果关系，那么“多少”应该如何理解呢？在《汉语大词典》中有这样两个关系紧密的义项：“犹多，许多”“犹少，少许”。根据句间关系，应该选择“犹多，许多”这个义项。

这样“春花秋月何时了，往事知多少”就可以翻译为“代表一年四季的春花秋月什么时候才能结束轮转呢？(为什么会有这种想法呢？因为一看到年年的春花秋月，)过去在南唐做帝王时所过的幸福快乐的生活(就会)想起太多太多”。如此理解“春花秋月何时了，往事知多少”，文章的脉络就豁然开朗：作为亡国之君的李煜之前年年讨厌春花秋月，因为这让自己想起在南唐当帝王时所过的幸福快乐的生活，而回忆的往事越多，悲愁就越发沉重。又一年来了，岁月新的轮回又开始了，春花秋月又让自己情不自禁地回忆起在春花秋月中存在的故国的雕栏玉砌，越发沉重的悲愁让自己不忍心去回忆，可还是忍不住想起南唐的宫殿，可是物是人非，悲愁就更加沉重。而今夜(注意“昨夜”的时间指示语，则作者写作此词时必是“今夜”)“痛定思痛，痛何如哉？”悲愁如长江之水浩浩荡荡、奔流不息、不断增加。正所谓，年年岁岁花月相似，岁岁年年愁无异。

十四、《过小孤山大孤山》三则

1.“澎浪矶”中的“澎”是读“péng”吗

首先，根据我们现代汉语平常的读法“澎”读为“péng”，如澎湃(此为双声联绵词。笔者注)。可是查一下商务版的《古汉语常用字字典(第 4 版)》发现只有一个读音“pēng”，其后所附的词语正是“澎湃”。难道说“澎湃”一词在古代和现代的解释有什么不同吗？《现代汉语词典(第 6 版)》的解释是“形容波浪互相撞击：波涛汹涌～”，《古汉语常用字字典》的解释是：“波涛冲激的样子。司马相如《上林赋》：沸乎暴怒，汹涌～～”。辞海版的《古汉语大词典》《汉语

① 夏承畴、盛弢青选注：《唐宋词选》，中国青年出版社，1982 年，第 35 页。

大字典》(第二版，九卷本)、《王力古汉语字典》和《汉语大词典》对“澎湃”的解释与《古汉语常用字字典》基本相同：“波涛冲击声”和“波涛激荡貌”，“澎”的读音均为“pēng”，但《汉语大字典》(第 2 版，九卷本第 3 卷，第 1866 页)认为“澎湃”中“澎”还可以读“péng”。

可见“澎湃”中的“澎”，如果读“péng”，则波浪是互相撞击的；如果读“pēng”，则是波浪单方的动作。此处“澎”的读音就必须根据意思来定。对此陆游在文中有解释：“舟过矶，虽无风，亦浪涌，盖以此得名也。”可见，陆游认为“澎”与“涌”同义。“涌”的意思是波涛翻腾。可见此处的“澎”是波浪单方面的行为。据此，“澎”应该读“pēng”。因此，“澎浪矶”中的“澎”在这里读“pēng”更好。

其次，商务印书馆的《古代汉语词典(第 2 版)》对“澎湃”的解释是“波浪相击的样子”，与《现代汉语词典(第 6 版)》的解释无异，读音也是“pēng”。

最后，而“澎”读“péng”时，《古汉语大词典》《王力古汉语字典》《汉语大字典》(九卷本)将其列为地名(只有“彭县”，即东海县也)、水名用字，而“澎浪矶”不在此列。而《汉语大词典》将“澎浪矶”设为一个词条，在《汉语大词典词目音序索引》中明确将“澎”的读音标为“pēng”。

或曰：书下注解说“澎浪矶”不是“世俗转称彭郎”吗？这样“澎”不是应该读“彭”的音吗？可是如果按照这种思路，“浪”岂不是要读“郎”的音？再说“澎”也不能做姓氏。不可忽略了“转称”中的“转”字。我以为“转”是“变化；改变”(《汉语大词典》)的意思。这里的变化不仅指字形，还指读音。因此“澎”的读音与“彭”的读音不存在一致的关系。

综合以上内容，我们可以确定“澎浪矶”中的“澎”在古汉语中读“pēng”更好。

2.“复以小艇游庙中”中的“庙”是澎浪矶中的，还是小孤山上的

“复以小艇游庙中”中的“庙”有人说是澎浪矶中的，有人说是小孤山上的。澎浪矶、小孤山都有庙，小孤山中有“祠宇”，彭浪矶中有“别祠”。此处的“庙”应是小孤山中的庙，理由有二：

(1)“复以小艇游庙中”前有两句话：“晚泊沙夹，距小孤一里。”陆游如果去游的不是小孤山中的庙，又何必在前面介绍“沙夹”与“小孤”的距离？

(2)“复以小艇游庙中”后面有“南望彭泽、都昌渚山”，而前面在介绍“彭浪矶”时说它“属江州彭泽县”，那么作者此时所游览的庙不可能是属彭泽的“彭浪矶”，而只能是小孤山上的。

3.“江西路”是“长江的西路”吗

课本将“江西路”注为“长江的西路”，这颇可商榷。“江西路”须与前面的“江自湖口分一支为南江，盖”联系起来理解。“湖口”，根据《大辞海·中国地理卷》，可知在江西，因在鄱阳湖口而得名。“盖江西路也”的主语是“南江”。“盖”，此处为句首语气词，表确定语气。也就是说南江在鄱阳湖口向南，则必定在江西境内，据《大辞海·中国地理卷》：“南江各家所指不一”，其中在江西境内的解释只有一个：“《初学记》引郑玄《书注》指今之赣江。”“长江西路”中的“西路”即西面的地区，长江的西路即长江的上游。如此，南江是属于长江的上游吗？《辞海(1999年版)》对长江上、中、下游的分段是这样的：“湖北宜昌市以上为上游，宜昌至江西省湖口间为中游，多湖泊，鄱阳湖、洞庭湖最大，湖口以下为下游。”如此看来，南江绝不可能属于长江的西段，应该属于长江的中段与东段的交汇处。因此将“江西路”解释为“长江的西路”是错误的。其中对“路”的理解是关键。

那么，“路”是什么意思呢？商务版的《古汉语常用字字典》对“路”的解释是“宋、元时行政区域名。宋代的‘路’相当于现代的‘省’”。根据《大辞海·中国地理卷》，“江西路”指“西路治洪州(即南昌。笔者注)，辖今江西鄱阳湖、鹰潭铁路线以西全部及湖北阳新、通山等县地”。又因为江西全境归江南路管辖，分江南西路和江南东路，简称“江西路”和“江东路”，“江东路”管辖“鄱阳湖以东”，则江西路的管辖范围必然包括鄱阳湖。据此可以断定，“江西路”是行政区域名，而且南江(即赣江)确实也在“江西路”的管辖范围内。

十五、《阿房宫赋》三则

1. 何为“檐牙”

人教版选修《古代诗歌散文欣赏》(2016年6月第3次印刷)对“廊腰缦回，檐牙高啄。各抱地势，钩心斗角”中“檐牙”的解释是“屋檐突起，状如牙齿”。这样的“檐牙”笔者想象不出来，即使勉强想象出来也没有美感；对“檐牙高啄”的解释是“(突起的)屋檐(像鸟嘴)向上噘起”，请问教材编写者：状如牙齿突起的屋檐又如何(像鸟嘴)向上噘起？不仅如此，根据其后“各抱地势”的思路：“廊腰缦回”“抱地势”成了“钩心”；“檐牙高啄”“抱地势”成了“斗角”。此思路，张中行等予以详细说明：“廊腰互相连接，纡曲如钩；檐牙彼此相向，像螭龙斗角。《古文析义》解释此语说：‘钩心，指廊腰。斗角，指檐牙。上分言之，此合言之，方曲尽联属之胜。’”①如此，按照课本解释的“檐牙”又如何成了“相互对峙，好像兵戈相斗”的“屋角”？在逻辑上，笔者不能理解。

对“檐牙”的解释：

商务印书馆的《古代汉语词典(第 2 版)》：屋檐上像牙一样排列的滴水瓦。其后附了此例句。这个解释的优点在于对“檐牙”的解释合情合理，缺点在于没有办法将“檐牙”和“高啄”“斗角”联系起来。

上海辞书出版社的《大辞海·语词卷》和《汉语大词典》：檐际翘出如牙的部分。商务印书馆的《古今汉语词典》的解释与此相同：檐边翘出如牙的部分。《辞源(修订本)》的解释也基本相同：檐际翘出如牙的一种建筑装饰。其后均附此例句。这些解释的优点在于“檐牙”可以和后面的“高啄”“斗角”合理地联系起来，缺点在于“翘出如牙”不容易理解、想象。

这样看来，“檐牙”可以这样解释：由像牙一样排列的滴水瓦铺成的屋檐檐边翘出的一种建筑装饰。

2. 如何理解“架梁之椽”

“使负栋之柱，多于南亩之农夫；架梁之椽，多于机上之工女；钉头磷磷，多于在庾之粟粒；瓦缝参差，多于周身之帛缕；直栏横槛，多于九土之城郭；管弦呕哑，多于市人之言语”中“架梁之椽”书(版本同上)下没有注解。大概教材编写者认为可以按照“负栋之柱(承担房屋大梁的柱子)”的句式来理解“架梁之椽”，那么“架梁之椽”就可以理解为：架着梁的椽子。教参(2016 年 6 月第 24 次印刷)就译为“架梁的椽子”。由齐鲁书社出版、由徐北文主编的《古文观止今译》也将之译为“架梁的彩椽”。这貌似没有问题，实则有问题。何为“梁”？“屋梁。木结构屋架中专指顺着前后方向架在柱子上的长木。通常也指檩。”(《汉语大词典》)何为“椽”？“放在檩子上架屋面板和瓦的条木。”(《汉语大词典》)可见，“梁”是架着“椽”的，而不是相反。这样看来，“架梁之椽”，实际上应为“架(于)梁之椽”的省略。或曰：这样与“负栋之柱”的结构就不一致了。请问：“负栋之柱”与处于相同位置的“钉头磷磷”“瓦缝参差”“直栏横槛”“管弦呕哑”结构一样吗？因此没有必要在结构上纠缠。由钱伯城主编、由上海古籍出版社于 2005 年 9 月第 17 次印刷出版的《古文观止新编》将之译为

① 摘自中学语文编辑室选编：《古代散文选》(中册)，人民教育出版社，1963 年，第 161 页注解。

“架在梁上的椽子”，此译得之，不过“在”应该用括号括起来，以表明这是补充的内容。

3.“族秦者秦也”中的“族”怎样解释更好

课本(版本同上)对“族”的解释是“灭族，作动词用”，那么，“族秦者”就可以翻译为：“灭秦始皇宗族的”，这样翻译没有错，不过有些别扭。何也？“灭六国者六国也，非秦也”与“族秦者秦也，非天下也”并举，“灭六国者”中的“灭”与“族秦者”中的“族”应该同义。“族”有“灭”的意思吗？《汉语大词典》有“诛灭；诛杀。《正字通·方部》：‘灭国亦曰族。’唐杜牧《阿房宫赋》：‘族秦者，秦也，非天下也。’”的义项。《汉语大字典(第二版，九卷本)》有个解释是“灭(国)”，其后的例句正是此句。

因此，“族”可解释为“灭”。

同理，下文的“族灭”与此处的“族”同义，这样看来，“族灭”也应该理解为“灭(国)”，而不能将“族灭”解释为“谓一人犯罪，整个家族、亲属被诛灭”(《汉语大词典》)。

十六、《六国论》一则

《六国论》中的“向使”句不可放在第三段，宜放在第四段

原因如下：

首先，关注上文。“向使”句(“向使三国各爱其地，齐人勿附于秦，刺客不行，良将犹在，则胜负之数，存亡之理，当与秦相较，或未易量。”)中“三国各爱其地”中的“三国”指的是韩、魏、楚三国，对其“赂秦而力亏”的论述在第二段，对其他三国齐、燕、赵“不赂者以赂者丧”的论证则在第三段，到“向使”句前。“向使”句则是假设论证，是对以上六国赂秦行为的否定，针对的是第二段和第三段。如果“向使句”放在第三段，相关内容在第二段也有，这就不对应了。故“向使”句宜从第三段分出来，这样就可以和二、三段中的“六国”形成假设论证了。

其次，联系下文。“向使”句是从消极方面说不该用什么策略，而“呜呼”句(“呜呼！以赂秦之地，封天下之谋臣，以事秦之心，礼天下之奇才，并力西向，则吾恐秦人食之不得下咽也。”)则是从积极方面说该怎么办，二者说的都是对秦的策略，应合在一起。

况且，“悲夫！有如此之势”中的“如此之势”指代什么呢？指代“胜负之数，存亡之理，当与秦相较，或未易量”和“吾恐秦人食之不得下咽也”，不仅包括“呜呼”所领起的内容，还包括“向使”句的内容。

所以“向使”句宜放在第四段。

十七、《种树郭橐驼传》五则

1.“有问之”中的代词“之”指代什么

是指代郭橐驼吗？不准确，因为下文有郭橐驼的回答，因此“之”的指代重点是问了郭橐驼什么问题。这要从上下文来探究。

首先，从上文的第二段看。第二段重点说了两个内容：郭橐驼植树技术独绝(“或迁徙，无不活，且硕茂，早实以蕃”，即“寿且孳”)，没有人比得上他。这就很可能是有人问郭橐驼的问题。

其次，我们看郭橐驼回答了什么。郭橐驼回答了两个问题：一是自己为什么可以使木“寿且孳”，中心句是“橐驼非能使木寿且孳也，能顺木之天，以致其性焉尔”；二是“他植者”为什么“莫能如也”，语篇指示语是“他植者”“故不我若也”。

因此“之”指代的就是郭橐驼植木为什么可以“寿且孳”，“他植者”为什么不如郭橐驼。

2.“橐驼非能使木寿且孳也”中的“寿”和“孳”应如何理解

人教版选修《古代诗歌散文欣赏》(2016 年 6 月第 3 次印刷)对此的注解是：“活得长久而且茂盛。孳，滋长、繁殖。”很明显，编者是把“寿”解释为“活得长久”，将“孳”由“滋长、繁殖”义引申为“茂盛”，单看这两个注解没有问题，可联系上下文，就可以发现这两个解释很有问题。笔者认为合乎语境的解释是：“寿”指“硕茂”，即茂盛，“孳”指“早实以蕃”。理由如下：

先看上文。“橐驼非能使木寿且孳也”是针对“有问之”的回答。这样，“之”指代的内容之一是“橐驼您种树为什么能使木‘寿且孳’?”这样，第二段中肯定有对“寿且孳”的解释。而第二段中能解释“寿且孳”的只能在“无不活，且硕茂，早实以蕃”中。根据“孳”的本义“滋长、繁殖”，我们可以先大致确定：“寿”指“无不活，且硕茂”，“孳”指“早实以蕃”。

再看下文。“橐驼非能使木寿且孳也，能顺木之天，以致其性焉尔”，这两句话说的是：橐驼只是“能顺木之天，以致其性”，才使木“寿且孳”的。“顺天致性”这是郭橐驼种树的要诀。下文就此展开说自己如何做才能使“其天者全而其性得矣”，然后文章以“故吾不”“不”为标志从反面来阐述自己种树的要诀。很明显，前面是从正面阐述自己种树的要诀。在作反面阐述的时候，文章说：“故吾不害其长而已，非有能硕茂之也；不抑耗其实而已，非有能早而蕃之也。”“不害其长”“不抑耗其实”说的就是“顺木之天”。这样“不害其长而已，非有能硕茂之也；不抑耗其实而已，非有能早而蕃之也”和中心句——顺天致性使木“寿且孳”一比照，就可以发现“寿”可确指“硕茂”，“孳”指的是“早而蕃之”，即“早实以蕃”。

因此，“寿”确指“硕茂”，孳”指的就是“早实以蕃”。

3.“植木之性”，课本注解为“种树的方法。性，性质，方法。”这个注解很荒谬

理由如下：

先从上文看。上文说“橐驼非能使木寿且孳也，能顺木之天，以致其性焉尔”，这样按照正常的逻辑就应该首先介绍“木之天”，即树木的天性，而绝不可能一上来就介绍“种树的方法”。

再从下文看。“凡植木之性，其本欲舒，其培欲平，其土欲故，其筑欲密”，四个“其”如何理解？受后面“本、培、土、筑”的限制只能理解为“树木的”，则四个“欲”就只能理解为“想要，希望”，则“其本欲舒，其培欲平，其土欲故，其筑欲密”四句说的是“树木的天性”无疑，则“性”的解释就只能是“天性”。“植木”中的“木”就是树木。“植木”，由高文、何法周主编，由人民文学出版社于 1997 年 10 月第 1 次印刷出版的《唐文选》解释为“移植的树木”，此言得之。将“植”理解为“移植”，文中第二段有根据：“或移徙”。

因此“植木之性”说的就是“移植的树木的天性”。

4.“苟有能反是者”，课本对“反是者”的注解为“和这种(做法)相反”。这个注解我们仔细琢磨，发现也有问题

先看下文。“则又爱之太恩，忧之太勤”“虽曰爱之，其实害之；虽曰忧之，其实仇之”，正是和“苟有能反是者”前的内容相反。课本说“和这种(做法)相反”，我们现在关注的相反的是做法上的吗？将“爱”和“忧”说成“做法”确切吗？说在“态度”上相反是不是更合适？套用柳柳州的话，就是“其置也若子”。我们再看看“反是”中“是”的指代内容的定性就更清楚了。“是”即文中“莳”的表现：根拳而土易，其培之也，若不过焉则不及。很明显是在态度上有问题，套用柳柳州的话，就是“其莳也若弃”。这样一对比，“态度”上的相反是不是就更明显了呢？

因此，“是”指的是“不爱”“不忧”的态度。

5.“其莳也若子，其置也若弃，则其天者全而其性得矣”，其中“置”，课本理解为“放，这里是放在一边不管的意思”，这个注解同样要琢磨

首先，从“莳”推断。“其莳也若子，其置也若弃。”与“莳”兼提并议的是“置”，语义相对。“其莳也若子”应如何翻译？根据课本的解释可以翻译为：“我种植的时候像对待孩子那样”，“置”只能理解为与“莳”相对的“管理”。

其次，从上下文推断。先看上文。“其莳也若子，其置也若弃”是对上文的概括。“莳”在上文是怎么体现的？根据“既然已”中的“然(这样)”，我们要进一步探究“这样”指什么。根据上文“树木的天性”，“这样”指的应该是“舒本”“培平”“用故土”“筑密”，这是“莳”的事情。“置”在文中具体指的就是“勿动勿虑，去不复顾”，这是“管理”的事情，因此“置”应该理解为“管理”。同时“勿动勿虑，去不复顾”是“抛弃”吗？“勿动勿虑”怎么能是“抛弃”？“去不复顾”怎么能是“抛弃”？或曰“抛弃”不是动作上的，而是心理上的，但心理上的也不精确，更精确的是“忘记”(《汉语大词典》)、“遗忘”(《汉语大字典(第二版)》)。再看下文。在本段，郭橐驼又解释“他植者”为什么不如自己，实际上是和自己对比。“他植者”是如何“莳”、如何“置”的？“根拳而土易，其培之也，若不过焉则不及”是“他植者”“莳”的表现；“爱之太恩，忧之太勤。旦视而暮抚，已去而复顾。甚者，爪其肤以验其生枯，摇其本以观其疏密”是“他植者”“置”的表现，与郭橐驼的“置”真是相反，确实也是“管理”方面的做法，须臾不敢忘也。

因此，“置”是“管理”的意思，“弃”是“忘记”的意思。

可是工具书中“置”有“管理”的意思吗？的确，一般工具书都没有这个义项，可笔者在商务印书馆出版的《故训汇纂》中找到了依据。“置”有个义项：安置，据此可引申为“管理”的意思，正如段玉裁所说“变则通也”。

综上所述，“置”就可以理解为“管理”。

十八、《春夜宴从弟桃花园序》两则

1.“而浮生若梦”该如何理解

首先，看“浮生若梦”。

对“浮生”，课本是这样解释的：“《庄子·刻意》：‘其生若浮，其死若休。’”“其生若浮，其死若休”该如何理解呢？陈鼓应先生在商务版的《庄子今注今译》是这样翻译的：“生时如浮游，死去如休息。”可见，“游”即“浮游”的意思。“浮游”怎么理解呢？《汉语大词典》《辞海·语词分册(1989 年版)》和商务版的《古代汉语词典(第 2 版)》均将“浮游”解释为“漫游”。“漫游”，据《汉语大词典》可解释为“随意游玩”。需要注意的是“浮游”与“休息”的意思是相反的，据此“漫游”的核心在“游玩”。这样看来，“浮生”即如同出一趟远门，说的是生命短暂。北宋宋祁的《玉楼春》中有：“浮生常恨欢娱少，肯爱千金轻一笑”，其中的“浮生”用的正是人生短暂的含义。

《辞源(第三版)》对“浮生”的解释是：“《庄子·刻意》：‘其生若浮，其死若休。’老庄以为人生在世，虚浮无定。后来相沿称人生为浮生。唐李白《李太白诗二八春夜宴从弟桃花园序：‘夫天地者，万物之逆旅也；光阴者，百代之过客也。而浮生若梦，为欢几何？古人秉烛夜游，良有以也。’”《辞海·语词分册(新二版)》对此的解释是一样的。显然，《辞源》《辞海》都把“浮生”直接解释为“人生”，大体而言是对的，不过对“浮”的解释不是很精确，教参就翻译为“虚浮”，有的翻译为“漂浮不定”①，不利于精准理解古人的人“生”观。

“若梦”怎么理解呢？课本引《庄子·齐物论》中的庄周梦蝶来加以解释：“意思是死生之差异，就好像梦与醒之不同，纷纭变化，不可究诘(究诘：追究查问；查考)。”这样的解释令人费解。作为喻体的“梦”是否有短暂的特点呢？有。在《金刚经》中“一切有为法，如梦幻泡影，如露亦如电，应作如是观”，世尊将梦境、幻术、露水、闪电放在一起，这四者的共同特点是什么？短暂，转瞬即逝。

因此，“浮生若梦”说的就是人生短暂。基于此，作者才说：“寻欢作乐的日子能有多少呢？古人拿着蜡烛在夜间游玩，的确有原因。”

① 高文、何法周主编：《唐文选》，人民文学出版社，1997 年，第 271 页。

其次，看“而”。是连词没有问题，关键表示的什么关系呢？这要准确“理解天地者，万物之逆旅也；光阴者，百代之过客也”。

“逆旅”，旅舍。对“逆旅”，课本这样解释原因：“古人以生为寄，以死为归，如《古诗十九首》：‘人生天地间，忽如远行客。’此用其意。”可见，“寄”是“远行”的意思，与“归”语义相反，与“浮”同义。因此，“浮生”是对“天地者，万物之逆旅也”的概括。

“光阴者，百代之过客也”，“过客”即“过路的客人；旅客。”如何理解？可直译为：“时间是百代的旅客。”这不太容易理解，由钱伯城主编、上海古籍出版社 2005 年 9 月第 17 次出版的《古文观止新编》将之译为“光阴是古往今来的过客”，将“百代”引申理解为“古往今来”合理，语义就更明白了，可见时间之短暂。与“梦”的特点相同。

因此“浮生若梦”是对“天地者，万物之逆旅也；光阴者，百代之过客也”的概括，这样“而”作为连词就表示结果。

同时，由前文的“天地”和“时间”可知，“浮”和“梦”两者尽管都是比喻人生短暂，但角度不同：前者是从空间的角度来比喻的，后者是从时间的角度来比喻的。

2.“幽赏未已，高谈转清”应如何翻译

对“幽赏未已，高谈转清”的翻译各不相同，由徐北文主编、齐鲁书社出版的《古文观止今译》这样翻译：“幽雅景致观赏未尽，高谈阔论更转清奇”；由钱伯城主编、上海古籍出版社出版的《古文观止新编》这样翻译：“正以幽雅的情趣欣赏着美景，高远的谈吐已更为清妙。”两者的翻译大相径庭：“幽赏”是作主语还是作状语？是描写景物还是陈述人？“高谈”是“高谈阔论”还是“高远的谈吐”？“转”是“转向”还是“更加”？“清”是“清奇”“清妙”还是其他？

先看“高谈”：《汉语大词典》有三个义项：①侃侃而谈，大发议论。②不切实际的议论。③高明的谈吐；高尚的言谈。根据语境，选择“高尚的言谈”更合适。根据对偶的原则，“幽赏”就只能是偏正结构，只能作主语。“幽”，据《汉语大字典》有“高雅”的意思，“幽赏”就可以翻译为“高雅地欣赏”。这样“幽赏未已”就可以翻译为“高雅地欣赏没有停止，即还在继续”。“清”有“高洁”的意思。“转”，据《汉语大词典》《汉语大字典》有“副词。更加”的义项。这样，“高谈转清”就可以译为“高尚的谈吐更加高尚”。说谈吐“高尚”不大搭配，“高尚”有“指非低劣的”即“高雅 ”的意思，这样“高谈转清”就可以翻译为“高雅的谈吐更加高雅”，这样也与前文“序天伦之乐事”呼应。

十九、《项脊轩志》两则

1.“借书满架，偃仰啸歌，冥然兀坐，万籁有声；而庭阶寂寂，小鸟时来啄食，人至不去”中“冥然兀坐”后面的逗号和“万籁有声”后面的分号是否合适

“借书满架，偃仰啸歌，冥然兀坐”说的是作者在书斋中的生活。这个意思至“冥然兀坐”已经写完，因此“冥然兀坐”的后面用句号。

可是就我所看到的通行版本一般都是在“万籁有声”后面用句号，个别版本像课本用了分号，应该是编者认为“冥然兀坐”与“万籁有声”存在着因果关系：因为“静静地独自端坐着”，所以听到了“万籁有声”。这说明编者不明白归有光“静静地独自端坐着”意欲何为。对此，王俊鸣先生早就考证得出：“偃仰啸歌”是写他非常投入地吟咏诗文的情景，吟咏既久，在静下来思索一番，这就是所谓“冥然兀坐”，而决不会无所事事地在那儿独自端坐；另外，由袁行霈主编、中华书局出版的《中国文学作品选注》对“偃仰啸歌”的解释是“俯仰，吟唱，读书时从容自适之态”。这让我想起了孔子的教导：“学而不思则罔，思而不学则殆”，而归有光读书不正是将“学”和“思”有效地结合起来了吗？而绝不是像课本所说的“偃仰：俯仰，这里指安居、休息，形容生活悠然自得”“啸歌：长啸或吟唱。这里显示豪放自若”“冥然兀坐：静静地独自端坐着”。

而后面“万籁有声；而庭阶寂寂，小鸟时来啄食，人至不去”说的是环境的静：作者以“万籁有声”反衬“庭阶寂寂”，以有声反衬无声；“小鸟时来啄食”的行为是动态，但“人至(鸟)不去”则从动态中显示了静境，这就是用一个细小的生活现象把“静”具体化了，形象化了。总之文章是从两个方面写庭院中充满生机的寂静。因此，标点符号应该这样标明：万籁有声，而庭阶寂寂；小鸟时来啄食，人至不去。

另外，“而庭阶寂寂”中的“而”表示转折关系，作为表转折关系的关联词“而”前一般不宜用句号或分号，一般用逗号。

2. 对“而母立于兹”中“而”的注解商榷及其他

课本将“而母立于兹”中的“而”解释为“通‘尔’，你。”在《种树郭橐驼传》中对“早缫而绪”中“而”的解释也是这样的：“通‘尔’”，只不过根据语境将“你”换成了“你们”。这样的注解有两个问题：

首先是读音问题。既然“而”通“尔”，那么“而”就应该读“尔”的音：“ěr”。可是，“而”没有“你”的义项吗？翻阅权威的工具书，字典如商务印书馆的《古汉语常用字字典(第 5 版)》、中华书局出版的《王力古汉语字典》《汉语大字典(第二版，九卷本)》，词典如商务印书馆的《辞源(第三版)》《古代汉语词典(第 2 版)》《汉语大词典》，都是将“而”直接解释为“你”，读音为“ér”。笔者发现只有《辞海》对“而”的解释和课本是一样的。难道《辞海》的解释就是课本的依据？可是字典对字的解释比综合性工具书要更专业，《辞源》比《辞海》在古汉语方面要更权威。吾从众。

其次是解释问题。将“而母立于兹”解释为“你母亲”不是很通顺，如果将“而”解释为“你的”就通顺了。《汉语大词典》《汉语大字典(新二版，九卷本)》、商务版的《古汉语常用字字典(第 5 版)》《古代汉语词典(第 2 版)》均有“你的”义项。另外，《种树郭橐驼传》中，编教材者将“早缫而绪”中的“而”理解为“你们”，与之句式相同的“早织而缕，字而幼孩，遂而鸡豚”就应翻译为：“早早地织你们线，养育你们小孩，喂大你们猪羊。”不通。而书下注解将“字而幼孩，遂而鸡豚”翻译为“养育你们的小孩，喂大你们的鸡和猪”，将“而”理解为“你们的”。如果按照“你们的”来翻译“早织而缕”也就可以按翻译为：早早地纺织你们的线。据此类推，“早缫而绪”就可以翻译为“早点缫好你们的丝”(见由钱伯城主编、上海出版社古籍出版的《古文观止新编》)。这样翻译可以吗？课本把“绪”注为“丝的头绪”，把“缫”解释为“把蚕茧浸在水里抽出蚕丝”，我们现在有词语“缫丝(将煮熟的蚕茧的蚕丝顺序抽出的过程。制丝工业中借助缫丝机同时抽出几根茧丝，并使之抱合成生丝的过程。(汉语大词典出版社出版的《现代汉语大词典》))”，如今是“缫绪”，“绪”和“丝”有什么关系？在这里“绪”可以是“丝”。因为在《汉语大词典》里“绪”有两个注解：①丝头。②引申为丝或丝状物。这样，“早缫而绪”翻译为“早点缫好你们的丝”就可以理解了。

顺便提及《项脊轩志》中编者对另一个代词“久不见若影”中“若”的注解也犯了和“而母”中的“而”同样的错误：“若”书下注解为“你”，将其放到句子中不通，将其译为“你的”才通。“若”作“你的”讲是常用义项。

这样的错误实在是不应该。

二十、《大学》一则

如何理解君子“慎其独也”中的“独”

“慎独”说在儒家思想史上影响深远，但历来解释却莫衷一是。在通常的解释中，“慎独”指的是“在独处无人注意时，自己的行为也要谨慎不苟”(《辞海》)，也就是要求在无人监督的情况下，依然能遵守道德规范。(以上摘自2016年6月第3次印刷的人教版选修《中国文化经典研读》“阅读指南”第38页)在“经典原文”《大学(节选)》中，第14个注解对“慎其独”的解释就是“在独处的时候，也要使自己的行为谨慎，一丝不苟”。两者对“独”的解释没有矛盾，都是“独处”的意思。这对吗？全面吗？

我们先看注解⑭中的“慎其独”在原文中的语境：“所谓诚其意者，毋自欺也，如恶恶臭，如好好色，此之谓自谦。故君子必慎其独也。”由“君子必慎其独也”前的“故”可知：前后构成了因果关系，“故”前由“所谓诚其意者”可知作者在解释“诚其意”，阐述的对象是“意”，即“指念头，想法”(《汉语大词典》)，这也可以从本文“身”与“心”“心”和“意”的关系看出来：“欲修其身者，先正其心”，“心正而后身修”，这里的“心”与“身”相对，是“思想”的意思；“欲正其心者，先诚其意”“意诚而后心正”，这里“心”与“意”相对，“意”就是指“念头，想法”，关注每个念头，审视每个想法，所谓“诚其意者，毋自欺也，如恶恶臭，如好好色”即诚实地对待自己的每一个念头，不欺骗自己，就如同厌恶臭气、喜欢美色一样，绝不掩饰。“故”后的“君子必慎其独也”的对象就是“独”，前后两句话的对象必须一致，这样“意”和“独”就可以同义互解，“慎其独”中的“独”就是只有自己知道而别人不知道的自己心中的念头、想法，而绝不是书下注解的“独处”。

在这一段中“故君子必慎其独也”在下面又出现了一次。这一句中的“独”和上一句中的“独”意思一样吗？关键还得看语境。“故”前的内容是“小人闲居为不善，无所不至，见君子而后厌然，掩其不善而著其善。人之视己，如见其肺肝然，则何益矣？此谓诚于中，形于外。”对象说的是小人的“闲居”即“独处”，这样此句中“慎其独”的“独”就是“独处”的意思。

因此，两个“独”的意思是不一样的，人有的时候是“独处”，要注意自己的行为；有的时候不是“独处”，是群居，则要关注自己不正确的想法，将不同的情况都包括进去了。“独”的意思不一样，“君子必慎其独也”的翻译也不一样：当“独”作“念头，想法”讲时，要翻译成“君子(对)自己的念头要谨慎”；当“独”作“独处”讲时，要翻译成“君子(在)独处的时候要谨慎”。

《中庸》与《大学》一脉相承。《中庸》中也有这一句：“故君子慎其独也”，缺少了“必”字而已。我们可以看看《中庸》中的“慎独”的含义。与“君子慎其独也”构成因果关系的句子是“故君子戒慎乎其所不睹，恐惧乎其所不闻。莫见乎隐，莫显乎微”。此句是在告诉我们如何才能须臾不离道——“道也者，不可须臾离也，可离非道也。”“所不睹”“所不闻”“隐”“微”四个词是解释“独”的。“君子戒慎乎其所不睹，恐惧乎其所不闻”，说的是“君子警戒谨慎于别人看不到的地方，小心畏惧于别人听不到的地方”。(王文锦译注、中华书局2011年9月出版的《大学中庸译注》第15页)“所不睹”“所不闻”说的是独处；“莫见乎隐，莫显乎微”书下注解说：“幽暗之中，细微之事，虽无踪迹显现，但动机已成，人虽不知，而自己却很清楚，天下事没有比这个更明显，更容易显露的了。”由此可见，此处的“隐”“微”即是动机，即“念头”。因此《中庸》告诉我们，要须臾不离道，就必须慎独，也就是在独处时、在念头上下功夫，只有这样才是“修道(‘修道之谓教’中的‘修道’)”。

由此观之，“独”乃“独处”也，乃别人不知而独有自己知道的“念头，想法”也。

二十一、《贞观政要·求谏》两则

1.“故君失其国”中的“故”是“所以”的意思吗

选修《中国文化经典研读》教参(人民教育出版社2016年6月第3次印刷)将《贞观政要·求谏》第一则中的“故君失其国，臣亦不能独全其家”翻译成“所以，国君失掉国家，臣子也不能单独保全他的家”。很明显，教材编写者将“故”解释为“所以”，对此，笔者不敢苟同。

这句议论出自太宗对公卿说的话：

“人欲自照，必须明镜；主欲知过，必藉忠臣。主若自贤，臣不匡正，欲不危败，岂可得乎？故君失其国，臣亦不能独全其家。至于隋炀帝暴虐，臣下钳口，卒令不闻其过，遂至灭亡，虞世基等，寻亦诛死。前事不远，公等每看事有不利于人，必须极言规谏。”

这段话采用的表达方式是议论。观点一开始就以类比的方法（“人欲自照，必须明镜；主欲知过，必藉忠臣”）提出：皇帝要知道自己的过失，必须依靠忠臣的进谏。下面唐太宗是如何展开论证的呢？其方法是讲道理、举例子。重点说讲道理：“主若自贤，臣不匡正，欲不危败，岂可得乎？故君失其国，臣亦不能独全其家”。讲述皇帝如果自以为是，大臣不进谏的危害。危害有几点？由“臣亦不能独全其家”中的“亦（也）”这个表并列关系的关联词可知有两个方面：一是主“危败（危险败亡；危险失败。《汉语大词典》）”，二是臣“亦不能独全其家”，分别是从君主和大臣两方面来说的。处于这两个方面中间的“故君失其国”，该怎么理解呢？首先可以明确的是“君失其国”即上文主“危败”。那么“故”如果翻译为“所以”，主“危败”和“君失其国，臣亦不能独全其家”却不能构成因果关系，并且从语义的表达来说也有叠床架屋的弊端。而如果将“故”理解为“假如”的话，首先与“主若自贤”中的“若”相呼应，说明危害都是在“主若自贤”和“君失其国”这两种假设的情况下做出的推断，其次清晰地指出了“臣亦不能独全其家”是在“君失其国”的情况下发生的，表达畅达，于理也通：人人都相信有国才有家，反之亦然，没国就没家。这一点在以“至于”领起的隋炀帝的例子中也可以看得清楚：隋炀帝“暴虐”，大臣只能闭嘴，没法进谏，同样，“亦”字表明其后果有二：一是隋炀帝灭亡，二是“虞世基等，寻亦诛死”，也是从君和臣两方面来论述的。虞世基等大臣不久也被杀，很明显是在隋炀帝灭亡也即“君失其国”的情况下发生的，这个例子是与“君失其国，臣亦不能独全其家”的说理相呼应的。这样，“臣亦不能独全其家”就是在假设“君失其国”的情况下的结果。由此可见，“故”解释为“如果”，在表达上顺畅，在说理上清晰。

“故”作“如果”讲，在《汉语大词典》中有此义项：“连词。若；如果。”由王叔岷撰、中华书局于 2007 年 6 月第 1 次印刷的《古籍虚字广义》第 157 页：“故”犹“若”也。两书在此义项后都附了例句。

2.“食器之间”中的“间”该怎么读

“食器之间”中的“间”怎么读更好，这要根据“间”的语义而定，正所谓因义定音。“食器之间”是什么意思呢？教参（同前）第 116 页翻译为“有关装饰食物器具这些小事”。“之”，有“代词，这”的意思，翻译为“这些”，引申合理；问题是“间”有“小事”的意思吗？翻阅了《汉语大词典》《汉语大字典（第二版，九卷本）》《辞海（语词分册）》（1989 年版）《古代汉语字典》（商务印书馆出版）等工具书，只有《汉语大字典》有一个义项与“小事”有关，就是“无关紧要”（见第

4366 页），可是“小事”是名词，“无关紧要”是动词，词性不同，怎么办？可以词类活用，将动词活用为名词，“无关紧要”的事不就是“小事”吗？词义没有问题，读什么呢？《汉语大字典》的注音是“xián”。

二十二、《〈朱子语类〉三则》一则

如何更好地理解“盖人心之灵，天理所在，用之则愈明”

人教版选修课本《中国文化经典研读》（人民教育出版社 2016 年 6 月第 3 次印刷）第 58 页将“盖人心之灵，天理所在，用之则愈明”翻译为“人心的性灵，由天理所决定，勤于用心则更加明白事理”，这个翻译值得商榷。

“人心的性灵，由天理决定”，即天理决定着人心的性灵，“性灵”是什么意思呢？《汉语大词典》有三个义项：①内心世界。泛指精神、思想、情感等。②性情。③智慧，聪明。根据语境当取第三个义项。这样“天理决定着人心的性灵”即“天理决定着人心的智慧”。这三个句子间是什么关系呢？“人心之灵，天理所在”这两个句子指出了一个事实，作出了一个判断，“用之则愈明”是推论。课本对这两句话的翻译能合乎逻辑地推出“勤于用心则更加明白事理”吗？答案当然是否定的。前两个句子说的是“天理”决定“（人心的）智慧”，后者说的是“心”决定“事理”，不合逻辑。

这三句话尤其是推论句“用之则愈明”如何理解更好？

我们从推论句入手：“之”作为代词指代的是什么？只能向前两句找。前面两句谈的是“人心之灵”与“天理所在”的关系，则“之”指代的只能是“人心”，不可能是“人心之灵”中的“灵”，这样“人心之灵”的中心词就是“人心”，那么“灵”就只能是“人心”的定语，“之”就成了定语后置的标志，翻译过来就是“灵”的人心，“灵”是什么意思？《汉语大词典》有“神奇，灵异”的意思，“人心之灵”就是“神奇的人心”，“天理所在”的意思是“天理在的地方”，两句话放在一起就构成了判断句：神奇的人心是天理所在的地方。教参（同上）将“人心之灵，天理所在”翻译为“人心是天理之所在”，思路是对的，不知教材编写者为什么要舍此翻译而另外翻译。继续接着分析“用之则愈明”。既然“之”指的是“人心”，前两句谈的又是“人心”和“天理”的关系，那么“愈明”的宾语就只能是与“人心”相提并论的“天理”，而不是“事理”。“天理”与“事理”是不一样的：课本对“天理”的解释是“指的是心之本然。它表现为仁义礼智四德，体现为父子、兄弟、夫妻等伦常。”而“事理”则不仅仅指这些。“用之则愈明”就可以翻译为“用心就会更加明白(天理)”。

为了更好地理解“用之则愈明”，我们看其后的“只提醒精神，终日着意，看得多少文字，穷得多少义理。徒为懒倦，则精神自是愦愦，只恁昏塞不通，可惜!”，就会更加明白“用之则愈明”的含义。这段话是通过对比强调“只提醒精神，终日着意(即不‘懒惰’)”的作用的：“看得(知晓；明白。见《汉语大词典》)多少文字，穷得多少义理”，即精神不是“愦愦(课本注：昏乱不清醒)”，结果不会是“昏塞不通”。强调的是如何“着意”，最后如何“穷得多少义理”。“着意”课本注为“用心”。“义理”与“天理”同义。“穷得多少义理”即明天理。

由此看，“用之则愈明”确实就是“用心那么就会更加明白(天理)”的意思。

“盖”怎么理解呢?“盖”的常用义项是“连词。连接上句或上一段，表示推论原因”，如课本中出现过的“今言‘华’如‘华实’之‘华’者，盖音谬也。”(《游褒禅山记》)；“不赂者以赂者丧。盖失强援，不能独完。”(《六国论》)；“屈平之作《离骚》，盖自怨生也。”(《屈原列传》)“盖”用的都是这一义项。本句中的“盖”用的是否是这一义项呢?

我们需要进一步看这三句话与前面“读书”句(即“读书须读到不忍舍处，方是见得真味。若读之数过，略晓其义即厌之，欲别求书看，则是于此一卷书犹未得趣也”)间的关系。“真味”，“真实的意旨或意味”(《汉语大词典》)；“趣”，“旨趣；意思”(《汉语大词典》)，二者同义。“读书”句通过对比阐明了“读书须读到不忍舍处，方是见得真味”这一观点。这里强调的是一个结论，至于原因，“读书”句并没有说。按照正常的思路，下面是应该解释原因的。而“人心之灵，天理所在，用之则愈明”正好可以解释为什么“不忍舍”地读书才能“见得真味”。“真味”即“天理”。

综上所述，“盖人心之灵，天理所在，用之则愈明”就可以翻译为“因为神奇的人心是天理所在的地方，用心就会更加明白(天理)”。

二十三、《秦风·无衣》[①]两则

1.《秦风·无衣》中“岂曰无衣”中的“衣”，翻译中为“衣服”，而单独注解

① 出自人民教育出版社2002年6月第2次印刷的《语文》第三册。

时为“上衣”，“衣”究竟该作何解

与“岂曰无衣”句联系紧密地有三句“与子同袍(长袍，相当于现在的披风或斗篷)”“与子同泽(内衣)”“与子同裳(下衣)”，这三句是对“岂曰无衣”的回答。这样“衣”需能包括“袍”“泽”“裳”，而课本对“衣”的注解可以包括“泽”，但绝对不能包含“袍”和“裳”，所以这个注解有问题。“衣”译成什么较合适呢？辞书中有个“上衣”的引申义“衣服”，这个注解可囊括，较合适。因此将“衣”解释为“衣服”是对的。

2.“与子同袍”“与子同泽”“与子同裳”课本均译为“我和你穿同样的战袍”“我和你穿同样的内衣”“我和你穿同样的下衣”，这个翻译值得商榷

从前后语境看，“岂曰无衣”表明当时确实“无衣”，物资缺乏，而以“岂曰”的反问口吻，表明心中升腾着复仇的怒火，而以“与子同袍(泽、裳)”做答，表现了团结一致、共渡难关的气概，这种气概和整首诗的感情基调、秦人舍生忘死的尚武思想是一致的。而课文的翻译，穿同样的战袍(内衣、下衣)表明物资充足，也减弱了复仇的气概。

怎样翻译才合适呢？余冠英先生的翻译“斗篷伙着披，我的就是你的”“汗衫伙着穿，你穿就是我穿”“衣裳这就有，我有就是你有”，笔者折服。

二十四、《五人墓碑记》[①]一则

“傫然”有更合适的解释吗？

教材编者将《五人墓碑记》“既而以吴民之乱请于朝，按诛五人，曰颜佩韦、杨念如、马杰、沈扬、周文元，即今之傫然在墓者也”中的“傫然”解释为“聚集的样子”。何为“聚集”？《现代汉语词典(第6版)》解释为“集合；凑在一起”，如果取“集合”的意思，就是将五个人聚在一起，怎么聚在一起？一字排开是聚在一起，上下重叠也是聚在一起，如杯盘狼藉一样地相与枕藉也是聚在一起。具体死者是怎样的“聚集”，语焉不详。人民教育出版社2005年第2次印刷的教师教学用书第三册对此的翻译是“就是一起埋葬在墓中的这五个人”，将“聚集”解释为“一起”，同样语焉不详。如果取“凑在一起”的意思，则必是活人的主动行为，就与五人的生理状态——被杀死相违背了。因此我们

① 出自人民教育出版社2002年1月第2次印刷的《语文》第二册。

要细究五位死后贤士大夫是如何将其安置在坟墓中的。这就要进一步细察“傫然”的含义。

“傫”，上海辞书出版社 2011 年 12 月第 1 次印刷的《大辞海(语词卷)》解释为“颓丧，不振作的样子”，《词源(第三版)》解释为“颓丧貌”，《汉语大字典(第二版，九卷本)》解释为“困乏；颓丧”。这是“傫”在工具书中的主要解释。由北京师范学院中文系古典文学教研室选编、北京出版社 1980 年 3 月第 1 次印刷的《古代散文选注》用的就是这一解释：“颓败的样子”。这个解释很明显是错误的，因为“颓丧貌”与五人“激于义”的“皦皦(光明显耀的样子)”之品、“忠义”之行、“死生之大”相违背。不过，有人会说虽然如此，但“颓丧貌”不正是和下文紧接的“然五人之当刑也，意气扬扬，呼中丞之名而詈之，谈笑以死。断头置城上，颜色不少变”这个转折句中的“意气扬扬”形成对比吗？其实“然五人之当刑也”这个转折句的对象是“当刑(受斩刑)”，与之相对的不可能是“在墓”的情景，而只能是“中丞”“以吴民之乱请于朝，按诛五人”时的气势汹汹、趾高气昂、不可一世的情景。

《汉语大词典(12 绢本)》对“傫然”的解释是“形容重迭堆积，傫通‘累’，积。”，其后附了本句作为例句。“聚集的样子”很明显是由此引申出来的。“重重叠叠的样子”这个解释被各大选本广泛采用。整句翻译为“就是现在重重叠叠躺在这座墓里的人”(由刘学林、迟铎主编，陕西人民出版社 1994 年 9 月第 1 次印刷的《古文观止词典》)；“重叠相连的样子”[由陈书禄主编、高等教育出版社 2012 年第 5 次印刷的《中国古代文学作品选(第五卷 元明部分)》，由徐中玉主编、浙江教育出版社 1989 年 11 月第 1 次印刷的《古文鉴赏大辞典》，由刘盼遂、郭预衡主编，北京出版社 1986 年 4 月第 7 次印刷的《中国历代散文选(下册)》]；“依次重迭”(1986 年 10 月重新公布《简化字总表》后，“迭”“叠”二字严格分工：“叠”为空间上的上下关系，如上下相加为“重叠”，上下折连为“折叠”；“迭”为时间上的前后关系，前后交替为“更迭”，前后相连为“迭起”。在之前“迭”曾是“叠”的简化字，当时“重叠”也作“重迭”，因此这里的“重迭”即空间上的“重叠”)；“相连之貌”[(由中国人民大学语文系文学史教研室选编、中国青年出版社 1978 年 10 月第 2 次印刷的《历代文选(下册)》，由江西师院选注、江西人民出版社 1979 年 9 月第 1 次印刷的《历代散文选注》]；“高而重叠的样子”[由袁行霈主编、中华书局 2007 年 6 月第 1 次印刷的《中国文学作品选注(第四卷)》]；“堆积的样子”[(由殷义祥注、山东文艺出版社 2013 年 8 月第 1 次印刷的《古文观止新注》，由阴法鲁主编、北京大学出版社

1997 年 10 月第 1 次印刷的《古文观止译注(修订本)》]进一步将本句翻译为“就是排列着埋葬在墓里的人”，这“排列”应是上下摆放。

将“傫然”解释为重叠堆积之类，不合情理。先说堆积。如果将五人的尸体成堆地放在一起，贤士大夫的行为对五位义士恭敬吗？再说重叠。重叠着放，首先对五位义士仍然是不够尊敬，其次这样放是因为土地寸土寸金，资源紧张没有地方放而不得不如此吗？在古代一般都是土葬，这种情况一般是不会发生的，即使土地再金贵、再紧张也不可能委屈了义士，如同人民英雄纪念碑必须立在天安门广场中央一样。最后五口棺材要重叠着上下放，就必须把墓地挖得很深很深，这比水平方向放增加了施工难度，劳民伤财，无益。

那么，如何摆放合适？应该是一字依次水平摆放较符合常识，更能显示对五位义士的尊敬。先从字形上分析。“傫”的右边累，原作纍，上表示雷声，下为丝，丝如雷声连续不断，本意为绳索。绳索，自然是“延长”而不是“叠加”。另外，由朱东润主编、上海古籍出版社 1993 年 11 月第 16 次印刷的《中国历代文作品选(下编，第一册)》就将之解释为“相并相集貌”；由徐北文主编、齐鲁书社 2013 年 8 月第 17 次印刷的《古文观止今译》将之翻译为“就是现在一起排列在墓穴中的五位”，将“傫然”解释成了“一起排列”的意思，应该是“水平方向”排列的。最后，“搜狗百科”“互动百科”等对“五人墓”的现状做了相似的介绍：一字横列，围以花岗岩条石，作长方形，东西长 16. 87 米，南北宽 6 米，高 1. 35 米。正面嵌五人姓名。

综上所述，“傫然”解释为“依次相连，成一字水平摆放”为宜。

二十五、以文解文举例①

以文解文包括连义互解和同义互解。

先看《促织》中的两个例子。

1. 载严限追比，旬余，杖至百，两股间脓血流离，并虫亦不能行捉矣。转侧床头，惟思自尽。

“并”字怎么译呢？从本段文意看，征促织时，成名“不敢敛户口，而又无所赔偿，忧闷欲死”，在妻子的劝说下才去捉蟋蟀，“冀有万一之得”，现在

① 所举之例均取材于人民教育出版社 2003 年 1 月第 2 次印刷的《语文》第四册。

“转侧床头，惟思自尽”，为什么？两个原因：“宰严限追比”，上面追得紧；自己被打得很严重，以致连蟋蟀都不能去捉了。因此根据上下文“并”可以为“连”。《辞海·语词分册(新二版)》在此义项下附了本例句。

2. 村中少年好事者驯养一虫，自名“蟹壳青”，日与子弟角，无不胜。欲居之以为利，而高其直，亦无售者。径造庐访成……

“亦”怎么译呢？译为“但”较确切。为什么？前面说“欲居之以为利，而高其直”，欲居奇以牟利，则肯定希望有人买他的“蟹壳青”，后面说“径造庐访成”，为什么？成名负责供蟋蟀，正需要这样的蟋蟀，即使他买不起，也可以通过战胜成名的蟋蟀来进一步提高自己蟋蟀的知名度以求蟋蟀能够高价脱手。这样“亦无售者”对前句而言是转折关系，对后句而言是顺承关系。这样“亦”可译为“但”。《辞海·语词分册》(新二版)对“亦”有此解释。

再看《柳毅传》中的一个例子。

毅曰：“……子有何术可导我耶?”女悲泣，且谢曰：“负载珍重，不复言矣。脱获回耗，虽死必谢。君不许，何敢言？既许而问，则洞庭之与京邑，不足为异也。”毅请闻之。

“问”怎么译？是平常的“问”吗？否。先看前文：“君不许，何敢言?”“既许而问，则洞庭之与京邑，不足为异也。”这两句是对柳毅询问“子有何术可导我耶”的回答，强调柳毅要告诉必先许诺的重要性，由此揣摩文意，“问”即“言”，“告诉”之意。这是看其与前文的联系。再看后文。“则洞庭之与京邑，不足为异也”是“言”即“问”的结果。“毅请闻之”，“闻”，听见，这委婉地表达了“许诺”的意思。要“听见”，必先“言“即必先“问”。因此“问”，应为“言”即“告诉”之义。

以上是连义互解的举例。下面再看同义互解的举例。

吾君方幸玄珠阁，与太阳道士讲火经。(李朝威《柳毅传》)

“与”字作“和”解肯定不妥。怎么解释较恰当呢？下文武夫回答柳毅“何谓火经?”的询问时有一句话：“太阳道士精于人理，吾君邀以听言”，“吾君邀以听言”中的“听”与“与太阳道士讲火经”中的“与”同义，正可互解。由此可见，“与”此处可解释为“听”。《汉语大词典》中“与”有个义项是“为，是”，很明显，“为”为动词，而“为”做动词，翻译时唯一的秘诀在于由后面的名词而定，如“为人”“为文”“为害”“为生”中的“为”因宾语不同而翻译为“做”“写”“造成”“谋”，这样“太阳道士讲火经”作为“与”的宾语，“为”解释为“听”就没有问题了。

二十六、以理解文举例[①]三则

1. 循陵而走，见蹲石鳞鳞，俨然类画。(蒲松龄《促织》)

通常，古汉语中“走”作“跑”解，“行”作“走”解。在这儿“走”却只能作现代汉语“步行”的意义解，否则于理不合。为什么？当时成名不可能跑，因为其时“两股间”已“脓血流离，并虫亦不能行捉矣”。

2. 毅曰：“毅，大王之乡人也。长于楚，游学于秦。昨下第，闲驱泾水之涘，见大王爱女……(李朝威《柳毅传》)

“昨”能解作“昨天”吗？肯定不可，因为这于文理不合，柳毅此时距离第一次见到龙女已一个多月了，文中分明写道：“其夕，至邑而别其友。月余，到乡还家，乃访于洞庭。”“昨”因此可解作“过去”，我们以前也在《归去来兮辞》中学过：“觉今是而昨非。”，“昨”与“今”语义相反。

3. 柱以白璧，砌以青玉，床以珊瑚，帘以水精，雕琉璃于翠楣，饰琥珀于虹栋。(李朝威《柳毅传》)

床，和柱、砌(台阶)、帘一样都是名词做动词。“床”为名词时可是我们现在所说的“床”？根据以理解文的原则我们可以肯定地说“不”。为什么呢？这几句是对灵虚殿的描写，灵虚殿是用来做什么的呢？根据武夫对柳毅所说的“客当居此以伺焉”和洞庭君在此询问柳毅来干什么——“水府幽深，寡人暗昧。夫子不远千里，将有为乎？”以及洞庭君在此安排酒宴答谢柳毅，可以知道这里是龙王会见客人、宴请客人的地方，如此，则洞庭君不可能在灵虚殿这儿安放供睡觉用的床。“床”应释为“坐具”才比较合乎情理。《孔雀东南飞》中“阿母得闻之，槌床便大怒”中的“床”即坐具。

二十七、文言文标点勘误七则

1.《虎丘记》[②]一则

远而望之，如雁落平沙、霞铺江上，雷辊电霍，无得而状。(袁宏道)

① 所举之例均取材于人民教育出版社2003年1月第2次印刷的《语文》第四册。

② 出自人教社2003年1月第2次印刷的《语文》第四册。

“霞铺江上”和“雷辊电霍”之间的逗号应改为顿号。因为“燕落平沙”“霞铺江上”“雷辊点火”分别从场面之盛、色彩之丽、声势之大三方面来形容中秋远望到的“从千人石上至山门”那震惊视听、动摇神魄的盛况，三者是并列的，故应为顿号。或曰：“你怎么知道这三个词都是描述远望所见之盛况的？由“无得而状”可知，即不可能一一描述出来，以此启发读者去想象、去体味，以此来更好地显示这幅云蒸霞蔚般的郊游图的美不胜收，故“无得而状”前的三个词为描写远望“从千人石上至山门”的美景的。

2.《柳毅传》①两则

(1)见有妇人牧羊于道畔。毅怪视之，乃殊色也。然而蛾脸不舒，巾袖无光，凝听翔立，若有所伺。

“乃殊色也”和“然而蛾脸不舒”间的句号应该为分号。因为“然而”所领起的“蛾脸不舒，巾袖无光，凝听翔立”和“乃殊色也”同样都是“视”的内容。

(2)毅曰：“毅，大王之乡人也。……谓毅曰：‘为夫婿所薄，舅姑不念，以至于此。’悲泗淋漓……”

引号内的单引号和冒号应去掉，“谓毅曰”后面直接为逗号。因为这是间接引语，将单引号内的内容与龙女和柳毅初次见面时所说的话加以对照便可明白。龙女和柳毅初次见面时所说的内容如下：“贱妾不幸，今日见辱问于长者。然而恨贯肌骨，亦何能愧避？幸一闻焉。妾，洞庭龙君小女也。父母配嫁泾川次子，而夫婿乐逸，为婢仆所惑，日以厌薄，既而将诉于舅姑，舅姑爱其子，不能御。迨诉频切，又得罪舅姑。舅姑毁黜以至此。”

3.《愚溪诗序》②三则

(1)愚泉凡六穴，皆出山下平地，盖上出也。合流屈曲而南，为愚沟。

“盖上出也”后面的句号改为逗号，我认为更合适。因为这一段从开始介绍“愚丘”起到“愚岛”止，意在介绍愚溪周围的七个景点：愚丘、愚泉、愚沟、愚池、愚堂、愚亭、愚岛，也正因为这个，每个景点的名称后面都是句号。如何理解“愚泉凡六穴”句的作用？“盖上出也”后面如果是句号，则“愚溪凡六穴”句意在介绍“愚泉”的特点，而写景乃为抒情服务，这句又能蕴涵着什么样的感情呢？显然和作者的愤激之情没有关系；如果是逗号，和后面的“合流屈曲而南，为愚沟”合在一起说明愚沟的形成，则符合作者的写作意图。上海辞

---

① 出自人教社2003年1月第2次印刷的《语文》第四册。

② 出自人教社2002年6月第2次印刷的《语文》第三册。

书出版的《古文鉴赏词典》在“盖上出也”的后面用的就是逗号。

(2)夫水，智者乐也。今是溪独见辱于愚，何哉？盖其流甚下，不可以溉灌。又峻急多坻石，大舟不可入也。幽邃浅狭，蛟龙不屑，不能兴云雨，无以利世，而适类于予，然则虽辱而愚之，可也。

这一段主要回答的是“今是溪独见辱于愚，何哉?”，由“然则虽辱而愚之，可也”亦可知。“今是溪独见辱于愚”的原因是什么呢？愚溪，即“无以利世”，再加上“而适类于予”，正好和“我”相似。和“我”的什么相似？上文已有说明，即“以愚触罪”中的“愚”。溪的“愚”体现在哪里呢？体现在由“盖”引起的三点：“其流甚下，不可以溉灌”“峻急多坻石，大舟不可入也”和“幽邃浅狭，蛟龙不屑，不能兴云雨”。因此，“无以利世”和三点表现之间是总分关系，且“无以利世”和“而适类于予”是对愚溪命名原因的充分说明，因此，“无以利世”前面用句号较好。三点原因之间用什么标点符号呢？这三点原因是由发语词“盖”领起的，由发语词“盖”所发起的议论一般均在一句话之内，又因为每个原因本身就有逗号，故每个原因之间可用分号。由李扶九选编、岳麓书社出版的《古文笔法百篇》也是这样标注的。

(3)①以愚辞歌愚溪，则茫然而不违，混然而同归。②超鸿蒙，混希夷，寂寥而莫我知也。③于是作《八愚诗》，纪于溪石上。

“混然而同归”后的句号，我认为改为逗号更适合。①句和③句是什么关系？由“于是”可知是因果关系：①句说明“以愚辞歌愚溪”的好处，③句则具体阐明如何“以愚辞歌愚溪”。②句和①③句是什么关系呢？如果单独成句，则叙述的目的较模糊，且句子也不完整；如果和①句合在一起成一句，则一起阐述“以愚辞歌愚溪”的妙处，一目了然。事实上②句也正是阐述“以愚辞歌愚溪”的妙处的。

二十八、《〈物种起源〉导言》[①]一则

“创造论”定义之我见

《〈物种起源〉导言》最后一段中有一个名词——创造论，课文对它这样解释：“一种认为每一物种都由上帝创造的谬论。”笔者利用以文解文的阅读思路

① 出自人民教育出版社2002年1月第2次印刷的《语文》第二册。

发现这一定义有些缺漏，如果定义为“一种认为每一物种都由上帝创造且不变的谬论”就完整了。为什么呢？

先明确本段的写作意图。通过抓重点句“虽然许多事实现在还是不清楚，而且在未来长期内也还弄不清楚，但是我们经过了精细的研究和冷静的判断，可以毫不怀疑地断言创造论的错误。创造论这一观点，虽为近代许多博物学家所信奉，我自己以前也曾信奉过，但是事实上决不能成立”，可知作者在极力批判“创造论”，通过紧随其后的“我深信……我又深信……”可知作者在申明观点。

批判和申明之间是什么关系呢？申明是批判的论据，批判是申明的目的。因此可由所申明的观点来理解所批判的“创造论”的内涵。

下面我们分析创造论的内涵。

先看作者申明的第一个观点：“我确信生物的种不是不变的；所谓同属的种，都是其他大概已经灭亡的种所传下来的直系后代，而现在认为同种的各项变种，都是这同种的后代。”分号后的内容是对分号前的内容的解释。因此我们单看分号前“生物的种不是不变的”，这句话有个前提义：“创造论”认为物种是不变的。

再看第二个观点：“我又确信自然选择的作用，它虽然不是物种变异的唯一条件，也该是最重要的条件。”这个观点强调了物种或者变种起源最重要的动力来源——自然选择，当然不是上帝。

由此可见“创造论”包括两个内容：物种是谁创造的，被创造了之后会怎么样。

后来查看由北大教授陈阅增主编、高等教育出版社于1997年7月出版的《普通生物学——生命科学通论》，发现我所理解的“创造论”和书中第445页“神创论”的定义不谋而合：“在一个相当长的时间里，很多人认为五光十色、绚丽多彩的生物世界是在某个时刻一次被创造出来的，而且一旦形成就永远不变了，这就是神创论，又称特创论。”“认为物种是神所创造的。”（注：神创论即创造论）

第二部分　文言文教学研究

一、文言文阅读教学管窥

文言文教学，我一直在关注，在努力。

首先，我经常想：教给学生多少文言文，学生就可以真正读懂浅易的文言文，在高考中一展身手？开始我以为教好课本的文言文就可以了，至于能力迁移，那是水到渠成的事。我认真教了，学生也努力学了，可做高考题时优势并不明显。最近两年教高三，我就反思学生的学习、回顾自己的学习过程，得出一个人人皆知的结论：任何一项技能训练，如果没有达到条件反射的程度，都不是真正的功夫，在高考中是没有什么大用处的；要想训练到条件反射的程度，如文言文，课内的知识必须讲好，这确实是迁移的基础，没有课内文言文做底子，学生做课外文言文就是空中楼阁；可是只学课内的知识是远远不够的。课外还要学什么呢？课外学文言文最好的内容是故事，这样学生有兴趣；内容要健康；不能长，可以及时处理完，最好一天一小段；可以以断句的形式出现。我手头有《八德（孝悌忠信礼义廉耻）故事》的电子稿，可以从中选择，从 2011 级高一开始做起，到目前已经做完了孝、悌、信、礼义，并且编了三本校本教材，发觉学生的文言文水平有所提高。我想坚持做下去，学生受益，自己也受益，并且这种受益是终身的。

其次，关于课内精读的指导。指导的前提是自己首先得掌握，然后把自己掌握的知识教给学生。我的做法是遵循我师父余先生的教导，凡是教给学生的，篇篇至少当时可以熟背，尽量做到声情并茂，以便给学生做好示范，激发学生学习的兴趣，也可以使我自己对文章脉络的把握、对字词句的确认、对文章精微之处的体察更加到位。到目前，背了近二十年了。背文章这一条让我在文言文教学中慢慢找到了感觉，并耽于其中。

对学生如何指导？

首先，尽量让学生觉得文言文可爱，愿意亲近它。为此我在新高一开学讲文言文的第一个内容是《让我们亲近文言文》，讲了要亲近文言文的三个原因：(1)中华民族五千年生生不息的关键是传统文化；(2)从大环境来看，我们呼唤以文言文为载体的传统文化；(3)从自身而言，我们可以从传统文化中获得人生的智慧。

其次，让学生觉得有收获。所谓有收获，就是学生能看懂的文言文越来越多了，越来越能学以致用了，考分越来越高了。高考考查的核心是学生能否读懂浅易的文言文，大到对文章的整体把握，小到对实词、虚词词义的确认，对句式的辨认，还有对语句间关系的把握。这样一来，就需要把文言文作为一篇文章来教。我想，这是我阅读教学的出发点。

既然如此，就没有必要逐句讲解，因为学生并不是全部不理解；就没有必要一定要死抠词类活用(顾德希老师说，除了名作状、名形作动、使动用法、意动用法之外，绝不再添更多东西)；就没有必要对所有的句子都字字落实，更多的是让学生用文言文的语言系统去思考，就如同学外语要忘掉本国语言一样，翻译只是一座桥梁，过河即可拆桥。

如何对学生进行文言文阅读指导呢？核心是训练和积累。具体来说：

第一，在讲课之前首先是学生自己诵读，我绝不先读。

诵读实为文言文教学之首，为成功的教法，自古重之。古今大德贤人之述备矣，主要在于口熟和心熟。要口熟，则读音须正，句读须断，语气须明，读时须字正腔圆、抑扬顿挫、如行云流水，直至说时不假思索脱口而出，如有神助；要心熟，则须思情感之微、谋篇之妙、遣词之精，辨理解之失、释词之误。熟了，学生自然可以迅速理解知识、掌握知识、牢记知识，背诵也会水到渠成。

学生诵读前，桌上必备工具书一部，一本商务印书馆出版的《古汉语常用字字典》即可；手头必有笔一支，以便“心有疑，随札记”，读音、理解上每有所疑，则随即在书上做记号。读第一遍时不要查字典，否则会影响对文章的整体理解。学生诵读时，须眼盯、口诵、心惟，正如《弟子规》所言“读书法，有三到，心、眼、口，信皆要”或如《三字经》所言“口而诵，心而惟”，边读书边理解：不会读的，书下有注解的看注解，没有的做记号；不理解的看注解；还不理解的，“随札记”(《弟子规》)；须专心致志、聚精会神，正如《弟子规》所言“方读此，勿慕彼，此未终，彼勿起”。至少读完一遍后，自己查字典正音，正音也是在正义，对多义词更要结合上下文的语境来选择恰当的义项。

等大多数学生读得差不多了，这时须一起正音，正所谓“相观而善，之谓摩”(《礼记·学记》。最初我是请读得好的学生示范，防止出现以错为对的情况，这也是荣誉，不仅可激发这位学生的积极性，还可调动其他学生奋起直追的干劲。

如此反复几次，则学生诵读的正确率越来越高，读得好的学生也越来越多。后来，我又改变了方法：先分组读，让组长负责，组长由读书较好的学生担任。将一篇文章“瓜分”，责任到人，老师鼓励、表扬勇挑重担者，肯定其精明之处。读时，一人读，大家盯，发现错误马上指出，也可能指出的是错误的，没关系，都是同学，没什么丢脸的，遇到各执一词时，查字典，共切磋，避免了“独学而无友，则孤陋而寡闻”(《礼记·学记》)的情况。如果还有滞塞之处，再问老师。由于争强好胜的天性，学生一般很积极。到这里正音只是做完了一半，另外一半是按课文顺序请各组连起来读，每组读一段，初读时尽量请读书读得好的学生。每读完一段，先请各组自我纠正，然后请其他组的学生纠正，对不认真盯者、对错误漠然置之者进行批评，这是在全班范围内的观摩。音读准确了，还不够，还要读出节奏来。可先由学生自己练，肯定其成功处，指出其需要提高处。其中的练习内容有语义方面的，也有语法方面的，解决的方法还是查字典，联系语境。如此往复几次，节奏就容易读出来了。

这之后我才给学生范读，不仅可以一锤定音，更可以在断句、节奏、情感上给学生以较好的引导和良好的熏陶。为什么老师不一开始就示范呢？一者避免越俎代庖。老师一开始就示范，包办了学生自己查字典的任务，不仅削弱了学生查字典的能力，而且容易养成学生懒惰、依赖的习气。二者避免劳而无功。由于学生对课文不了解或一知半解，我们示范的妙处他们体会不到，等于白劳动，甚至还可能给学生留下“炫耀”的骂名。

第二，要重视提问。

提问题意义重大。浅而言之，学生可以进一步熟悉课文；大而言之，可以看出学生学习的态度和理解文章的程度(所谓小疑则小进，大疑则大进，不疑则不进)，也可为自己讲课提供因材施教的依据。

开始学生不会提问，应给予方法上的指导，特别要充分发挥同龄人的示范作用。对认真的、提问水平高的学生在课上给予表扬，并且课上专门讨论学生所提的高质量问题，这也可激发学生提问的积极性。讨论时先请会的学生回答，决不越俎代庖，“不愤不启，不悱不发”。然而不认真不努力去做的学生还有，怎么办？可以这样对他说："你没有问题，我问你，能回答上来说明你对课文真理解、真明白了、真没问题了，如果回答不上来，说明对文章理解不够。"这样可以督促其学习，迫使其提问。

第三，要加强检测。

检测主要是督促学生认真读书、理解课文，帮助学生养成脚踏实地的人生态度、每天积累知识的良好习惯。

检测什么呢？熟读期间，课上听写句子，以促其熟读、盯字；正式讲课时，譬如今天课上要讲《兰亭集序》前两段，则前一天布置看书下注解的任务。检测内容需深思熟虑，其中有书下重要的注解，有本节课要补充的词、句式，这些也是讲完后要翻译的句子(以前我要求学生全部翻译，可效果不理想：一者学生不认真，照抄翻译，纯属浪费时间；二者"多则惑"，全翻译，学生没什么收获；三者加重了学生的负担，容易反感)，等全文讲完之后，再专门检测补充的字词、句式。检测完，对错得较多的学生，在课下给予单独辅导、督促。

第四，讲课文要有针对性，要讲方法，要讲出趣味。

尽管自己为背诵课文、理解课文，力图教出点理趣、咂摸出点情趣以让学生爱学而忙得不亦乐乎，但想让学生爱上文言文，却不是一件容易的事。近几年来，本着为学生服务、遵循文言文教学规律的宗旨，课上以学生提问为依据，既把握整体(篇、段、句)的文意，又探讨局部的词义。如果是要求背诵的，整体把握必须为此服务。解词时重在教方法，主要是引导学生查字典，根据语境选择词义，这时"诸因互解律"发挥了重要作用。

如《游褒禅山记》有两句话：

1."遂与之俱出"中的"与"字，一般都解释为"和"，不够精确。下文有一句话"而余亦悔其随之而不得极夫游之乐也"中的"随之"与"与之"说的是一个意思，可以同义互解，这样"与"就可以解释为"随"。

2."然力足以至焉，于人为可讥，而在己为有悔；尽吾志也而不能至者，可以无悔矣，其孰能讥之乎?"中的"讥"一般都翻译为"讥笑"，对吗?

这句话从正反两方面论述尽志的重要：不尽志与"尽吾志"结果截然不同：别人可以"讥"或不能"讥"，自己可以"有悔"或"无悔"。第二段和此句所在的第三段是记叙和议论的对应关系。那么此句的议论是针对第二段的哪句话议论的呢？很明显是针对"既其出，则或咎其欲出者，而余亦悔其随之而不得极夫游之乐也"而发的。这样两相比较，可以得出肯定的结论："讥"与"咎"同义，是“责怪”的意思。

可是，“讥”有“责怪”的意思吗？让我们向工具书请教：商务印印馆出版的《古汉语常用字字典(第 5 版)》《古代汉语词典(第 2 版)》对“讥”的第一个解释就是“非难，指责”。《汉语大词典》有“非议”的义项，而“非议”即“非难，指责”。

看来，“讥”在这个语境中就应理解为“责怪”的意思，尽管与“讥笑”有联系，却有不小的区别。

这是同义互解的例子。除了同义互解之外，还有以理解文、以事解文、以情解文。

如何讲出趣味？这有难度，因为文言文对一般学生来说比较枯燥，尤其是议论文，记叙文要好一些。可是要让人觉得学文言文挺好玩的，就必须抓住其中的有趣之处。下面以入选课本的《史记》文章为例来加以说明。先说《鸿门宴》。第二段就有很多地方有趣味。第二天刘邦、项羽大战的序幕即将拉开，作为项羽的二叔，项伯竟跑到刘邦的军营中“欲呼张良与俱去”，可是张良找理由不仅拒绝了项伯的善意，而且把此事告诉了刘邦，给刘邦出主意，这是刘邦的谋臣的做法；而“张良出，要项伯。项伯即入见沛公”，项羽的叔父项伯居然和刘邦见面了，而且听信了刘邦的鬼话，在项羽面前给刘邦说情，这是项羽叔父的做法：一个谋臣，一个叔父，在大战之前的做法迥异，从中可以折射出两位领导人的魅力有天壤之别，人心向背反差如此之大，刘、项的结局不就可以推测出了吗？这是不是很有趣？还可以集中说说刘邦。“良乃入，具告沛公。沛公大惊，曰：‘为之奈何？’”“良曰：‘料大王士卒足以当项王乎？’沛公默然，曰：‘固不如也。且为之奈何？’”“为之奈何”刘邦反复说，对张良言听计从，可是当张良让他“请往谓项伯，言沛公不敢背项王也”时，刘邦马上说：“君安与项伯有故？”，对张良由信任马上变为怀疑，刘邦对政治形势多么敏感。而当项羽听到项伯“具以沛公言报项王”时，碰到同样的情况，竟没有怀疑，不仅没有怀疑，而且没有做出任何反应，反而答应项伯“善遇”刘邦，对政治反应如此迟钝，真是不可思议，这样的人怎么能不被刘邦打败呢？通过对比，可以发现一些矛盾，得出一些有意思的结论，这岂不是很有趣？再如第四段“樊哙闯帐”中有两句话：“项王曰：‘壮士，赐之卮酒。’则与斗卮酒”和“项王曰：‘赐之彘肩。’则与一生彘肩”，项羽让手下给樊哙“卮酒”，手下给樊哙的是“斗卮酒”；项羽让手下给樊哙的是“彘肩”，手下给樊哙的是“生彘肩”，一“斗”一“生”，从中可窥见项羽手下的阴暗心理：对闯帐的樊哙不服气，想以此让樊哙出出丑，灭灭樊哙的威风，因此当樊哙“哙拜谢，起”“樊哙覆其盾于地，加彘肩上”时，我们仿佛看到了项羽手下对樊哙嘲笑的心态，甚至掩口胡卢而笑的神态；当樊哙“立而饮之”和“拔剑切而啖之”时我们仿佛看到了项羽手下对樊哙行为的惊讶，甚至目瞪口呆。这有趣吧？《项羽之死》中有一段话：“夜闻汉军四面皆楚歌，项王乃大惊曰：‘汉皆已得楚乎？是何楚人之多也！’项王则夜起，饮帐中。”请问“项王乃大惊曰”，项王在哪里“大惊”？根据连义互解，下文说“项王则夜起”，可见项羽是在床上大惊，是在床上被四面汉军的楚歌惊醒的。这样上下连贯起来，就可以形成一个画面，就有意思了。《廉颇蔺相如列传》中“渑池之会”中有一句话“于是秦王不怿，为一击缶”，如果讲课时只是把“为一击缶”翻译为“为赵王敲了一下缶”，这有什么意思呢？首先要注意“缶”是“盛酒浆的瓦器”，不是“乐器”，而赵王弹奏的“瑟”是乐器，蔺相如让秦王“击缶”则对秦王的侮辱更甚。如果联系上文为了让秦王击缶，蔺相如又是说理——国君之间应该“互相娱乐”，又是“跪请”，又是拼命，才换来了秦王“不怿，为一击缶”，可见秦王哭丧着脸敲的这一下缶，是多么的不情愿，可是又无可奈何，因此敲的这一下有气无力可以想见，估计只是轻轻地地落在了缶边上。这样一来是不是有意思了呢？另外，本段还有两句话：“秦御史前书曰：‘某年月日，秦王与赵王会饮，令赵王鼓瑟。’”“相如顾召赵御史书曰：‘某年月日，秦王为赵王击缶。’”这两句话也很有意思。秦国记录的主语是“秦御史”，人家是主动走上前书写，秦王“为一击缶”后，应该是“赵御史前书曰”，可文章出现的却是“相如顾召赵御史书曰”，“赵御史书”在那里干什么？竟然忘记了自己的职责，可见是被吓呆了，而“相如顾召赵御史”，由此反衬蔺相如的勇敢。有意思吧？此其一。再看“曰”的内容有一处不同：秦御史用的是“令”，而蔺相如用的是“为”，两词有何不同？蔺相如用的“为”为什么更胜一筹？“秦王为赵王击缶”中“为”实“给”的意思，蔺相如用“为”字表明赵王丝毫没有任何强迫秦王击缶，击缶完全是秦王自愿的，可见这是由赵王德行的感召所致，完全是以德服人，这就树立了赵王仁德的形象；而“秦王与赵王会饮，令赵王鼓瑟”中的“令”是“让”“命令”的意思，这里面有秦王的强迫行为，赵王鼓瑟是被迫的，是秦王武力胁迫的结果，是以武力服人，这就树立了秦王霸道的形象。一字不同，其中的意味竟有了翻天覆地的变化，让人忍俊不禁。

最后思考练习中的“一词多义”要讲透，在讲课文时讲解“字”的训练要加强。

相当多的老师对课后的“一词多义”不感兴趣，对对答案即过。我以为“此殊未当”。汉字以表意为主，甲骨、小篆等字体本身就蕴含着字的本义，以此找出本义与其他义项之间的引申关系，奥妙无穷。每个义项能与现代汉语、现实生活联系的就联系，其中若蕴含着小故事，就放开讲，必能吸引学生，增强学生的学习兴趣。如：

道，道路，而且是一条直路，不是四通八达的路，四通八达的路称为衢。[如：道听途说(在道路上听到，在道路上传说)；道路以目(出自《国语》：国人莫感言，道路以目)；会天大雨，道不通。(《陈涉世家》)]→途径、方法、办法，[如：以其人之道还治其人之身(用那人对付别人的方法回过头来对付他)、反其道而行之(采取相反的办法行事)]→规律、原则、事理(如：尊师重道、头头是道)→主张、思想、学说(如：朝闻道，夕死可矣；志同道合)。道做“说”讲，是假借义(津津乐道：兴趣浓厚地讨论)。

修，形声字，攸(yōu)表读音，三撇儿表意义，指附在某物之上起点缀作用的事物。之所以画三撇儿，是因为古代“三”表示多的意思，本意为修饰→整治、修理[如：修桥补路、修剪、修理(物品、用具)]→兴建、建造、修建、修造(乃重修岳阳楼、兴修水利、修筑)→建造用于书籍、文章方面，就引申出了“编写”的意义(编写历史叫“修史”，古代史馆和翰林院中负责具体编写的叫“编修”，给某人写一封信也可以说成是修书一封)→修饰的目的在于臻于完美，所以又引申用于抽象意义，指品德、学问的培养、学习(修身治国平天下、选修、必修、自修、进修)→学习、培养再进一步引申就是特指宗教[修仙(佛、道)；天主教、东正教有一种供教徒出家修行的机构，叫“修道院”，其中男教徒称修士，女教徒称修女；迷信(把平常的行善叫修行，类似的词语有修德、修福，认为这样就可以给儿孙或来生带来好报，如恭维人“有福”就说是上辈子修的。]→修饰的结果是完美(如修名)，所以又可引申为长：既可指寿命长，如《兰亭集序》中的“修短随化”，又可指其他方面：路长，如“路漫漫其修远兮，吾将上下而求索”，把女人细长的双眉叫作“修眉”，今天在形容人的身材细高时还说成是“修长”。

文言文教学方法不可能就这么几点，就这几点也不可能适合所有老师。愿每位老师都能找到适合自己的方法，将文言文教好，使学生不仅生活在现在，还能生活在过去，并继承祖先留给我们的财富，具有高瞻远瞩的智慧，使中华文明延绵不绝，泽被后世。这样，我们上不愧祖先，下不怍于子孙。

二、注重积累，善于迁移

——谈高中生如何学习文言文

高中学生要学好文言文，就要注重积累、善于迁移，要如此，就必须高度重视课本、认真学好课本。

积累什么？积累的内容很多，有复杂的常见词词义、多样的句式、细致的文学常识，有优美的文章、精巧的构思、丰富的语言，但最基本、最重要的还是词义。词义分为实词、虚词。掌握好了常用实词，则必通文章大义、必明文章内容；理解透了常用虚词，则可查文章脉络，可辨文章语气。

所谓常用实词，指凡中学教学中不止一次出现过的古今词义既有联系又有区别的那部分实词。常用实词在文中的含义，主要指以下几种情况：

1. 确认多义词在文中的恰当义项。

2. 确认词在文中用的是古义还是今义。

3. 确认词在文中是否产生了“活用义”。名词、形容词处在谓语的位置，便活用为动词；动词、形容词处在主语或宾语的位置，就活用为名词；名词处于状语的位置，便可直接做状语。任何一个实词，它在句子结构中的位置和语法作用的改变，都会使词性发生变化，因而引起词义的变化，这样产生的词义就是“活用义”。阅读中要看清句子结构，正确判断词义。

4. 确认词在文中用的是不是“通假义”。通假字是文言文特有的一种语言现象，若不知道“通假义”，势必影响对文章的正确理解。

因此，平常学习课本时要认真积累常见词的知识，积累常见词在文中的本义和引申义、古今义、通假义。

虚词，包括副词、介词、连词、助词、代词。首先，在常见常用上下工夫。2003 年《考试说明》圈定了 18 个虚词：而、何、乎、乃、其、且、若、所、为、焉、也、以、因、于、与、则、者、之。其次，在常用的意义和用法上下工夫。虚词的意义主要指它们相当于现代汉语的什么词。代词、副词、介词、连词和大部分助词在现代汉语中都有对应的词语，只有极少数的助词、连词起一些结构上的作用，现代汉语不用，没有意义。虚词的作用主要指它们充当什么词、什么成分或在表情达意上起了什么作用。虚词的意义和用法是无法分开的，因为虚词的意义是由它在句中所起的作用来决定的。所以判断文言文虚词的意义和作用一定要看清它们所在的句子。特别是近几年高考在考查虚词意义和用法的题目中，命题者有时特意从已学过的课文中选择四句话配对而构成四个比较性的选项。这样的试题的出现，无疑在提示我们应注意学好课本而不能抛弃课本。我们在学习文言文虚词时务必要从课本的具体文章中、具体语句中去体会，记牢其意义和用法。

如何迁移？学习语言，一定要有语境意识。同样的一个词，如“恨”，在立场敌对的语言环境中说“我恨你”，那是真恨，恨得咬牙切齿；在情侣间打情骂俏的语言环境中说“我恨你”，那是真爱，爱得柔情似水。在积累时，必须注意语言环境，在语言环境中学习；在迁移时同样必须注意语言环境，在语言环境中运用语言。在语境中学习运用语言是学习语言的不二法门。所谓善于迁移就是在解词时要具有强烈的语境意识，就是在解词时应具备迅速从所积累的同一实词若干选项中选择它在上下文中应取含义的能力。

下面以高考题为例予以实证。

先看实词。请看2003年北京试题第一题：

阅读下面一段文言文，完成(1)—(6)题。

邴原十一岁而丧父，家贫，早孤。邻有书舍，原过其旁而泣。师问曰：“童子何悲？”原曰：“孤者易伤，贫者易感。夫书者，必皆具有父兄者，一则羡其不孤，二则羡其得学，心中恻然而为涕零也。”师亦哀原之言而为之泣，曰：“欲书可耳！”答曰：“无钱资。”师曰：“童子苟有志，我徒相教，不求资也。”于是遂就书。一冬之间，诵《孝经》《论语》。自在童龀之中，嶷然有异。及长，金玉其行。欲远游学，诣安丘孙崧。崧辞曰：“君乡里郑君，君知之乎？”原答曰：“然。”崧曰：“郑君学览古今，博闻强识。钩深致远，诚学者之师模也。君乃舍之，蹑屣千里，所谓以郑为东家丘者也。君似不知而曰然者，何？”原曰：“先生之说，诚可谓苦药良针矣，然犹未达仆之微趣也。人各有志，所规不同。故乃有登山而采玉者，有入海而采珠者，岂可谓登山者不知海之深，入海者不知山之高哉？君为仆以郑为东家丘，君以仆为西家愚夫邪？”崧辞谢焉。又曰：“兖、豫之士，吾多所识，未有若君者；当以书相分。”原重其意，难辞之，持书而别。原心以为求师启学，志高者通，非若交游待分而成也。书何为哉？乃藏书于家而行。

(《三国志》卷十一注)

(1)对下列句子中加点的词语的解释，正确的一项是(　　)

A. 师亦哀原之言而为之泣。　　哀：悲伤

B. 崧辞曰。　　　　　　　　　辞，推托。

C. 郑君学览古今，博闻强识。　识：见识。

D. 君乃舍之。　　　　　　　　乃：就。

本题涉及三个实词，下面依次说：

A. 师亦哀原之言而为之泣。哀：悲伤。

先将“悲伤”放到句中读一遍，觉得别扭，再细察句子结构，“哀”在“师亦哀原之言”中作的是谓语，而“悲伤”为形容词，其后不可能带宾语。那么，“哀”应作何解？这需联系上下文。老师见邴原在书舍旁哭泣，便问：“童子何悲？”邴原说了一番“羡其不孤”“羡其得学”的理由后继续述说自己的“悲”：“心中恻然（伤痛的样子）而涕零”，听了这番话后“师亦哀原之言而为之泣”，一“哀”一“泣”，一心理活动一外在行为；“亦”者，也也，与邴原一“哀”一“泣”同，则“哀”与“悲”义同，但由于带了宾语，必须活用为动词，可译为“为……而悲哀”，可进一步引申为“怜悯”“同情”。再联系一下有关“哀”的义项：清朝龚自珍的《己亥杂诗》中：“九州生气恃风雷，万马齐喑究可哀”，用的是本义“悲伤”“悲哀”；将心中的“悲”施之于外界，则可引申为“怜悯”“同情”，这个义项我们也学过：“君将哀（之）而生之乎？”（柳宗元《捕蛇者说》，“后人哀之而不鉴之亦使后人而复哀后人也。”（《阿房宫赋》），“故予与同社诸君子哀斯墓之徒有其石也而为之记。”（《五人墓碑记》），由此我们可以断定“哀”即“怜悯”“同情”。

B. 崧辞曰。辞，推托。

“辞”的基本义项有两个：一个是口供，可引申为借口、推辞，一个是不接受、推辞，可引申为辞别。该选哪一个，这需联系上下文。邴原到孙崧这儿来的目的是“游学”（远游异地求师从学），孙菘却认为与邴原同乡的郑君“诚学者之师模也。君乃（却）舍之，蹑屣千里，所谓以郑为东家丘（蔑视别人）者也”，认为邴原应向郑君学习而不必远涉千里来向他求学，所以，“辞”即“推辞”“推托”之意。为了确保万无一失，可再联想一下课本中出现的将“辞”解释为“推辞”“推托”的句子：

辞曰：“臣之壮也，犹不如人；今老矣，无能为也已。”（《烛之武退秦师》）

勾践辞曰：“昔者之战也，非二三子之罪也，寡人之罪也。如寡人者，安与知耻？请姑无庸战。”（《勾践灭吴》）

樊哙曰：“臣死且不避，卮酒安足辞。”（《鸿门宴》）

于是辞相印不拜。翌日以资政殿学士行。（《〈指南录〉后序》）

C. 郑君学览古今，博闻强识。识：见识。

将“识”释为名词，显然不妥，因为“博闻强识”很明显是由两个偏正结构“博闻”和“强识”构成的并列结构，则“博闻”和“强识”可形成互解关系：“闻”为动词，“识”也同样应为动词。

那么，“识”应如何解释呢？

“识”与“志”音义皆同，本义是记住古人传下来的话，所以从言，我们以前学过不少这方面的例子，像“默而识之，学而不厌，诲人不倦，何有于我哉？”（《论语·述而》）“余笑谓迈曰：‘汝识之乎？……’”（《石钟山记》）“今余幸得解官，称吴客矣，虎丘之月，不知尚识余言否耶？”（《虎丘记》）课文读得熟、记得牢的学生可以快速反应出《屈原列传》中的句子：博闻强志，明于治乱，娴于辞令。

再看虚词。

在2003年北京试卷文言文阅读第一题的最后一个题支“君乃舍之。乃：就”就是对虚词的考查。这需要根据语境来判断。邴原意在游学于孙崧，而孙崧认为其乡里的“郑君学览古今，博闻强识，钩深致远，诚学者之师模也”，邴原应向他学习，而现在邴原“舍之，蹑屣千里，所谓以郑为东家丘者也。”一个是“师模”，一个是“东家丘”，“乃”所连接的这两部分很明显构成了转折关系，故可解为“竟”“却”。这方面的例子如：

问今是何世，乃不知有汉，无论魏晋。（《桃花源记》）

今其智乃反不能及，其可怪也欤！（《师说》）

而彭祖乃今以久特闻，众人匹之，不亦悲乎！（《逍遥游》）

再看2002年全国高考题文言文阅读的第2题：

李将军广者，陇西成纪人。家世世受射。从军击胡。用善骑射，杀首虏多；从太尉亚夫击吴楚军，取旗，显功名昌邑下，以力战为名。匈奴大入上郡，有数千骑。广之百骑皆大恐，欲驰还走。广曰：“吾去大军数十里，今如此以百骑走，匈奴追射我立尽。今我留，匈奴必以我为大军之诱，必不敢击我。”广令诸骑曰：“前！”前未到匈奴陈二里所，止，解鞍，令士皆纵马卧。是时会暮，胡兵终怪之，不敢击。夜半时，引兵而去。广居右北平，匈奴闻之，号曰：“汉之飞将军”，避之数岁，不敢入右北平。广廉，得赏赐则分其麾下，饮食与士共之。终广之身，家无余财，终不言家产事。广讷口少言，专以射为戏，竟死。广之将兵，乏绝之处，见水，士卒不尽饮，广不近水；士卒不尽食，广不尝食。宽缓不苛，士以此爱乐为用。后从大将军青击匈奴，既出塞，出东道。军亡导，或失道，后大将军。青欲上书报天子军曲折，广曰："诸校尉无罪，乃我自失道。"至莫府，广谓其麾下曰："广结发与匈奴大小七十余战，今幸从大特军出接单于兵，而大将军又徙广部行回远，而又迷失道，岂非天哉！且广年六十余矣，终不能复对刀笔之吏。"遂引刀自刭。广军士大夫一军皆哭。百姓闻之，无老壮皆为垂涕。

太史公曰：《传》曰："其身正，不令而行；其身不正，虽令不从。"其李将军之谓也？余睹李将军悛悛如鄙人，口不能道辞。及死之日，天下知与不知，皆为尽哀。彼其忠实心诚信于士大夫也？谚曰："桃李不言，下自成蹊。"此言虽小，可以谕大也。

(2)下列各组句子中，加点的词的意义和用法不相同的一组是（　　）

A. 今如此以百骑走，匈奴追杀我立尽
今以钟磬置水中，虽大风浪不能鸣也

B. 是时会暮，胡兵终怪之
会天大雨，道不通，度已失期

C. 既出塞，出东道
始皇既没，余威震于殊俗

D. 百姓闻之，无老壮皆为垂涕
事无大小，悉以咨之，然后施行

这道题给出四组八个例句，每组内部两两比较、考查异同。为了降低难度，同时也想把考生在中学学过的既有知识与现在需要解答的新问题串联起来，在用来比较的四个例句中，除原文外，其余四个均选自中学课本。选择课本例句时甚至考虑到句式上的完全相同，这样做更便于考查考生迁移知识以解决实际问题的能力。

A 项中的两个"以"字，从词性来看均为介词，从意义上来看，"今如此以百骑走，匈奴追杀我立尽"中的"以"，教育部考试中心认为可以解释为"率领"且名之曰"介词动词"，这个义项如：（公子）欲以客往赴秦军，与赵俱死。(《信陵君窃符救赵》)"今以钟磬置水中"中的"以"，介绍动作涉及的有关方面，可译为"把"，出自苏轼的《石钟山记》，不仅是传世名篇，而且在中学语文教学中是要求背诵的名篇，中学生十分熟悉，不会有什么难度。"以"的这种用法例子很多，稍微举例如下：

世言晋王之将终也，以三矢赐庄宗而告之曰。(《伶官传序》)

项伯乃夜驰之沛公军，私见张良，具告以事。(《鸿门宴》)

老吾老，以及人之老；幼吾幼，以及人之幼，天下可运于掌。（《齐桓晋文之事》）

王语暴以好乐。（《庄暴见孟子》）

B项后一句出自《陈涉世家》，也是司马迁的文章。这组进行比较的两个"会"字是常用的文言副词，其意义"正好、恰好"也是常用的义项，且在"会使辙交驰。"（《指南录后序》）"会征促织"（《促织》）"会其怒，不敢献"（《鸿门宴》）等句子中都出现过。

C项中"始皇既没，余威震于殊俗"句出自《过秦论》，也是学生们十分熟悉的课文。这组中进行比较的两个"既"字也是常见的文言副词，其意义"已经""……之后"也是常见的义项，在课文中大量出现过：

屈原既绌，其后秦欲伐齐。（《屈原列传》）

余幼好此奇服兮，年既老而不衰。（《涉江》）

相与枕籍乎舟中，不知东方之既白。（《前赤壁赋》）

相如既归，赵王以为贤大夫。（《廉颇蔺相如列传》）

既克，公问其故。（《曹刿论战》）

既泣之三日，乃誓疗之。（《病梅馆记》）

勾践既许之，乃致其众而誓之曰。（《勾践灭吴》）

既其出，则或咎其欲出者。（《游褒禅山记》）

及既上，苍山负雪，明烛天南。（《登泰山记》）

余既乞归，恐进之亦兴阑矣。（《虎丘记》）

既东封郑，又欲肆其西封。（《烛之武退秦师》）

既入宫中，举天下所贡蝴蝶、螳螂、油利挞、青丝额一切异状遍试之，无出其右者。（《促织》）

D项中的"事无大小，悉以咨之"一句，出自诸葛亮的《出师表》，这篇文章流传极广，各种版本的中学课本多选此文。"事无大小"与阅读材料中的"无老壮皆为垂涕"一句，两个"无"字均表示"无论、不论"的意思，是连词，表示条件不同而结果不变。"无"的这种用法和意义，有：

是故无贵无贱，无长无少，道之所存，师之所存也。（《师说》）

人君无愚、智、贤、不肖、莫不欲求忠以自为、举贤以自佐。（《屈原列传》）

士无贤不肖，皆谦而礼交之，不敢以其富贵骄士。（《信陵君窃符救赵》）

在列举高考题实词、虚词来证明要注重积累、善于迁移的时候，列举了许多课本上的例子，无他，唯在说明课本在积累、迁移方面的重大作用。很多学生说自己对课本已经很重视了，但积累仍不丰厚、迁移仍不得力，这主要是因为还没有认真学好课本。

怎样才能学好课本？无他，唯记死学活而已。

记死，主要指词的基本意义要记牢，其他的像引申义、比喻义之类则了解、知道即可，因为“少则得，多则惑”；主要指句法规律要掌握，不仅是因为由此可更好地解决“词类活用”问题，更是因为文言文中排比句、对偶句、并列结构多，在这样的句子结构中，位置对称的词语一般词性相同而意义相同相近或相反相对，这样就可以由已知的词性、词义推知未知的词义、词性。如韩愈的《祭十二郎文》中有这样的一句“生不能相养于共居”，人教版新版教参第二册译为“活着的时候不能住在一起互相照顾”，其他的参考书也大多如此。笔者认为这个翻译值得商榷。

生，不是“活着”，而是“病”的意思。为什么？

从句间关系看，“生”当译为“病”。“汝病吾不知时，汝殁吾不知日，生不能相养于共居，殁不能抚汝以尽哀”，这四个句子间有一种对应关系：二、四句谈的都是有关殁的事情，则一、三句谈的都应是有关“病”的事情，因此“生”与“病”互解。

“相养于共居”当意译为“照顾你来满足恢复健康的需要”。这可以主要从句式特点入手解决。

从“汝病吾不知时”一直到“窆不临其穴”，共六个句子，有个特点：两两对偶，共3对对偶句，则“殁不能抚汝以尽哀”和“生不能相养于共居”也是对偶句，有一种互解关系：

连接“相养”和“共居”的“于”是什么用法？这就要看“以”的用法，“抚汝”和“尽哀”之间是目的关系，则“于”也应当表目的关系。“相养”中的“相”是表单边还是表双边？由“抚汝”这个动宾结构可知“相养”也是动宾结构，当译为“照顾你”，其实，整个语境都是作者在悔恨自己没有尽到责任，这样“相养”应译为“照顾你”。“共居”怎么翻译？“尽哀”译为“尽情地表达哀思”，为动宾结构，则“共居”也当为动宾结构，而《汉语大词典》（三卷缩印本，第773页）将“共居”译为“共住，一起生活”显然不妥，根据语境和词典的义项，“共”通“供”，“居”可解为“安适、身体健康”。

因此，“生不能相养于共居”可译为“患病的时候不能照顾你来满足恢复健康的需要”。

学活，即善于充分地利用课本所提供的语言环境对词语加以解释。

先看实词。如在《逍遥游》（节选）第四段“数数然”出现了两次：“彼其于世，未数数然也”“彼于致福者，未数数然也。”“数数然”，课本两次均注为“拼命追求的样子”。在文中细细琢磨一下，不妥。先看“彼其于世，未数数然也”，将此句译为“他在世间，没有拼命追求什么”，与前文内容不符：对于世间之事，拼命追求且自鸣得意的是那些“知效一官、行比一乡、德合一君，而能一国者”，宋荣子对此是“笑之”，且躬行“举世誉之而不加劝，举世非之而不加沮，定乎内外之分，辩乎荣辱之境”和“拼命追求”没有什么联系，更不能以此来总括宋荣子。再看“彼于至福者，未数数然也”，课本译为“他对于招福的事，没有拼命追求”。这同样是一句概括性的语句，不过这次是对列子而言的。这和列子“御风而行，泠然善也”的行为同样不合拍。列子不拼命求福，他去学飞升之术干什么？又何必作“泠然”之态？

“数数”可译为“常常”。“彼其于世，未数数然也”，意即宋荣子在这世间，不是常有的，即很少；“彼于至福者，未数数然也”，意即列子在求福的人中不是常有的，即很少。为什么这样解释更好呢？

纵观这一段是要推出“逍遥”的标准，标准是什么呢？标准是“若夫乘天地之正而御六气之辩以游无穷者，彼其恶乎待哉?”，即无所待。这个标准是如何推出来的呢？此段采用的是排除法，此段这几句话显示了作者的如下意图：

“其自视也，亦若此矣”“虽然，犹有未树也”“此虽免乎行，犹有所待者也”“彼其恶乎待哉”。

具体地说，“知效一官，行比一项，德合一君，而征一国者”，这些人是社会上德才兼备的佼佼者，可算人中豪杰，他们看自己就像斥鴳之流一样自以为是，为宋荣子等所嘲笑。宋荣子毁誉不动，走自己的路，在社会上已是很少见了。更为难得的列子能御风而行，超然世外，但他还有待，仍算不上逍遥的境界，只有无所待地与天地万物浑然一体方为逍遥。

清人王先谦的《庄子集解》也是这样理解的：对“彼其于世，未数数然也”这样解释“言不数数见如此者”；对“彼于致福者，未数数然也”这样解释“言得此福者，亦不数数见也”。以清人郭庆藩的《庄子集解》为底本、由今人曹础基译注的《庄子浅注》更是将“数数”直接释为“常常”。现在各个词典将“数数”释为“犹汲汲、迫切貌”都是根据陆德明的注释“司马云：‘犹汲汲也。’崔云：‘迫促意也。’”来的。

再看虚词。

“焉”用法很复杂，有时为兼词，有时为语助词，让人莫衷一是。但如果有强烈的语境意识，这个问题可以解决得更好些。请看下面这个带“焉”的句子：

洞庭之阴，有大橘树焉。(《柳毅传》)

单看此句不能确定“焉”的用法，须联系下文“洞庭之阴，果有社橘”，两相比较，则焉为助词无疑。

再如《鸿门宴》中樊哙对项羽的慷慨陈词中有这么一句“故遣将守关者，备他盗之出入与非常也”。很多人容易将“故”理解为“特意”，读一下也通，但却错了。比较一下樊哙回答项羽和刘邦主动回答项伯的两段话，基本一样，再联系一下到了鸿门之后刘邦前后行动的一致，可以断定作为屠夫出身的骖乘樊哙，其所对之辞是刘邦之意的再版。刘邦回答项伯的话里有这么一句“所以遣将守关者，备他盗之出入与非常也”，两相比较，“故”即“所以”。

无论是记死还是学活，在平常的学习中都必须重视诵读。课本所选文章皆为传世名篇，这是历史的选择，如此珍宝，怎可不马上据为己有，怎可不融入自己的生命中？我们所学到的任何语文知识都是通过文章获得的，文章读得越熟、越透，则理解越快，记忆越久。学习每一篇课文时，始则读懂、读顺，“使其言皆若出于吾之口”，继则读深，读出感情，读出味道，“使其意皆若出于吾之心”，终则熟练背诵，如此，则如庖丁解牛，始则“所见无非全牛”，继则“未尝见全牛也”，终则“以神遇而不以目视，官知止而神欲行”。在这个过程中，对实词的理解、对虚词用法和意义的辨析，早已融化到你的血液中去了，不需你去刻意记忆，真正达到了不记而记的效果；不仅如此，还积累了大量的语言材料、精巧的文章结构、多样的思想、丰富的情感，可谓一应俱全，这样，从整体上接受了文章，从实践中学习了语言，又锻炼了记忆力，何乐而不为？如此学课本，方是认真学课本。方可学好课本。如此学文言文，则胜似闲庭信步，如蒙甘霖，如坐春风，如饮美酒。相反，学习每一篇课文时，如果不在诵读、体会上下工夫，而是去死抠字词句，则是缘木求鱼，则如无本之木，无源之水，惑矣！

三、钻研教材·取舍内容·引导思路

——我教《梅花岭记》

《梅花岭记》文情并茂，语言不多，但人物栩栩如生，读之民族正气满怀，能够感染学生，又符合当今倡导的“爱国”主旋律。于是我决定以此作为研讨课。经过紧锣密鼓的准备、试讲，正式讲后各方面反映尚可。为了促进自己语文教学水平的提高，经过总结反思，感受最深的有三点：教材，要刻苦钻研；内容，要学会取舍；思路，要注重引导。下面分别谈一谈。

(一)教材，要刻苦钻研

写文章，必须“言之有物”，形式要为内容服务，讲文章也应该这样，要把文章吃透。作为一名优秀教师，不仅要有丰富的教学经验，更要有渊博的知识、深邃的思想；经验体现在有效地组织课堂，采用学生乐于接受和能够接受的传授知识、培养能力的方式、方法，但必须以知识为对象、为载体，况且教学的目的在于最大限度地满足学生的求知欲。钻研教材《梅花岭记》，我大体上经历了以下几个阶段：

1. 粗备阶段

自己静下心来把课文读几遍，先以自己的知识结构去理解接纳它，画出自己不甚明了的地方，这些疑惑之处成为重点难点的一部分，且注意与旧知识的联系衔接，然后再对照课下注释大体上扫除字词障碍，同时对课文的内容也有个大体的了解，对句读也有了比较明确的认识。这个阶段时间较短，主要解决课文的表层问题。

2. 精备阶段

此时通过吟诵想象史可法的音容笑貌、慷慨义举，感受其死后的烽火燎原般的反清局面，体会作者登临梅花岭泪如雨下时的心情，同时也把那些难懂的或易望文生义的字词挑出来，这成为课文字词重点、难点的另一个来源，如“吾誓与城为殉”中的“殉”，“副将军史德威慨然任之”中的“慨然”，“诸将果争前抱持之”中的“果”，“皆托忠烈之名”中的“托”，“不知忠义者圣贤家法，其气浩然，常留天地之间，何必出世人世之面目?”中的“气”“面目”等，这些词书中不注，只有亲自查阅《辞海》等工具书，从上下文的语境中选择较恰当的义项，同时又查阅有关书籍，看看以前包括初中有没有学过有关这个义项的句子，以帮助学生消除疑点难点。像“托”可以从《赤壁之战》中找到例句“曹虽托名汉相，其实汉贼也”，这很好；而像“概然”“面目”“呆”在书中无法找到例句，只好联系语境和词本身的发展演变对词语予以洞察，甚至像“气”“殉”，连《辞海》中也无法找到恰当的解释，就要依靠语境根据语法解释为“精神”“殉城之物”。此阶段需要对课文反复玩味，课文此时看起来有些薄了，课文已可成诵。

3. 理清文章的思路，把握人物的品质，评价作者的观点

一年多的教学，始终注重抓思路；理解了思路，教师才算读懂文章，能教给学生思路的老师才是好老师。此时除静心深思之外，还要博采各家之长，广泛阅读别人的鉴赏文章，诸如上海辞书出版社出版的《古文鉴赏辞典》，浙江教育出版社出版的《古文鉴赏大辞典》，安徽教育出版社出版的《中外散文名篇鉴赏大辞典》。每读一篇，则静思其妙，于吟咏中体会，于思辨中取舍。这样，文章的思路越来越清晰；纲举目张的感觉越来越明显。文章的核心就是“其气浩然，常留天地之间”的“忠义”精神。史可法的品质都是“忠义”精神的辐射。如何将史可法生前行为和死后影响所显示的品质做比较准确的概括，这也是个比较棘手的问题，因为这涉及鉴赏问题，鉴赏又与个人的文化修养、价值取向、生活经验有关，很难定于一尊，而教师的看法又要符合大多数人的思维，其关键之处在于如何确定鉴赏的依据。我认为应摒弃高深莫测的抽象概括，立足于语言的挖掘和思辨的运用。例如史可法殉难之际，当“大兵如林而至”“诸将皆死”时，史可法瞠目自呼；当他“被执”“劝降”时，他大骂而死。开始我将此两种情况合一，列为“大兵如林而至—瞠目自呼—大骂而死”，并认为其中表现的是史可法忠贞刚毅、视死如归的精神。经过思辨后，又认为将“瞠目而呼”和“大骂而死”列为同一情况下的行为不妥，且“忠贞刚毅”过于抽象，令人无法捉摸，“视死如归”更多侧重于外在的表现所给人的感觉，而非内在的品质，于是我将之分为两种情况，并概括为“对敌人仇恨，对国家忠诚”和“宁死不屈的精神”。这种立足于语言的分析和概括是科学的、实在的。对作者观点的评价，涉及批判性的鉴赏问题，对此我的认识也有个过程，开始我认为批判“冒其未死之名”起义的观点是错误的，并且还就此写过一篇《全面而深刻地理解文章的主旨》的文章，其中旁征博引地证明此观点不符合历史的观点，系不了解中国文化的特点所致，后来和余老师磋商后，认为作者的本意并不在于批评出世入世，而在于说明史可法灵魂不死，精神不朽。

4. 找出题目和文章主旨间的关系

这也是老师处理教材的一项基本功，长期训练可锻炼学生的审题能力。体裁“记”好说；“梅花岭”的借景抒情和贯穿全文的作用也好谈。然而仅仅止于此还不算真正搞懂文章。史可法为什么留下这样的遗言：“我死当葬梅花岭上”？别的岭不行吗？梅花岭与其他岭有何不同？这样一想，认识到梅花当为关键词。梅花到底与人有何关系？一想，心中似有所悟，于是翻阅有关梅花的资料，一看，豁然开朗：原来作为“岁寒三友”之一的梅花在中国有着深刻的文化内涵，以其傲骨、清香、迎春备受历代士人青睐，诸如林和靖的“梅妻鹤子”；陆游爱梅与陶潜爱菊成为文坛美谈；明代画家王冕作《墨梅》以述其怀；鲁迅“只有梅花是知己”……原来谙熟中国传统文化的史可法要以梅花般的傲骨流芳百世，这样我的视野开阔了，渐觉教书其乐天穷。

以上几个方面大体是按照备课的层次来介绍的。

(二)内容，要学会取舍

钻研教材为重要的准备工作。教材钻研得差不多了，但教什么，这是我面临的又一个巨大考验。试讲时一节多课，字词还没处理完，等全部讲完了，超了半个小时，对此我很着急，我舍不得扔下任何一点我认为精彩的地方，面对有限的时间，我必须舍得割爱，无论是字词还是内容。

怎么舍呢？在余老师的帮助下，我做如下处理：

字词处理上，本着少讲、精讲、讲重点、讲难点的原则，每段最多讲3个知识点，其余的则于自读时解决。对要讲的知识点则讲深讲透，对本文中心句中的“其”“气”“面目”等更是力求做透彻的剖析。

内容处理上，注意突出主干弃其枝蔓的原则，删除了关于本文体裁“记”的介绍；导入时删除了联系当时形势“台独”猖獗和发扬“两弹一星精神”的内容，只着重介绍与文章主旨有关的全祖望的气节；主要内容围绕着“思路”展开，对于作者观点的评价弃其大篇论述，只用两三句予以澄清，这得益于备课的扎实。

课上应讲什么确实是一个比较大的学问，它受制于课堂时间，受制于文章本身的重点难点，受制于课堂结构。课堂上应讲什么，我心中有数，这是我在本次研讨课中收获最大的地方。

(三)思路，要注重引导

教学中，引导得法很重要。引导得法，是迷津时的那一点拨，是开启智慧宝库的金钥匙，有拨云见日昏镜重磨的喜悦。会不会引导学生想问题，是关系到学生思维能力能否提高的重大问题，也体现了教师思维品质的高下和知识储备的多少。在试讲过程中，我发现学生对下面三个问题不大会想：

一是殉难准备体现了史可法怎样的精神？

对此，我首先引导学生：史可法为殉难做了哪些准备？为什么不肯落入敌人之手以死？这样学生对其宁死不辱的报国决心已有了大体的认识，然后我继续从史可法发誓前对战况的把握和和其要求得到满足后的一“知”一“喜”来进一步认识他报国精神的真诚、深刻和无悔。

二是如何将史可法殉难后影响的第三件事概括为“孙公怒斥叛臣”？

我首先引导学生居高临下地审视二人的身份(洪承畴为明的叛臣、清的要员，而孙公为抗清义士)、关系（有旧)、环境（洪承畴要审问孙公），在此基础上，分析二人的对话。洪承畴问话的心态：害怕史可法，对孙公的回答注意从形式到内容与洪承畴的问话对照，可见孙公在指责洪承畴是一个贪生怕死的卑鄙小人。这时可问学生孙公是如何骂洪某的，如启而不发，可继续以洪承畴对孙公回答的反映来引导学生想一个类似于“怒斥”的词。

三是中心句中的“其”指代谁？

学生从本句可看出“其”在本句中指代“圣贤”，联系语境从本段中可看出具体指代颜真卿、文天祥，但是否指代史可法呢？学生对此态度摇摆。于是，我引导学生从叹词“呜呼”入手：叹词要出现，则前必有可感之事物，此处方能有所感叹。到底针对上文哪些内容感叹？这可看叹词后的内容；联想到了与本文主要人物无关的颜真卿、文天祥，而相似之处在于都有“神仙诡诞之说”，再细品前三段，也只有第三段写了史可法的“神仙诡诞之说”，因此，其还指史可法，颜真卿、文天祥的出现也是为了烘托史可法。

以上三点在准备研讨课的过程中给我留下了深刻的印象，所以历时三个月而不忘。的确，一名尽职的教师一定会尽力去挖掘教材，尽力使其所授内容切合学生的实际水平，在传授方式上一定会注重引导。

附：板书

梅花岭记

全祖望(1705—1755) 字绍衣，鄞县人，清文学家，史学家

一、殉难准备 江都围急

（记叙）知势不可为　誓与城为殉　不可落于敌人之手以死

二、殉难经过

（记叙）
- 城陷　拔刀自裁，未果，又大呼
- 大兵如林而至
- 诸将皆死
- 被执　劝降　大骂而死

三、殉难影响

（记叙）
- 传闻志烈未死
- 托志烈之名起兵
- 孙公怒斥叛臣

（一至三）数点梅花亡国相　二分明月故臣心

四、殉难意义　百年而后　闻志烈遗言　泪下如雨　宛然可遇

（议论）　（抒情）

（发表于《丰台教育》2000 年第 2 期）

四、漫话文言虚词

虚词，对实词起着组合、连接、修饰和辅助的重要作用，使用频率极高。一篇短小的《醉翁亭记》一个“也”字就出现了 21 次，一篇紧凑的《游褒禅山记》一个“其”字就出现了 20 次，无怪乎古人说：“学会之乎者也矣焉哉，可以为文矣。”虚词虽少，但用法灵活复杂，且大多数虚词词性兼类。为了降低难度，《考试说明》对虚词的考查从原来的 30 个减少到现在的 18 个。我们对虚词必须引起足够的重视。

高考考查虚词时“意义”和“用法”并提。虚词的意义主要指它们相当于现代汉语的什么词。代词、副词、介词以及大部分连词、助词在现代汉语中都有对应的词语，只有极少数助词、连词只起一些结构上的作用，没有意义。虚词的作用主要指它们充当什么词、做什么成分或在表情达意上起什么作用。

“意义”和“用法”无法分开，因为虚词的意义是由它在句中所起的作用决定的。

如何掌握推断虚词的方法呢？

先看单句(连词除外)。一般来说，充当主语、宾语、定语的多为代词、名词，充当状语的多为副词或介宾短语；助词附在别的词上有显示结构、表示状态、加强语气的作用。如：

“越国以鄙远，君知其难也。”(《烛之武退秦师》)中的“其”做“知”的宾语，“其难”的主语，为近指代词“这”，指代“越国以鄙远”；“鄙贱之人，不知将军宽之至此也。”(《廉颇蔺相如列传》)中的“之”作谓语“宽”的宾语，为代词“我”；“某所，而母立于兹。”(《项脊轩志》)中，“而”作“母”的定语，表领属关系“你的”。

“六国互丧，率赂秦耶？”(《六国论》)中“率”作状语，必为副词，为“全”“都”；在“身死国灭，为天下笑。”(《屈原列传》)中，“为天下”作谓语“笑”的状语，“天下”为名词，“为”必为介词，引出“笑”的施动者，可译为“被”。

“句读之不知，惑之不解”(《师说》)中“之”用在前置宾语“句读”“惑”和动词“不知”“不解”之间，成为宾语前置的标志；“盘盘焉，囷囷焉。”(《阿房宫赋》)、“大石侧立千尺，如猛兽奇鬼，森然欲搏人”(《石钟山记》)中的“焉”“然”用在形容词、副词后均表示状态；“王之好乐甚，则齐国其庶几乎？”(《庄暴见孟子》)“与尔三矢，而其无忘乃父之志。”(《伶官传序》)“念乃父与诸兄，皆康强而早逝，如吾之衰者，其能久存乎？”(《祭十二郎文》)“至于誓天断发，泣下沾襟，何其衰也？”(《伶官传序》)，四句中的“其”均为语气助词，语气不同，分别为：表揣测语气，可译作“大概”“恐怕”；表希望语气，可译作“一定”；表加重反问语气，可译作“难道”；表语气的强调，可不译。

再看连词，以“而”为例：

“北救赵而西却秦，此五霸之伐也”(《信陵君窃符救赵》)中的“而”前后所连接的内容是并列关系，“而”字则表并列；“轲既取图奉之，图穷而匕首见”(《荆轲刺秦王》)中的“而”前后所连接的内容“图穷”和“匕首见”是顺承关系，则“而”表顺承关系。依此类推，“顺风而呼，声非加疾也，而闻者彰”(《劝学》)中的两个“而”依次分别表示修饰和转折关系；“君子博学而日参省乎己”(《劝学》)中的“而”表递进关系；“诸君而有意，瞻予马首可也”(《冯婉贞》)中的“而”表假设关系；“遏其生气，以求重价，而江浙之梅皆病”(《病梅馆记》)中的“而”表因果关系。

也可利用文言文中大量的排比句、对偶句、并列结构来推知虚词。在这样的句子、结构中，位置对称的词语一般词性相同而意义相近或相反，这样就可由已知的词性、词义推知未知的词性、词义。如："信而见疑，忠而被谤"(《屈原列传》)中，由对偶的特点可知"见"即"被"。对"因利乘便，宰割天下，分裂山河"(《过秦论》)，可利用"因利"与"乘便"的并列关系、"利"与"便"的同义关系，推知"因"与"乘"同义。

还可根据文章本身提供的信息解释虚词。如："洞庭之阴，有大橘树焉。"(《柳毅传》)中"焉"如何解释？"焉"用法复杂，特别是作兼词和语助词时很难分辨，可是如果能根据文章本身提供的信息，问题就可迎刃而解。像此句，与此句意思相同的还有一句"洞庭之阴，果有社橘"，两相对照，"焉"为语助词无疑。再如在《鸿门宴》中樊哙闯入宴会后借机怒斥项羽时说了这么一句："故遣将守关者，备他盗之出入与非常也。""故"字多解释为"特意"，也通，但若根据文章本身提供的信息，就可发现这个解释有误。如果把此句和刘邦对项伯的诡辩比较一下，可以发现，二者几乎相同，再联系当鸿门宴上杀机四伏之时张良至军门和樊哙的对答，可恍然大悟：这一切都是张良的精心安排。这样刘邦所言和樊哙所说就可互解。刘邦对项伯的辩词中同样有这么一句："所以遣将守关者，备他盗之出入与非常也"，两相对照，"故"应解释为"所以"。

方法是告诉我们解决问题的门径，这是必须掌握的，否则混混沌沌，茫然无所知，但若缺少了下面一道工序，对方法的掌握必然不精，对方法的运用必然不熟。这道工序是把零碎的知识系统起来，把共性的知识归纳出来，谓之积累。

积累《考试说明》中要求掌握的18个虚词以及其他的常见虚词，须明确其意义和用法，关键要配以你熟悉的典型例句。整理完之后，别有洞天在心头。考试并不要求记住所有的意义和用法，但若记住了，我们就可以有效地联系、从容地选择。

积累表示相同用法的不同虚词。如表选择的连词有"抑""其"，表示假设的连词有"如""若""苛""使""令"，表被动的有"于""为""所""见"，表时间短暂的副词有"俄""旋""未几""少间""食顷""无何""须臾"，等等。

积累特殊虚词。有的是兼词，即一个词兼有两个词的意义和作用，如"焉""盍""诸"等；有的在文言文里是两个单音节词，而在现代汉语里变为一个双音虚词，像"于是""不过""其实""无论""因为""至于"等。

句式与虚词有密切的联系。像判断句的常见形式有：……者，……也；

……者，……；……，……也；……者也，有时用“乃”“则”“即”等来帮助表示判断。被动句的常见表现形式有“见”“于”“见……于……”“为”“为……所……”“……为所……”。宾语前置的常见形式有：否定句中代词作宾语，宾语前置；疑问句中代词作宾语，宾语前置，用“之”“是”作标志把宾语前置。定语后置句的常见形式有：中心词＋后置定语＋者；中心词＋之＋后置定语＋者。这些句式都有常见形式，有时没有形式，就只能根据语意去判断，像“臣窃以为其人勇士。”(《廉颇蔺相如列传》)中的“其人勇士”为判断句，“洎牧以谗诛”(《六国论》)中的“诛”是“被杀”之义。

无论是训练还是积累，无论是虚词还是句式，要全部彻底地融化到自己的血液中去，离不开学好一定数量文质兼美的文言文这一主要的途径。学习语言，必须有语言环境，而文言名篇则是学习虚词的唯一的、最好的语言环境，这是质的保证。多少较合适呢？人教版的40篇古文和三个单元的诗歌足矣，但必须是学好。怎样才算学好？读书方面能准确(包括断句)、流畅、有感情，以至成诵，这样自可分清虚实、辨明语气。理解方面，大而言之，是议论文则能分清观点和论据，理顺论证的思维过程；是记叙文则能把握事情的开端、发展、高潮、结局，能浮现人物的音容笑貌、透视人物的内心世界，能想象出景物的形、声、色、味、感，触摸到作者情感的跌宕起伏，这是从整体上把握住了文章，这也是高考文言文考查的根本前提。小而言之，虚词、句式该记的记牢了，可以理解的理解透了，记词于句，因句记词，追求综合价值，这种连血带肉的学习是对文章更细、更深的理解。能这样去学习文章，再加上能注意方法、加强积累，如此长期坚持下去，以至养成习惯，虚词必定能了然于胸，运用起来也就比较得心应手了。

(发表于《丰台教育》2004年第2期)

五、揆情度理，质疑求解

只要坚持加强诵读，在诵读中学习、积累、推断词语，那么疏通文意、理解主旨、把握情感、体察语气必计日程功。对于学生而言，更重要的是必须具备质疑的精神，对注解质疑，对教参质疑：课本、教参是人编的，是人编的就难免有错误，正所谓智者千虑，必有一失，我们愚者千虑，必有一得，何况经典之所以为经典，就在于它是常读常新的，能给不同时代、不同阅历、不同信仰的人以不同的启示；再者，质疑有理有据，正是理解深入的体现，质疑的程度体现了我们理解的层次。

质疑的精神强烈了，持续了，稳定了，还必须具备质疑的方法。如何质疑呢？揆情度理以发现其矛盾之处，以“情”审之，以“理”断之而已！“情”既指上下文语境、文章中提供的事实，又指文章写作的背景、作者创作的动机；“理”，指生活中的常理。具体地说，课本注释、教材翻译是否与上下文语境相离，是否与课本中的事实相悖，是否与作者写作的历史背景、创作动机相违，是否与基本的人情事理相拗。质疑之后还须求解。如何求解？

可从上下文入手。如：

某次公开课讲《秋水》，当老师讲到“于是焉河伯始旋其面目，望洋向若而叹曰”时，一学生对课本中“旋”的注解“掉转”提出质疑，理由是由“于是焉”可知河伯“旋其面目”缘于“东面而视，不见水端”，在哪儿“视”呢？“顺流而东行，至于北海”。此时此地若再“转过脸来”又如何能对着海神感叹呢？这违背了基本的人情事理。此生揆情度理，发现了课本中的矛盾之处并加以质疑，可喜、可贵、可嘉。“旋其面目”应如何解释呢？这可从上下文去寻求较确切的答案。没有见到北海时河伯是怎样的呢？“欣然自喜，以天下之美为尽在己”，因俯视天下的自大而带来的飘飘然；等到见到集天下之美于一身的北海后，“河伯始旋其面目，望洋(仰视的样子，可见他因有自知之明而对北海非常尊敬)向若而叹曰”，“始(才)”显示其所领起的内容与前文有质的变化，且必与改变神情有关；“望洋”已与前文的自大形成强烈的对照，要如此必然要改变神情，“旋其面目”可以为“改变自己的神情”。

可从文言语法排比句、对偶、并列结构多的特点入手。如：

“生不能相养于共居”(韩愈《祭十二郎文》)，人教版新版教参第二册译为“活着的时候不能住在一起互相照顾”，其他的参考书也大多如此。笔者认为这个翻译值得商榷。首先这与文中所提供的事实不符。十九岁之前，韩愈和十二郎“未尝一日相离也”，能不互相照顾？十九岁以后，二人在汴州也一起生活互相照顾了一年。其次与语境不合。“生不能相养于共居”所在的语境为“呜呼！汝病吾不知时，汝殁吾不知日，生不能相养于共居，殁不能抚汝以尽哀，敛不能凭其棺，窆不能临其穴。吾行负神明，而使汝夭”，谈的是患病、逝世及逝世后的情况，而把“生”译为“活着”，时间范围太大。

怎样翻译才较确切呢？这需要从句法特点入手。“汝病吾不知时，汝殁吾不知日，生不能相养于共居，殁不能抚汝以尽哀”，这四个句子间有一种对应关系：二、四句谈的都是有关殁的事情，则一、三句谈的都应是有关“病”的事情，因此“生”与“病”互解。另外，也有书证。《汉书大字典》第2577页有关“生”的词条(39)这样写道：通“眚”。病害。《管子·度地》：“大寒大暑，大风大雨，其至不时者，或谓四刑。或遇以死，或遇以生，君可避之，是亦伤人。”郭沫若等集校：“张佩纶云：《吕氏春秋·尽数篇》：‘大寒、大热、大燥、大湿、大霖、大雾，七者动精则生害矣。’尹桐阳云：‘生同眚，病也。’沫若案：“生当为眚，尹说是也。””“相养于共居”当意译为“照顾你来满足恢复健康的需要。”这可以主要从句式特点入手解决。从“汝病吾不知时”一直到“窆不临其穴”，共六个句子，有个特点：两两对偶，共3对对偶句，则“殁不能抚汝以尽哀”和“生不能相养于共居”也是对偶句，它们之间有一种互解关系：连接“相养”和“共居”的“于”是什么用法？这就要看“以”的用法，“抚汝”和“尽哀”之间是目的关系，则“于”也应当表目的关系。“相养”中的“相”是表单边还是表双边？由“抚汝”这个动宾结构可知“相养”也是动宾结构，当译为“照顾你”，其实，整个语境都是作者悔恨自己没有尽到责任，这样“相养”应译为“照顾你”。“共居”怎么翻译？“尽哀”译为“尽情地表达哀思”，为动宾结构，则“共居”也当为动宾结构，而《汉语大词典》(三卷缩印本，第773页)将“共居”译为“共住，一起生活”显然不妥，根据语境和词典的义项，“共”通“供”，“居”可解释为“安适、身体健康。”

可从历史背景、创作动机及写作思路入手。如：

《过秦论》一文以秦王朝的兴亡为论述对象，总结秦王朝灭亡的历史教训(中心)，文章的中心为“(一夫作乱而七庙隳，身死人手，为天下笑者，何也?)仁义不施而攻守之势异也”。对此，人教版(旧版)第四册、人教版(新版)第一册、开明版第二册的教参译文均为：不施仁义的政策而使攻守的形势发生了变化。按这种解释秦国之所以能攻占天下，是施行仁义的结果；秦国之所以由攻势转为守势，是不施行仁义的后果。对此笔者不能苟同。秦始皇是由于“不施仁义”才由攻势转为守势吗？退一步说，就是施行仁义政策了，秦始皇也不可能只攻不守，因为天下统一，没有哪个国家可以由秦始皇去攻占，此时，他不守天下又干什么呢？这不合常理，如何解释才准确呢？可意译为：攻守形式发生了变化(即秦王朝由攻天下变为守天下了)，由于秦不施行仁义政策，所以就迅速灭亡了。

首先，可从当时的社会环境、作者的创作动机中看出。西汉初期，守成是当务之急，迫切需要借鉴强大秦王朝的灭亡的教训，论述秦王朝灭亡之由也就蔚然成风了。作为深受儒学熏陶浸染、深受汉文帝赏识且擅长政论的贾谊对此自然洞若观火，自会在文中直接、深刻地指出秦亡之过。

其次，可从文章的论证思路中看出。

先看第五段。此段是对前四段所做的画龙点睛式的评论，因此中心可以从此段推出。先看前三句。“①且夫天下非小弱也，雍州之地，殽函之固，自若也。②陈涉之位，非尊于齐、楚、燕、赵、韩、魏、宋、卫、中山之君也；鉏櫌棘矜，非铦于钩戟长铩也；谪戍之众，非抗于九国之师也；深谋远虑，行军用兵之道，非及向时之士也。③然而成败异变，功业相反也。”这三句是从秦王朝守天下的角度讲的。①是说秦王朝比起秦国并没有变弱变小，②句是说秦王朝的对手陈涉弱小的四个方面都无法和秦国的对手六国相提并论，③句是说结果却出人意料之外，秦王朝竟为陈涉所灭。再看下面两句：“④试使山东之国与陈涉度长絜大，比权量力，则不可同年而语矣。⑤然秦以区区之地，致万乘之势，序八州而朝同列，百有余年矣；然后以六合为家，殽函为宫。”这两句是从秦国攻取天下的角度讲的。④句是说秦国的对手山东六国比陈涉强大得不可同日而语。⑤句是说弱小的秦国打败了强大的六国，发展为统一的强大王朝。这样，“仁义不施而攻守之势异也”中的“攻守”便落到了实处，文章的脉络也清晰了。与议论段相照应，作为叙述部分的前四段也分为两部分：“于是废先王之道”的前面，为第一部分，讲的是秦国以区区之地，灭亡强大的六国，“以六合为家，殽函为宫”，充分渲染了秦国夺取天下时的强大气势，与议论段中的④⑤句相照应；剩下的是第二部分，讲秦王朝守天下时尽管从各方面加强它的统治，尽管“关中之固，金城千里”，却被弱小的陈涉迅速灭亡，于此，充分渲染了秦王朝守护天下时的败亡之速，与议论段中的①②③句相照应。这样秦国攻取天下的强大气势和秦王朝守护天下的败亡之速形成了强烈的对比。这种强烈的对比不禁使读者深深地感到：秦国与秦王朝的国力差别是这样的悬殊，对手六国与陈涉的强弱对比是这样的显著，攻天下之易与守天下之难是这样的分明。强烈的对比形成了强烈的悬念：“一夫作乱而七庙隳，身死人手，为天下笑者，何也？”叙述部分作者处处叙而不议，但又处处为最后的议论蓄势，形成“高峡出平湖”之势，在造成了有力的文势后，作者才在第五段通过议论“攻守”，通过设问得出中心。

只要我们勤于诵读、劳于体验、精于思辨，我们一定会发现更多、更好的求解方法。

无论是质疑还是求解，都必须建立在扎实的诵读、积累、语法等基本功的基础上，必须合“情”合“理”，如此，深入理解文章就会更有法、更有效了，就会经常处于发现的惊喜、成功的享受中，文言文水平的提高自然也就不期然而然，不期至而至了。

（发表于《丰台教育》2004 年第 5 期）

六、利用阅读规律解决两位先生注解的矛盾之处

——读曹础基《庄子浅注》和陈鼓应《庄子今注今译》（内篇）札记

《庄子》一书，其理玄妙，其辞瑰丽，对中国的知识分子影响巨大。我也心向往之，然而繁重的教学压力让我只能对课本选入的《逍遥游》《庖丁解牛》《胠箧》烂熟于心。由于介绍庄子的需要，也了解了其他一些片段，如庄周家贫，贷粟于监河侯；鼓盆而歌；化蝶；曹商舐痔等，然而始终以未得窥其全貌而耿耿于怀，凡名家的注解见到了就买，至今庄子的版本约有五六种了，却始终束之高阁，成为憾事。终于在多年前的一个暑假，把中华书局出版的曹础基先生的《庄子浅注》旧版看了一遍。曹先生的《庄子浅注》是中华人民共和国成立后第一本对《庄子》的注解，该书注解详细，凡是我不理解的字词就把下面的注解写在原文的旁边，凡是我不会读的字音就在原文的上面注音，希望以后读起来方便。然而多年过去了，竟然没有拿起来读过第二遍。今年暑假决定抛开一切能抛开的杂事，潜心研读《庄子》。研读的本子有两个，一个是曹础基先生修订过的于 2014 年 7 月第 1 次印刷的《庄子浅注》，列入了中华书局《国民阅读经典》书目；另一个是陈鼓应先生的由商务印刷馆 2007 年 7 月第 1 次印刷的最新修订本《庄子今注今译》。读时以《庄子浅注》为主，辅之以《庄子今注今译》。开始是一句句地读，边读边把下面的注解、注音往原文上搬，从中思考两位大家注解的依据，发现读书的方法。有时发现陈先生的注解与曹先生的注解不一样，就在《庄子浅注》上用不同颜色的笔写出来，用王俊鸣先生的阅读理论加以审视，做出判断。第二天把前面学习过的原文再读一遍，读时继续思考读书的方法。这样速度很慢。到了《大宗师第六》，我改变了读书方法，先素读，凡是大体会的绝不看注解，实在不懂的字词、不会读的字音，看一下注解，如此读十遍左右，开始认真看注解、做批注，这样做的好处是在批注之前对文章先有了整体的把握。然而由于懒惰、杂事等原因，最终一个月快过去了，我也只是读完了《内篇》。下面我把读《内篇》时

发现的曹先生和陈先生相矛盾的注解整理出来(有一例是曹先生对“之”的注解有误),用王先生的阅读理论加以判断、辨析,望方家指正。

1. 虚实互解一则

何谓“虚实互解”?同样一个意思,一方面详细地说,另一方面概括地说,这详说为“实”,概说为“虚”,彼此就构成虚实互解。

为善无近名,为恶无近刑,缘督以为经,可以保身,可以全生,可以养亲,可以尽年。(《养生主第三》)

对“全生”“养亲”,两位先生的解释不同:曹先生的解释依次是“保全自己的生理”、(亲)“指‘真君’,即精神”;陈先生的解释是(生)“读为性(吴汝纶《庄子点勘》)”,“前后文看与‘养亲’无关”。“‘亲’或为‘身’的借字。……今依‘养身’意译。”并且把“保身”“全生”“养亲”“尽年”翻译为“保护生命”“保全天性”“养护身体”“享尽寿命”。那么,“生”到底是“生理”的意思还是“天性”的意思?“亲”到底是“精神”的意思还是“身体”的意思?

要解决这一问题,首先要明确这作为《养生主》的第一段是整篇概括性的文字,“保身”“全生”“养亲”“尽年”是对题目中“养生”效果的说明,后面的段落所叙述的故事自然应该有对这四者的解释。

第一个故事“庖丁解牛”,借庖丁之口向文惠君阐明了人必须“依乎天理”、依“道”而行,才能在复杂如牛身一样的社会里游刃有余,活得逍遥自在。这说明养生可以“全生”。这“生”是“生命”[“生物体所具有的活动能力”,《现代汉语词典(第6版)》]的意思。

第四个故事“秦失吊老聃”,写人生在世当“安时处顺”,就是生死之变也毫不计较,安然地度过一生。这说明养生可以“尽年”。这“年”就是“寿命”的意思。

最后一个比喻——指穷于为薪,火传也,不知其尽也(烛薪的燃烧是有穷尽的,火却传续下去,没有穷尽的时候),“薪比喻人的形体,火比喻永存的真君。只要真君还在,生死残缺都可以置之度外。因此养生主要的是养神而不是养形。一切现象,都是道的物化,是暂时的,终会消失,而道却是永存的。故养生要养神,养神主要修道”。(曹础基语),因此这个比喻是对上文的总结。由此也可以排除陈先生对“养亲”的解释“养护身体”了。

这样,中间的两个故事就只能是和“全生”“养亲”有关了。

第二个故事写右师只有一足,乃属天命所致,养生不可介意形体上的缺陷。这说的是养生可以“全生”还是可以“养亲”?

第三个故事写水泽里的野鸡,逍遥自在,若关在笼中,脸色虽然饱满,但是不高兴，因为没有自由。说明养生主要是使精神上获得自由。这一则说的是养生可以“养亲”还是可以“全生”?

比较一下，第二个故事说的是和身体有残疾相对的“全生”——保全自己的天性，第三个故事说的是要不要被现实困扰，要培养自由的精神——“养亲”。

因此，我认同陈先生将“全生”理解为“保全天性”，认同曹先生将“养亲”理解为培养精神。

同时，“保身”“全生”“养亲”“尽年”这四个词的解释放在一起还得是并列关系。这四个词中的“生命”“天性”“精神”“寿命”间的关系也是并列关系。

2. 反义互解一则

同样一个意思，既有肯定的说法，也有否定的说法，这二者之间也就能够“互解”。

庄子曰：“道与之貌，天与之形，无以好恶内伤其身(“身体”)。今子(指惠施)外乎子之神，劳乎子之精，倚树而吟，据梧而瞑。天选子之形，子以坚白鸣。”(《德充符第五》)

对“倚树而吟，据梧而瞑。天选子之形，子以坚白鸣”，曹先生的理解是“据梧”和“倚树”互文，都是表现惠施与人在树下辩论，疲倦、叹息的样子。曹先生将“天选子之形，子以坚白鸣”翻译为：上天选择了你的形体，你却在“坚白”的问题上争鸣不已。陈先生则将“倚树而吟，据梧而瞑。天选子之形，子以坚白鸣”翻译为：倚在树下歌吟，靠着几案休息。天给了你形体，你却自鸣得意于坚白之论。两位先生的翻译有很大的区别，区别主要是惠施倚树、据梧时是因争鸣不已而疲倦、叹息，还是因自鸣得意而歌吟、休息?

本段话中“天选子之形，子以坚白鸣”是对上文的概括。“天选子之形”是与“道与之貌，天与之形，无以好恶内伤其身”相呼应的，“子以坚白鸣”是与“今子外乎子之神，劳乎子之精，倚树而吟，据梧而瞑”相呼应的，因此“今子外乎子之神，劳乎子之精，倚树而吟，据梧而瞑”决定着“子以坚白鸣”的翻译。“天选子之形”与“子以坚白鸣”在语义上是相反的关系，则“道与之貌，天与之形，无以好恶内伤其身”与“今子外乎子之神，劳乎子之精，倚树而吟，据梧而瞑”在语义上就应该是相反的关系。“倚树而吟，据梧而瞑”与“无以好恶内伤其身”语义相反，就应该是“以好恶内伤其身”的表现。因此对“倚树而吟，据梧而瞑”的理解，应像曹先生所说的因在树下“争鸣”而“疲倦、叹息的样子”，而不可能是因“自鸣得意”而在树下歌吟、休息。

3. 排偶互解两则

排偶互解，就是在排比、对偶的句子中，其相对应位置上的词语有一种互解的效应。

(1)尧让天下于许由，曰："日月出矣，而爝火不息，其于光也，不亦难乎！时雨降矣，而犹浸灌，其于泽也，不亦劳乎！"(《逍遥游第一》)

对"泽"，曹先生、陈先生都解释为"润泽作物"，曹先生将"光"解释为"显示光亮"，陈先生将"其于光也"翻译为"要和日月比光"。

笔者按："日月出矣，而爝火不息，其于光也，不亦难乎！"和"时雨降矣，而犹浸灌，其于泽也，不亦劳乎！"用了对偶的修辞，那么处于同一位置的"光"和"泽"必然词性相同，既然"泽"解释为动词为宜，则"光"就必须解释为动词。由此判断，曹先生的解释更合乎语法规范，陈先生的翻译属意译。

(2)故圣人有所游，而知为孽，约为胶，德为接，工为商。(《德充符第五》)

对"知为孽，约为胶，德为接，工为商"，曹先生翻译成"把智慧看作孽根，结合是因为有胶粘，有所得是因为有所取，工巧是为了做生意"，陈先生翻译为"智巧是灾孽，誓约是胶执，施惠为交接的手段，工巧是商贾的行径"。两位先生的翻译明显有别。陈先生的翻译结构一致，相同的位置词性相同，而曹先生对"约为胶，德为接"的翻译结构完全一致，对"工为商"的翻译在结构上就与前两句不大一致，对"知为孽"的翻译在结构、相同位置的词性上与后三者完全不一致。而"知为孽，约为胶，德为接，工为商"用了"排比"的修辞，排比的修辞就要求结构一致，相同的位置词性相同，因此陈先生的翻译更好。

4. 连义互解两则

文章积字成句，积句成章，语句上下连贯，相承相连，意义也必然上下连贯，相承相连，因而也就构成一种互解关系，这就是"连义互解"。

(1)惠子谓庄子曰："吾有大树，人谓之樗。其大本拥肿而不中绳墨，其小枝卷曲而不中规矩。立之涂，匠者不顾。"(《逍遥游第一》)

对"立之涂"，曹先生翻译为"立在路上"，陈先生翻译为"生长在路上"，"立"解释为"站立""生长"都通，不过曹先生之后特别指出"之"下省"于"字，不知陈先生是否也是这样认为的。对此我有异议。我认为"之"下没有省"于"字。按照曹先生的理解，"于"，应为介词"在"的意思，"之"则应为代词，指代大树"樗"，"立"为使动用法，主语则为"吾"，即惠子，直译后就是"我使树立在路上”，这多别扭！故曹先生不得不将之意译。其实，根据上下文，从“其大本”开始已经将叙述的对象由“我”转向了“大树”，因此“立之涂”的主语只能是“大树”。主语是大树，则“之”最好能解释为介词“在”，可是“之”一般作代词、助词、动词，能解释为介词“在”吗？工具书告诉我们能。《汉语大词典(12卷本)》：“介词。相当‘于’。”《大辞海(语词卷)》：“犹‘于’。”“于”作介词，常见用法之一就是引出动作的处所。中华书局2007年6月第一次印刷的王叔岷先生的《古籍虚字广义》更是明确地指出：“之”犹“在”也。

(2)彼其所以会之，必有不蕲言而言，不蕲哭而哭者。(《养生主第三》)

对这句话，曹先生翻译为：“他们之所以聚集在这里痛哭，一定有不想吊唁而吊唁、有不想痛哭而痛哭的。”“意思即并非吊唁、痛哭的人都出于真情，而只是一种礼节形式罢了。”陈先生翻译为：“老少哭他(指老聃)这样悲伤，一定是(感情执着)不必哭泣而哭泣。”两位先生的理解完全不一样：曹先生认为有的老少痛哭不是真心的，是迫于礼节，陈先生则认为老少真心舍不得老聃去世而如此痛哭是没有必要的。细细玩味上下文的文意，我赞同陈先生的理解。理由如下：

秦失评价老者哭之如哭其子、少者哭之如哭其母之后说道：“是遁天倍情，忘其所受，古者谓之遁天之刑”。老少的这种行为是失去天性，违背真情，忘掉了自己所禀受的天性，这就是古代所说的违背了天理所得到的刑罚。(曹础基译)这里的关键是何为“天”。这在老少哭老聃之前有对秦失的叙述。秦失去给好朋友老聃吊丧只号哭了三声就出来了，是因为“始也吾以为其人也，而今非也”，即秦失开始号哭是因为他认为老聃是“人”，可是现在他发现老聃非“人”也。为什么说老聃非“人”呢？秦失在说完老少哭老聃的事之后，这样评价他：“适来，夫子时也；适去，夫子顺也。安时而处顺，哀乐不能入也，古者谓是帝之县解”，即“正该来时，老聃应时而生；正该去时，老聃顺理而死。安心顺时而顺应变化，哀乐的情绪就不能侵入心中，古时候把这叫作解除倒悬”。这样看来，老聃顺应天时，心中无哀乐，正是其非“人”之处，正符合人的天性。和老聃的修行相反，秦失开始的三声号哭、老少的痛哭都是违背天性的，因为他们不能认识到“安时而处顺”乃是人的天性，自然就与“哀乐不能入也”相反了，即哀乐真是入了他们的心中，而与礼节无关。因此，陈先生的理解是对的。

5. 以理解文一则

抟(搏)扶摇而上者九万里。(《逍遥游第一》)

对“抟”，曹先生解释为“环绕”，课本的解释与此类似：环旋着往上飞。而陈先生认为当为“搏”，“搏：借拍。郭象本及通行本作‘抟’。当依世德堂本作‘搏’。后文‘搏扶摇’同。近人章炳麟说：‘……作“抟”者形误，风不可抟。’（《庄子解故》）”

笔者按：大鹏能环绕着旋风向上飞吗？还要飞到九万里的高空，那大鹏不转晕了？我们小时候有被大人抱着转圈的经历，一般而言，被转不了几圈，放下来后就分不清东南西北，脚步踉跄了，大鹏如此就更不可能了。因此，章炳麟先生说“风不可抟”，正是从以理解文的角度来做出判断的。当从陈鼓应先生的注解。

六、以《老》解《老》

——以《〈老子〉五章》为例

我上高中时开始接触《老子》，却一片模糊，只知道“大道”和“无为而无不为”之类大而玄的个别名词，对其内容则茫然不知。到了大学读中文系，前三年也提醒自己多看看“老庄”，由于忙着练武，奈何书怎么从图书馆借出来最终又怎么还回去了，自己对自己都很无奈。到了大四，要写毕业论文了，只是对《老子》感兴趣，论文便以此为话题，题目是《论老子之道及其现代价值》。为此到图书馆，从人大复印资料里查资料，复印了很多。同时自己抄写、背诵、概括原文，希望以此加强对《老子》的个人理解，从中寻找其的当代价值。这样断断续续一年下来，《老子》整部书大体背下来了，每一章只要开个头，我就可以顺着把这一章背下来，论文也写完了，又以手抄的方式修改了两遍，最后论文经过答辩被评为优秀，我很兴奋。工作后，忙于教学，无暇他顾。大约到了2002年，我碰到了卢沟桥中学的曲广利老师，他听说我曾研究过《老子》，很高兴，说《老子》是一部智慧书，鼓励我继续研究下去，这样我每天早晨起来读一遍，一读就是五年。怎么读呢？按照读书的旧法：专心致志，只要读对断句即可，以求整体领悟，余则不管，渐渐有所得，但仍然不能全部理解。后来翻启功先生的书，知道他也是这样读《老子》的，不能完全领悟很正常，关键要坚持。五年后，新课改来了，教材大变脸，于是又全力以赴地备课去了，等到讲《文化经典研读》中的《〈老子〉五章》时，既高兴，又犯怵。高兴的是又可以名正言顺地研读《老子》了，犯怵的是，《老子》不好讲啊。不好讲也要讲。于是结合自己读书的感悟，参照大家如南怀瑾先生、任继愈先生、陈鼓应先生、黄瑞云先生等的大作开始以研究的心态学习《老子》了。南怀瑾先生在书中多次提到“以经证经”的读书方式，包括读《大藏经》《道藏》，经常发现这个名词在别的地方解释了，或者以别的名词的形式出现。黄瑞云先生的《〈老子本原〉序》中说：“把握《老子》全书，以之前后互证，是作者认识老子、解释疑难的重要钥匙；‘本’老子之‘原’乃见乎此。”这些读书方法对我研读《老子》影响很大。近两年，跟随王俊鸣先生全面学习文本解读的方法，更知道“以经证经”确实是读懂文章的重要方法。这里的“以经证经”不仅有前后各章间的互证，还有本章间的“诸因互解”。下面以课本所选《〈老子〉五章》为例，来汇报自己的学习所得。对课本原文的排版，以任继愈先生的《老子绎读》为据(后文其他章的排版亦同此)，以体现《老子》语言诗化的特点。问题在所难免，谨以此求教于方家。

第一章

道可道，非常道；
名可名，非常名。
无，名天地之始；
有，名万物之母。
故，
常无，欲以观其妙，
常有，欲以观其徼。
此两者同出而异名。
同谓之玄，
玄之又玄，众妙之门。

“道可道，非常道；名可名，非常名。”意思是“‘道’说得出的，它就不是永恒的‘道’；‘名’叫得出的，它就不是永恒的‘名’。”(见《老子绎读》第1—2页)，任先生将“道”看作专有名词，任先生在前面的导读中对此句说“老子重点在于说出‘道’不同于任何具体事物，因为它是最先提出的，所以正面表述它，遇到困难。没有和‘道’相对应的名词来表示它的特性、本质”，而不是课本所说的“自然规律，自然法则”，我赞同，《老子》又名《道德经》，一开始必然要提出自己的概念“道”。

为什么“道”说不出、无以名之？老子在第二十五章说得很清楚：“有物混成，先天地生。寂兮寥兮，独立而不改，周行而不殆，可以为天地(有的版本做“天下”)母。吾不知其名，强字之曰道，强为之名曰大。”“寂”者，没有声音也；“寥”者，空虚无形也，即“道”无形无声却是个“物”，因此这“道”这“名”只能是“勉强”说，“勉强”命名，这一点在第十四章也有描述：“视之不见，名曰夷；听之不闻，名曰希；搏之不得，名曰微(“微”与“夷”“希”都有细小、微小，感官难以感触的含义)。此三者不可致诘(致诘：究问；推究)，故混而为一。其上不皦(jiǎo)(光亮)，其下不昧(昏暗)。绳绳(mǐn)(渺茫，不清楚)兮不可名，复归于无物。是谓无状之状，无物之象，是谓惚恍。迎之不见其首，随之不见其后。”

下面老子根据“道”的特点推演。“无，名天地之始；有，名万物之母 。”句中“‘天地’‘万物’互文。始，始原。母，根本。‘始’‘母’实同义。”(《老子原始》)，由于“道”虽然看不见，即“无”，可是它确实存在，即“有”，因此，“有”和“无”都是“道”的别名，这一点在本章后面说得多清楚：“此两者同出而异名”，“此两者”即“无”和“有”，“同出”即“同出于道”，任继愈、陈鼓应、黄瑞云等诸先生均持此说，而课本认为是“常有”和“常无”，值得商榷。这句话就是说“无”和“有”即“道”是天地万物的根本，这在第二十五章有直接的表示：“物(即‘道’)”“为天地母”，在第二十一章整章“道之为物，惟恍惟惚(惟恍惟惚：无形无象之貌。(《老子原始》)。惚兮恍兮，其中有象[气之可见者，成象。(吴澄)]；恍兮惚兮，其中有物[物：具形的某种实体。(《老子原始》)]。窈兮冥兮，其中有精[气之精者也；生命力。(《老子今译今注》)]；其精甚真，其中有信。自今及古，其名不去，以阅[认识、检查。(《老子绎读》)]众(万物)甫[开始(阅众甫：生万物。)]”明确地指出了“道”即“无”即“有”，又指出了“道”是“生万物”的。而课本根据第四十章“天下万物生于有，有生于无”说“无，天地万物发生的最原始状态。有，天地万物发生的根子”。何谓“根子”？“根子”与“最原始状态”有区别吗？我无法理解，真是“玄之又玄”，如何能以注解的面目出现？在第四十章中，很明显，“有”和“无”不是并列关系，而是“无”包含“有”。或曰这说明我将“有”和“无”看作“道”的别名，是错误的，我不认同，首先前面同样有老子的文章为证，其次，老子在第二章不是还说过“有无相生”吗？“有”和“无”就是表并列的关系。“有”和“无”的关系确实有矛盾、有问题。陈鼓应先生在《老子今注今译》第 27 页是这样解释使之统一的：“天地万物是由‘道’所产生的。老子在第一章说‘无，名天地之始；有，名万物之母。’又在第四十章说：‘天下万物生于有，有生于无’。可见‘无’和‘有’是指称‘道’的。这里的‘无’和‘有’是老子哲学的专有名词，‘无’‘有’似对立，而又相联系。‘无’含藏着无限未显现的生机，‘无’乃蕴含着无限之‘有’。老子用‘无’‘有’之别名，来表示形上的‘道’向下落实而产生万物时的一个过程。”

“故常无，欲以观其妙；常有，欲以观其徼。”“故”，“所以”，表明这两句是结果，上两句是原因，二者之间可以互解。课本解释为“相当于后世的发语词‘夫’，无义”，此不取，一者“故”的前后在内容上确实有因果关系，二者任继愈、陈鼓应、南怀瑾等诸先生也将“故”解释为“所以”。既然上两句要以互文视之，这两句也要以互文视之：所以我们要总是保持“无”和“有”的状态，想在这种状态中体察道的“微妙”和“终极”。“常无”，根据“常无，欲以观其妙”中的“欲[“将”也。(《老子原始》)]”可知“以观其妙”是动作的目的，人的动作是什么呢？只能是“常无”即总是保持“无”的状态，而不可能是课本的理解“天地万物发生的最原始状态是永恒的，所以说是‘常无’”——这说的是“天地万物”，与人的动作有什么关系？这里的人是“修道之人”，为什么？因为司马迁在《史记·老子韩非列传》中说老子“修道德”，其学说自然也是以此为中心。“其”，代词，指“道的”，课本译为“宇宙的”，“宇宙”一词哪里来的？不可理解。明憨山大师在《老子道德经憨山注》中对此解释说：“此二句(即指“无，名天地之始；有，名万物之母”)，言道之用也。以下二句(即指“故常无”这两句)，乃入道之功夫。(笔者注：因此“故”的前后这两句之间存在因果关系，是“所以”的意思，而不可能是“无义 ”)常，犹寻常也。欲，犹要也。老子谓，我寻常日用安心于无，要以观其道之妙处。我寻常日用安心于有，要以观其道之徼处。徼，犹边际也。意谓全虚无之道体[道体：道的本体。(《汉语大词典》)]，既全成了有名之万物。是则物物皆道之全体所在……是则只在日用目前，事事物物上，就要见道之实际，所遇无往(无往：犹言无论到哪里。常与“不”“非”连用，表示肯定。(《汉语大词典》)而非道之所在。故庄子曰，道在稊稗[稊稗：一种形似谷的草。(《汉语大词典》)]，道在屎尿。如此深观，总见道之妙处。此二观字最要紧。”这可进一步帮助我们理解这两句。

“此两者，同出而异名，同谓之玄。玄之又玄，众妙之门”，意在告诉修道德者不要以为保持“无”和“有”的状态很单薄，其实“极深极远，它是一切微妙的总门”(《老子绎读》)。

因此这一章说的就是“道”不可言说，不可命名，但它确实存在，既“有”且“无”，由“无”而“有”，产生了天地万物，能量无限，伟大之极，因此要在日常中体察到“道”的奥妙，就要保持“无”和“有”的状态。不要以为对“无”和

“有”的体验很浅薄，里面奥妙无穷。

第二章

天下皆知美之为美，
斯恶矣；
皆知善之为善，斯不善矣。
故，
有无相生，
难易相成，
长短相形，
高下相盈，
音声相和，
前后相随。
是以，
圣人处无为之事，
行不言之教，
万物作焉而不为始，
生而不有，
为而不恃，
功成而弗居。
夫唯弗居，
是以不去。

这一章“是以”之前，“集中论述了辩证法思想，提出一切事物都有对立面。失去了对立的一方，另一方也就不存在。如：美、丑；善、恶；大、小；长、短；高、下；有、无，等等。这是《老子》哲学中极具特色的可贵部分”。(《老子绎读》)“是以”之后说的是圣人怎么办，这是从否定的方面来说的：无为、不言、不为始、不有、不恃、弗居，为什么要依反面而行之？因为一切事物都有对立面，只有这样，结果才会走向正面，才会“不去”。这不难理解。

最难理解的是“圣人处无为之事，行不言之教”中“无为”的含义。“无为”是《老子》中的重要概念，老子多次赞美“无为”，最著名的是“无为而无不为”(《老子》第四十八章)。很多人对“无为”的误解很深，认为是“不做事”的意思，“无不为”即什么目的都可以实现，这是人人都向往的，而其手段竟然是“无为”，这多么符合人性中的懒惰思想啊，于是耽误了很多修行人(意思取自

《〈老子〉他说》)；又有许多人认为老子的意思是表面上什么都不做，暗地里什么都来，因此误认为老子是个阴谋家。导致这种误解，完全是因为不了解老子哲学术语的特有意义所致。(《老子今译今注》第 53 页)

何为“无为”？老子在文中自有解释：

不尚贤，使民不争；不贵难得之货，使民不为盗；不见可欲，使民心不乱。是以圣人之治，虚其心(简化百姓的头脑)，实其腹(填饱百姓的肚子)，弱其志(削弱百姓的志气)，强其骨(增强百姓的筋骨)。常使民无知无欲。使夫智者不敢为也。为无为，则无不治。(第三章)

“为无为”之前的内容就是对“为无为”的具体解释。“常使民无知无欲”须与第三十八章中的“是以大丈夫处其厚，不居其薄；处其实，不居其华。故去彼取此”同义互解，“无知无欲”即“处其厚，不居其薄”“处其实，不居其华”，即“立足于淳厚，远离虚假”“立足朴实，远离浮华”(《老子绎读》)，这样语义与之相反的“智者”就是“虚假浮华之人”，“不敢为”的“为”就是“妄为”的意思。“无为”中“为”的意思就是使民争的“尚贤”，使民为盗的“贵难得之货”，使民心乱的“见可欲”，使民成为巧诈之人，不再淳厚、朴实，因此“为”是妄为的意思。“无为”就是“不妄为”，这是针对“圣人之治”。

道常无为而无不为。侯王若能守之(即“无为”的原则)，万物(与“侯王”相对的民众)将自化(自然化育，自然发展)。化而欲作，吾将镇之以无名之朴。镇之以无名之朴(指“道”)，夫(彼，指“欲作”者)将(“当”也)不欲。不欲以(犹“则”也)静，天下将自定。(第三十七章)

这一章说的是侯王之治：守“不欲(制止欲望)”之“无为”，则合道，百姓可以自然发展。“为”则为发泄不合理的欲望，即“妄为”。

以正治国，以奇用兵，以无事(即无为)取(治)天下。吾何以知其然哉？以此：天下多忌讳(禁令)，而民弥贫；人(指统治者)多利器(各种统治手段)，国家滋昏；人(指统治者)多伎巧(各种权谋巧智)，奇物(指各种邪伪行为)滋起；法令滋彰，盗贼多有。故圣人云：“我无为，而民自化；我好静，而民自正；我无事，而民自富；我无欲，而民自朴。”(第五十七章)

根据“故”可知，“我无为，而民自化”谈的是“我(即圣人)”和“民”两方面，则“故”前面所列举的四个方面，前一句“天下多忌讳”“人多利器”“人多伎巧”“法令滋彰”说的是“我”的行为，“民弥贫”“国家滋昏”“奇物滋起”“盗贼多有”是从“民”的角度说的。是“以无事取天下”的反面举例，其中统治者都是欲望很大，权谋很多，都不属于“无为”，属于“妄为”。和上一则批评的对象一样，都是针对“诸侯之治”的。

上德无为而无以为（“上德”无为，而无所表现）；下德为之而有以为。……是以大丈夫处其厚，不居其薄；处其实，不居其华。故去彼取此。（第三十八章）

这一章说的是大丈夫行世的原则。大丈夫自然以“上德”处世，这样“无为”与“处其厚，不居其薄；处其实，不居其华”同义互解：“无为”即“处其厚”“处其实”，“为”即“居其薄”“居其华”，为“妄为”也。

为学日益，为道日损。损之又损，以至于无为。无为而无不为。（第四十八章）

冯友兰说：“‘为学’就是求对于外界的知识，知识要积累，越多越好，所以要‘日益’。‘为道’是求对于道的体会。道是不可说，不可名的，所以对于道的体会要减少知识，‘见素抱朴，少私寡欲’（十九章）所以要‘日损’。……”《老子》并不完全不要知识，所以它还要用观的方法去求对外界的知识。它认为，为道就要日损，为学就要日益，但是所损益的并不是一个方面的事。日损，指的是欲望、情感之类；日益，指的是积累知识的问题。这两者并不矛盾，用我的话说，为道所得的是一种精神境界，为学所得的是知识的积累，这是两回事。一个很有学问的人，他的精神境界可能还是像小孩子一样天真烂漫，用老子的表达方式，一个人也应该知其益，守其损。”（中国哲学史新编）陈鼓应、高明等都持这种见解。（以上均引自《老子今译今注》）这样看来，修道者要无为，“为”指的是追求私欲，也是“妄为”的表现。

为无为，事无事，味无味。……图难于其易，为大于其细；天下难事，必作于易，天下大事，必作于细。是以圣人终不为大，故能成其大。夫轻诺必寡信，多易必多难。是以圣人犹难之，故终无难矣。（第六十三章）

其安易持，其未兆易谋。其脆易泮，其微易散。为之于未有，治之于未乱。合抱之木，生于毫末；九层之台，起于累土；千里之行，始于足下。为者败之，执者失之。是以圣人无为，故无败；无执，故无失。民之从事，常于几成而败之。慎终如始，则无败事。是以圣人欲不欲，不贵难得之货；学不学，复（“补”也）众人之所过，以辅（顺应）万物之自然而不敢为。（第六十四章）

这两章对圣人做事中的“无为”做了集中的阐述：“终不为大”，只做“易”事、“细”事；不轻诺；难之（把事看得很难，战略上重视敌人）；要在事物“安”时，“未兆（没有出现苗头）”时，“脆（脆弱）”时，“微（微弱）”时，“未有

(在事变还没有发生时)”时，“未乱(事物还未混乱)”时下手，“总之，要注意祸患的根源。在祸乱发生之前，先作预防”。(《老子今译今注》)凡事从小成大，由近及远；基层工作，十分重要。所谓“合抱之木，生于毫末；九层之台，起于累土；千里之行，始于足下”。(《老子今译今注》)这些是“无为”，即不妄为。“慎终如始(即善始善终)”，“辅万物之自然而不敢为”(只引导万物的自然发展而不敢为)，这更是“无为”，“为”是“妄为”的意思更明显。

因此无论是圣人的治国、圣人的做事，修道者的修行，还是侯王的治国，“无为”都是“不妄为”的意思，都是控制自己不合理的欲望，遵从所做的“事”的规律，顺应万物的自然发展，顺“道”而行。

难理解的还有一处：为什么要“行不言之教”？这一点，老子在第二十三章说得很清楚：“希言自然。故飘风(狂风)不终朝，骤雨不终日。孰为此者？天地。天地尚不能久，而况于人乎？”

第十九章

绝圣弃智，
民利百倍；
绝仁弃义，
民复孝慈；
绝巧弃利，
盗贼无有。
此三者以为文不足：
故令有所属：
见素抱朴，
少私寡欲，
绝学无忧。

在讲解之前，先说校勘问题。陈鼓应先生在《老子今译今注》根据郭店简本辨析后认为“绝圣弃智”“绝仁弃义”当据郭店简本改为“绝智弃辩”“绝伪弃诈”。下面仍然根据原文以《老》解《老》。

首先，“绝圣弃智”“绝仁弃义”“绝巧弃利”这些消极的理论表述和下文使人有所从属的正面表述”即“见素抱朴，少私寡欲，绝学无忧”之间有一种对应、互解的关系。“绝圣弃智”与“绝学无忧”对应，且语义之间有联系：“圣”“智”，乃学问、思虑的结果；“绝仁弃义”与“见素抱朴”对应，且语义之间有联系：失去了质朴纯洁的心[“素”是没有染色的丝；“朴”是没有雕琢的“木”。

“素”“朴”在这里是异字同义。(《老子今译今注》第 148 页)],才背离了大道,才有了仁义(第十八章:大道废,有仁义);“绝巧弃利”与“少私寡欲”对应,语义之间必然也有联系:私心、欲望多了就会有“巧”“利”。“巧”就应取“虚伪;欺诈”的义项;“利”就应取“赢利”的义项。(《汉语大词典》)

其次,“绝圣弃智,民利百倍”二者间的因果关系,课本注解已经借助第十八章“大道废,有仁义;智慧出,有大伪;六亲不和,有孝慈;国家昏乱,有忠臣”加以解释,此不赘言。为什么“绝仁弃义,民复孝慈”?上一段已有大略说明,此处进一步说明:人心回归了“大道”,“孔(大)德之容(事),惟道是从”(《老子》第二十一章),则德行淳厚;德行淳厚了,应该像无知无欲的婴儿,“含德之厚,比于赤子”(《老子》第五十五章);婴儿自然会回归孝慈的天性,六亲自然和睦。为什么“绝巧弃利,盗贼无有”?即为什么统治者有了“巧”“利”之心,就会有盗贼?“人多伎巧,奇物滋起;法令滋彰,盗贼多有”,“统治者的权谋巧智愈多,邪恶行为也就越多地兴起。国家的法令愈是烦苛,盗贼也愈加增多”。(《老子本原》第 83 页)“国家的法令烦苛”都是统治者私欲膨胀的表现,是权谋赤裸裸的体现、固化。大到国家,小到一个单位,莫不如此:规模虽不同,领导者的心是一样的。又,“不贵难得之货,使民不为盗”(《老子》第三章)。因此,统治者有了“巧”“利”之心,就会有盗贼。

第七十八章

天下莫柔弱于水,
而攻坚强者,莫之能胜,
以其无以易之。
弱之胜强,
柔之胜刚,
天下莫不知,
莫能行。
是以圣人云:
受国之垢,
是谓社稷主;
受国不祥,
是为天下王。
正言若反。

第一,要理清本章的思路。先以水证明柔弱胜刚强。然后指出天下人不能力行此道理，最后说只有能承受国家屈辱和灾祸的人才能做国家的王。思路上的问题在于“柔弱”和承受国家的屈辱和灾祸有什么关系？“本章藉水来说明柔弱的作用。水性趋下居卑，老子又阐扬卑下屈辱的观念。卑下屈辱乃是‘不争’思想引申出来的。而‘不争’思想即是针对占有欲而提出的。”（《老子今译今注》第 340 页）

第二，以水证明的柔弱胜刚强的道理，有普遍性吗？老子在第七十六章有广度上的证明：“人之生也柔弱，其死也坚强。草木之生也柔脆，其死也枯槁。故坚强者死之徒，柔弱者生之徒。是以兵强则灭，木强则折。强大处下，柔弱处上。”老子以人、草木、军队和木等来反复证明确实柔弱胜刚强。另外，老子在多处表达了这样的见解：“柔弱胜刚强”（第三十六章）、“守柔曰强”（第五十二章）。

第三，为什么柔弱胜刚强，天下人都知道，却做不到？老子在第二十二章中说：“是以圣人抱一（“一”即“道”）为天下式[式：准则。（《汉语大词典》）]。不自见（自现，自显于众），故（“乃”，才）明（显明）；不自是，故彰（明也，也有正确的意思）；不自伐（夸耀），故有功（功劳）；不自矜（傲慢），故长（长久）。夫唯不争，故天下莫能与之争。”同样的意思在第二十四章从反面做了表达：“自见者不明；自是者不彰；自伐者无功；自矜者不长。”为什么人们做不到？因为总是“争”，总是要“自见”“自是”“自伐”“自衿”，总是要以“刚强”胜“刚强”，结果就是事与愿违。因此要不争，即要柔弱，这样才能胜刚强，才能“天下莫能与之争”。

第四，“只有能承受国家屈辱和灾祸的人才能做国家的王”，这样的意思在其他章节中可有申明？肯定有。在第十三章“何谓贵大患若[乃：全章“若”皆训为乃。（《老子本原》）]身[贵大患若身：极其重视大患乃在于有身。（《老子本原》）]？吾所以有大患者，为吾有身，及[连词。如果。（汉语大词典）]吾无身，吾有何患？故贵以身为天下，若可寄天下；爱以身为天下，若可托天下[所以能够以贵身的态度去为天下，才可以把天下寄托给他；以爱身的态度去为天下，才可以把天下委托给他。（《老子今译今注》）]”。这里就指出了可以做天子的条件：以身殉天下，因此天下的屈辱和灾祸就如同身体的大患一样，必须承担起来，必须全力以赴地解决，而决不能如现在的某些领导：名利，都是自己的，和下属争着要，把自己打扮得光鲜亮丽；问题，都是下属的，居高临下地问责，把自己择得一干二净，这样的领导怎配当领导？由此想到共产党是怎样打天下的？原因之一是其干部都是喊“跟我上”，冲锋陷阵，舍生忘死；而国民党为什么失掉了江山？原因之一是其干部都是喊“给我上”，躲在后面，贪生怕死。这是直接表述。另外，老子还借天地、借水类比来表达同样的意思：“天长地久。天地所以能长且久者，以其不自生(不自生：不为自己)，故能长生。是以圣人后其身而身先(把自己放在后面，反而能得到大家的爱戴)，外其身而身存(把自己置之度外反而能保全性命)。非以其无私邪？故能成其私(成就他自己)。”(第七章)这两章表达的意思是一样的。“上善若水。水善利万物而不争，处众人之所恶[人恶处卑下之地，而水处卑下，故曰：“处众人之所恶”。(《老子原始》)]，故几(接近)于道。”联系第七十八章，承受国家的屈辱和灾祸也是“处众人之所恶”，惟其如此，方是上善，是接近“道”了，方能为“社稷主”“天下王”。

第八十章

小国寡民。
使有什伯之器而不用；
使民重死而不远徙；
虽有舟舆，无所乘之；
虽有甲兵，无所陈之。
使民复结绳而用之。
至治之极。
甘其食，
美其服，
安其居，
乐其俗。
邻国相望，
鸡犬之声相闻，
民至老死不相往来。

首先，要解释三个词。

1.“国”

课本、陈鼓应先生都将“小国寡民”中的“国”解释为“国家”，课本将“小国寡民”就翻译为“国家小，人民少”，根据教参，这个翻译用的任继愈先生《老子新译》中的翻译，殊不知《老子新译》是任继愈先生的第二个解读本，现在已经出到第四个解读本了。任继愈先生在最新版本《老子绎读》中已经将“小国寡民”翻译为“城镇要小，居民要少”了，已经将“国”解释为“城镇”了，黄瑞云先生也持这种见解。南怀瑾先生对此有历史的解读："春秋战国时所谓的国家不是现在国的观念；那时的'国'是一个地方政治单位的名词，直到三国时代都是如此。到了唐太宗时代封地区领导人时，对他儿子还引用'诸侯治国'的制度，派他儿子到一地区去管理。所以，'小国寡民'这个'国'是'地区'的意思，不要看到一个'国'字就拿现在国家观念来读《老子》，那就不对了。"我赞同他们的说法，因为老子在这里想象出了一个理想中的国家，第一个"国"理解为"国家"可以，问题是后面还有"邻国相望"，看都能看得到的"国"还能称其为"国家"吗？解释为"城镇"，"邻国"能"相望"就合理了，"小国寡民"中的"国"就是老子对国家的行政区划单位——城镇的理想化要求了。这样，"小"和"寡"就都是使动用法了。

2."使有什伯之器而不用"中的"使"

"使"，有的把它解释为"即使"，任继愈先生和陈鼓应先生都是这样理解的。有的没有翻译，如黄瑞云先生把"使有什伯之器而不用；使民重死而不远徙"翻译为"使有各色器具而不使用，使人民重视生死而不远行"。这个"使"就是"让"的意思，我赞成后一种，原因有两个：一是"使有什伯之器而不用"和"使民重死而不远徙"兼提并议，相同位置的词语语义或相同相近或相反相对，两个"使"字的语义很明显一样："使民重死而不远徙"中的"使"是"让"的意思，不是"即使"的意思，那么"使有什伯之器而不用"中的"使"就是"让"的意思，而不是"即使"的意思。

3."虽有甲兵，无所陈之"中的"陈"

一般都理解为"陈列"。黄瑞云先生对此有让人信服的见解："甲兵"非陈列之物，此与"乘之"并列，并就使用而言。"陈"同"阵"。阵之：即用于列兵作战。

另外，还有五个问题：

(1)为什么"使有什伯之器而不用"

《庄子·天地》："吾闻之吾师，有机械者必有机(投机取巧)事，有机事者必有机心。机心存于胸中，则纯白(纯粹朴素的天性)不备。"机心：巧诈之心；机巧功利之心。具体故事可参看《庄子·天地》。因此，"有什伯之器而不用"是有"什伯之器"，物质财富已经极大地丰富，为了避免有诡诈功利的心，而保持朴素纯洁的天性。

(2)为什么"使民重死而不远徙"

首先要明白"远徙"的目的是什么？是要寻找乐土？非也。"远徙"须与"虽有舟舆，无所乘之，虽有甲兵；无所陈之”联系起来看。“远徙”与乘舟舆、阵甲兵联系起来，自然是要争名夺利，开疆拓土，建功立业。因此“使民重死而不远徙”，是能远徙而不为也，目的在于泯灭人们的贪欲。因为老子看到了贪欲对自身的危害：“名与身孰亲？身与货孰多(重)？得(指得到声名财货)与亡(失也，引申为损害。指损害自身)孰病(害)？是故甚爱(承“名与身孰亲”，谓过分爱重声名)必大费(损也)；多藏(承“身与货孰多”，谓过多地贮藏财货)必厚亡。故知足(指不甚爱声名)不辱，知止(指不多藏财货)不殆(危也)，可以长久。”(《老子》四十四章)唤醒世人要看重生命，不可为名利而奋不顾身；因为老子看到了贪欲给天下所带来的危害：“天下有道，却走马(退回征用之马)以粪(耕种)。天下无道，戎马(战马)生于郊(战地的郊野)。祸莫大于不知足；咎莫大于欲得。故知足之足，常足矣。”(《老子》第四十六章)警惕为政者当清静无为，收敛侵占的意欲。

(3)“使有什伯之器而不用，使民重死而不远徙”和“使民复结绳而用之”三个相同结构的句式放在一起，可以看出什么

对此，冯友兰先生说：“《老子》第八十章描绘了他的理想社会的情况。从表面上看起来，这好像是一个很原始的社会，其实也不尽然。它说，在那种社会中，‘使有什伯之器而不用，使民重死而不远徙。使民复结绳而用之’。可见在那种社会中并不是没有舟舆，不过是没有地方用它。并不是没有甲兵，不过是用不着把它摆在战场上去打仗。并不是没有文字，不过是用不着文字，所以又回复到结绳了。《老子》认为这是‘至治之极’。这并不是一个原始的社会。用《老子》的表达方式，应该说是知其文明，守其素朴。《老子》认为对于一般所谓文明，它的理想社会并不是为之而不能，而是能之而不为。有人可以说，照这样理解，《老子》第八十章所说的并不是一个社会，而是一种人的精神境界。是的，是一种人的精神境界，《老子》所要求的就是这种精神境界。”(《中国哲学史新编》)

(4)书下注解说“甘其食，美其服，安其居，乐其俗”中的“甘”“美”“安”“乐”都是使动用法，对吗

如果理解为使动用法，教参引用任继愈先生第二版《老子新译》的翻译就是“(使人民)吃得香甜，穿得漂亮，住得安适，过得习惯”，教参第 20 页对此的分析是：“让百姓衣食无忧，安居乐业。”这种翻译的问题在于这是让人们的物质欲望得到满足，而人们的物质欲望是不可能得到满足的，正所谓如饮海水，愈饮愈渴，因此老子才反复告诫我们“知足不辱，知止不殆，可以长久”

“知足之足，常足矣”“知足者富”(第三十三章)，因此这四个词要翻译成意动用法，可是又缺少主语，因此黄瑞云先生认为：“‘使人’二字直贯五句，使人复结绳记事，无过高的生活欲求，以其饮食为甘，以其服饰为美，以其居处为安，以其习俗为乐。”我很赞同。这样，“使民复结绳而用之”后面的句号就要改为逗号了。

(5)为什么“民至老死”可以“不相往来”

凡需要往来，一定是有需求而自己又不能解决，既然“民至老死”可以“不相往来”，说明可以自给自足了。何以见得？这要联系整章来回答：物质上富足且自足，没有过高的生活需求，精神上守道，淳朴纯洁，注重生命，轻视名利，民风淳朴，生活环境和平。这样，就可以“民至老死不相往来”了。

参考文献：

《中国文化经典研读》，人民教育出版社，2016年。
《〈中国文化经典研读〉教师教学用书》，人民教育出版社，2016年。
任继愈著：《老子绎读》，国家图书馆出版社，2015年。
黄瑞云校注：《老子原始》，人民文学出版社，1998年。
陈鼓应注释：《老子今译今注》，中华书局，2008年。
憨山大师：《老子道德经憨山注》，新文丰出版社，2010年。
南怀瑾：《老子他说》，东方出版社，2015年。

八、既讲德行，又学语言

——课外利用“八德须知”故事有效训练学生的文言文能力

(一)课外加强对高中生文言文小段的训练，势在必行

我教高中语文共17年，在文言文方面，无论是教学还是备考，一直很努力，一直很关注。我经常想：教给学生多少文言文，学生就可以真正读懂浅易的文言文，在高考中一展身手？开始我以为教好课本的文言文就可以了，至于能力迁移，那是水到渠成的事，我认真教了，学生也努力学了，可做高考题时优势并不明显。最近几年教高三，我就反思学生的学习、回顾自己的学习过程，得出一个人人皆知的结论：任何一项技能训练，如果没有达到条

件反射的程度，都不是真正的功夫，在高考中是没有什么大用处的；文言文要想训练到条件反射的程度，课内的必须讲好了，这确实是迁移的基础，没有课内文言文做底子，学生做课外文言文就是空中楼阁；可是只学课内的是远远不够的。课外文言文学什么呢？最好是故事，这样学生有兴趣；内容要健康，有对内容的议论就更好了，学生学完了，就可以在潜移默化中影响、提高学生的品行，而老师不必再做引申、发挥，隐性的教育效果胜过特意的说教；段子不能太长，这样费时不多，可以及时处理完，最好一天可以一小段；最好以断句的形式出现：首先断句是高考的形式，有必要练习，其次断句是形式，断意才是本质，这样就可以对学生学习文言文进行全面训练，从实词到虚词，从词语到句式。如果能帮助学生积累议论文的论据就更好了。2011 年带新高一，时间比高三要充裕些，我想在学生品德建设、提高文言文阅读能力方面尽绵薄之力，于是讲《八德须知》的想法涌上心头。八德，即孝悌忠信礼义廉耻。这样我从 2011 年开始了课外讲民国时期蔡振绅先生所编著的《八德须知》训练学生文言文的旅程。

（二）用《八德须知》作为课外训练的材料，天造地设

先介绍这本书的来历。

蔡先生家历代祖宗均崇尚德行，这可以在县志中多次见到。蔡先生的父亲蔡庠晚年得子，就辞官亲自教育蔡先生。蔡庠著作宏富。蔡先生四岁时父亲即教读《孝经》，每天夜里一定口授古人的嘉言懿行一则，以四字为题，如木兰从军，都是八德中的事。蔡先生如此昼夜学习诵读，一年之中，只有除夕、元旦两天可以休息。到了七岁，读完了“四书”，到了十岁，读完了“五经”，十一岁又开始读“二十一史”和《尔雅》。父亲去世以后，蔡先生对不能再聆听父亲的教诲极其遗憾。为了纪念父亲、报答父亲，蔡先生就萌生了将先父晚上传授的八德故事记述下来的想法，可是体例没有确定。当时，福建的黄继谷先生根据旧有的《二十四孝》的体例确定了《八德须知》的体例，蔡先生看了以后，忆及父亲的恩德，就下定决心将先父传授的八德故事按照《八德须知》的体例编辑成册，数量不足的就依据史传补足，是为《八德须知初集》，希望年长者可以像先父教育自己一样教育子女，来奠定子女德行的根基，年幼者可以恭敬接受努力实行。之后蔡先生又相继编辑了二集、三集、四集。然而编辑的过程并非一帆风顺，而是充满着危险。蔡先生在《八德须知四集自序》中说：“刚准备编辑四集的时候，日本侵略上海的战争就开始了，上海居

民纷纷迁移。"可是作者继续照常编写。炮火最猛烈的日子，案前的墙都被震摇动了，常有墙倒的危险，甚至窗门都被震开了，并且相距几丈的地方还发现了一枚炸弹，竟然没有爆炸。然而作者心无恐惧，心无旁骛，振笔直书，夙兴夜寐，夜以继日，如此工作了一个月，战火停了，第四集也写成了，然而在如此恶劣环境中完成的第四集，获得的评价竟最高。

再介绍这本书的体例。

四集各有完整的"八德故事"，每德每集二十四则，男女相同，男先女后，男女各两集，以朝代为序，综合起来，四集每德共为九十六则，每德每集之后有作者的总议论，这样八德共八百则。每则故事的体例，首先是为故事配图并配以共四句每句四字共十六字的概括，配图精美。然后是原文，原文分两段：第一段是经蔡先生节录、改编的或八十字左右或百字左右或百二十字左右的故事，篇幅不长，目的是便于孩子一天学一则，很有兴趣，不会生厌，可谓用心良苦。第二段是经作者选录的由李文耕、王应照、许止淨、刘向、吕坤等诸先生针对故事所做的评论，有的是作者自己的评论，评论中既有对故事所做的画龙点睛式的点拨，也有对传主相关史实的补充，故事和评论均按照古代的句读，也就是现在的顿号和句号来标点。最后是陈钦赞先生之子陈觉民先生针对原文的"故事"部分所做的"白话解释"，以方便读者对文意的把握，不是以"直译"为主，而是以"意译"为主。另外，陈钦赞先生对书中认为费解的字予以注解，对认为难读的音按照当时流行的注音方法注了音(这种注音方式现在普通大众一般看不懂)，附在书眉，以提高读者对文章的确解、提高文言文的阅读能力。

四集《八德须知》在陆续出版的过程中，中华人民共和国成立前曾被广泛传播。

因此，四集《八德须知》是以蔡先生为代表的前辈们用生命留给我们的一笔宝贵的精神财富，我们自当珍视。

另外，"大方广文化公益网"将原书除了注解部分全部变成了电子稿。这给我的教学带来了极大的便利。

可见《八德须知》中的选文完全是为我们课外讲文言文小段量身打造的。

(三)教授《八德须知》，井然有序

首先，我对八德故事进行筛选。凡与当代社会情况无关的、不近人情的、神话色彩过于浓厚的，不选。

其次，注解文言文。我在注解的过程中，发现陈钦赞先生对原文的注解准确、精当，顿生钦慕之心，深深感叹中华人民共和国成立前知识分子训诂功底的深厚。同时对传统文化功底浅薄的学生而言尚有缺憾，或语焉不详，或有遗漏，或注音不合现在的要求，于是我主要依据《汉语大词典》，辅之以商务印书馆出版的《古汉语常用字字典(第 4 版)》《汉语大字典》做更加详细、更加全面的注解，并且依照阅读文章的规律，需要前后勾连的部分就前后勾连，能联系学过的包括初中的文言文的就联系，还关注学生的能力训练，注解一篇八德故事一般要一节课的时间。我的注解版文言文格式(原文为小四号，【】为补充的省略成分，有的也指明句式，为五号字，()为对字词的解释或对难读字的注音，为小五号字，()中的()为对前面词语的注解为六号字，字体均为宋体)：

伯俞泣杖

伯俞母杖。常悦受之。不痛大泣。知母力衰。

【原文】

汉韩伯俞、梁人。性至孝。母教素严。【韩伯俞】每有小过。【母】辄杖(手杖；拐杖。这要与后文“笞”对着看。清　顾禄《桐桥倚棹录·工作》：“杖，俗呼拐杖……大抵琢取山中榔、栗、楂树老干为之。亦有以方竹、剡藤为之者，光润可喜。”泛指棍棒或棒状物。这里活用作动词)之。伯俞跪受无怨(怨恨)。一日、【母】复杖。伯俞大(大声？否，若是则与“泣”矛盾。与后文“悲泣”对照看，知道应“表示程度深”)泣(无声流泪或低声而哭)。母讶问曰。往者(代词“今”“昔”等时间词的后面，表示“……的时候”。《鸿门宴》：今者有小人之言/今者出，未辞也)杖汝。常悦受之。未尝或(语气词，常用在否定句中加强语气。)泣。今日杖汝。何独(副词。表转折。犹却——此义《古汉语常用字字典》中没有)泣乎。伯俞曰。往者儿得罪(冒犯，触怒)。笞(chī)(用鞭、杖或竹板打人。如《陈涉世家》：尉果笞广)尝(经历，身受，尝受)痛。知母康健(犹健康)。今母之力。不能使痛。知母力已衰。恐来日(未来的日子)无多。是以悲泣(悲伤哭泣)耳。

李文耕曰。人子之身。父母所育之使日强者也。父母之力。人子所累之使日弱者也。况驹隙之景(时光)频催。风烛(风中之烛易灭，后遂以“风烛”喻临近死亡的人或行将消灭的事物)之膏(特指灯油。如：焚膏继晷)易殒(损毁；死亡)。天伦(1. 天然伦次。指兄弟。2. 泛指父子等天然的亲属关系)聚乐。有能至百年外者乎。韩公母力不能使痛一言。真伤心语。不堪读也。

再次，以断句的形式制篇子。形式如下：

伯俞泣杖

汉韩伯俞梁人性至孝母教素严每有小过辄杖之伯俞跪受无怨一日复杖伯俞大泣母讶问曰往者杖汝常悦受之未尝或泣今日杖汝何独泣乎伯俞曰往者儿得罪笞尝痛知母康健今母之力不能使痛知母力已衰恐来日无多是以悲泣耳

李文耕曰人子之身父母所育之使日强者也父母之力人子所累之使日弱者也况驹隙之景频催风烛之膏易殒天伦聚乐有能至百年外者乎韩公母力不能使痛一言真伤心语不堪读也

最后，讲授。首先说时间，只能是见缝插针，或中午，或晚自习，甚至牺牲周六、周日的休息时间来免费给学生讲。其次说程序，2011—2012学年度高一一年的做法是：学生做完了以后开始讲，有一段时间是当堂做，这样效果更好，只是这需要时间。讲时，首先，我提出三个要求：手里都拿着和断句时颜色不同的笔，一人断，大家听，看看自己和断句的同学断句有无不同之处、读音有无不同之处以及自己有无不理解的字词句，有的话，用笔标出。然后，请另一位同学起来断句。断完句之后，首先请其他同学思考断句有没有不同之处，有的话，谁的正确，请思考。思考完，还有不同之处的向断句的同学质疑并陈述理由，如果他们之间还无法统一，则请其他同学来判断，同学之间无法解决的，最后我来解决。这个时候的陈述理由，完全从词义、句义、段义出发。这样，断句解决完了，文章自然就理解了一部分。其次，请其他同学就有疑义的读音同这位断句的同学交流。纠正读音就是理解字义，因为对于多音字而言要因义定音。解决的方式仍然如前。最后，请同学提问不理解的字词句。形式仍大体如前。这三个步骤，在具体解决问题的时候，能推断的就通过文章本身推断，能联系课本、现代汉语的的一定要联系，通过上述途径还不能解决的，就必须引导学生勤翻工具书，我们使用的工具书一般都是商务印书馆出版的《古汉语常用字字典》和《古代汉语词典》。总之，希望一切问题由学生自己解决、互助解决，尽可能给学生以锻炼的机会。讲完一则的时间大概为一刻钟的时间。到了现在的高二，从这个学期开始，形式有了变化：首先，由以我讲为主变为以学生讲为主。其次，增加了第四个环节——翻译全文，这个环节不做，在以前是疏漏，现在补上实在是必须：一是全面看学生是否真正听讲了，是否真正理解了全文；二是训练学生“直译”的翻译能力，而这又正是高考的要求。这样讲完一则的时间大体就得在 40 分钟左右。

(四)坚持争取一天讲一则，收获颇丰

坚持争取一天讲一则，如此经过两年多的实践，我们有了如下的收获：

学生断句的准确率提高了，断句的速度加快了。由以前的误断连篇到现在的错误很少，很多时候全对。这在期中考试、期末考试的断句中看得出来。

学生对文言文的解读更准了，更快了。这主要体现在通过语境推断字义、词义、句义的意识增强了，能力提高了。学生可以有意识地运用同义互解、反义互解、揆情度理等方法来解读。通过语境不能解决的问题，就会和学过的课本、现代汉语的词语联系起来。如果依据这些途径还不能解决，学生就会自觉翻工具书，学生现在用的主要是《古汉语常用字字典》，个别学生用的是《古代汉语词典》。学生会根据语境来选择自己认为合适的义项。如果工具书还不能解决，就会考虑是否活用。这样还不能解决，我才引导学生推断或告知《汉语大字典》或《汉语大词典》中合适的义项。

学生的品德也在不知不觉中受到熏陶、浸染，视野开阔了。在学习有关“孝”的故事的时候，有的学生就说：“看到古人的孝行，我们真是无地自容。”每一则对学生应该都有潜移默化的影响。在边讲边学的过程中，我们深感自己的孤陋寡闻，“八德”故事讲得越多，我们就越感到自己的眼界开阔了，内心充满了喜悦。2011—2012 学年度高一两个学期，讲完了孝、悌、信三德，其中，“孝”共讲了 60 多篇，“悌”和“信”各自讲了近 80 篇，共讲了 220 篇左右。2012—2013 学年度，讲完了“礼”和“义”，现在正在讲“忠”。

有的甚至就是课本内容的拓展，这种喜悦就非同一般了，如在必修 5 中学过王勃的《滕王阁序》，其中有一句是“徐孺下陈蕃之榻”，在有关“礼”的故事中就有一则专门介绍徐孺子的文章：

徐穉(zhì，同“ 稚 1 ”)恭祭

徐穉恭让。下榻陈蕃。鸡酒祭奠。不敢惮(畏难；畏惧)烦。

【原文】

汉徐穉恭俭(1. 恭谨谦逊。2. 恭谨俭约)义让(基于大义的谦让)。所居(住在一起的)人服其德。太守陈蕃特设榻以礼(礼遇；厚待)之。去则悬其榻

焉。郭林宗母丧。穉致（送达）生刍（鲜草。《诗·小雅·白驹》：“生刍一束，其人如玉。”陈奂传疏：“刍所以萎白驹，托言礼所以养贤人。”鲜草可养白驹。后因用作礼贤敬贤之典）一束于其庐前而（连词，表修饰）去。林宗曰。必徐孺子（徐穉的字，可参看高中必修五《滕王阁序》中对“徐孺下陈蕃之榻”）也。诗云。生刍一束。其人如玉。吾无德以当（引申为匹配）之。穉前后为诸公所辟（bì）（征召；荐举。如《张衡传》：连辟公府，不久就）【“为所”表被动】。虽不就（指就职，就任）。及其死。必以只鸡絮酒（谓祭奠用酒）往奠。奠毕即还。不见丧主（丧事的主持人。旧丧礼以死者嫡长子为丧主；无嫡长子，则以嫡长孙充任。若当家无丧主，则依次以五服内亲、邻家、里尹来担任）。

语（俗话、谚语或古书中的话）云。礼义（同“ 礼仪 ”）生于富足。徐穉则（连词。表转折，犹却）贫而自食其力者也。尝事黄琼。琼没。穉无资（货物，钱）前往会葬（参加葬礼；会合送葬）。赍（jī）（ 携带）磨镜具（器物；用具）自随（跟随在自己身边；随身携带）。所在（所处或所到之地）取值。然后得前。何其（多么，何等。用于感叹句）深（深知；精通）于礼义耶。陈蕃特设榻待之。林宗言无德当之。盖皆中（指内心。《史记·乐书》：“情动于中，故形于声。”张守节 正义：“中犹心也。”）心悦（“心悦”与下文“诚服”连用）而诚服（真诚地佩服）矣。

由于《八德须知》是以德为经，以朝代为纬，类似于古代的类书，这便有了资料汇集的性质。这为学生在“八德”中的孝、悌、信、礼方面积累了不少的事例，为学生写议论文奠定了了良好的基础。学校决定将《八德须知》作为校本教材，我便在学校领导的指导下，将孝、悌、信和礼、义的故事编辑成册，以“沿着圣贤的足迹”为总标题，成为第一、二、三集。这样就给学生以后写有关孝悌信的议论文提供了翔实的材料。

就连我也深深地体会到解读文言文的质量、速度提高了、加快了，视野开阔了，于是忙碌的过程中充满了喜悦。并且在这个过程中有如下的感慨：

修“八德”，习古文，一举两得，文道互彰，这是德育、智育重新回归一统，机会难得，形式有效，而如今把原本一体的教育机械地割裂成好几块，设立好几个班子、好几套人马，事倍功半，不能说是明智。

“八德”是保障人类之舟可持续发展的八条桨，是惠及人类整体的生存智慧。学生学“八德”，就是在学生存。想活得好点吗？那就按照八德的要求做吧。

每个时代有每个时代的“八德”故事，每个地域有每个地域的“八德”故事，每个班级有每个班级的“八德”故事，号召学生“做八德行者，书八德故事”应该是刻不容缓、势在必行的事情。学生可以以自己写的白话作为基础，最后提炼成古文。可以想见，当一届届毕业生手捧着内含自己亲力亲为亲撰的《××届××班“八德”故事》拜别母校时，该是一个怎样动人的场面啊！特别是语文老师做班主任在这方面大有可为，艰难和乐趣共存。我将尝试。

“八德”故事尚未讲完，艰巨的任务在等着我。我责无旁贷，自当全力以赴。我坚信坚持做下去，学生会继续受益，自己也会继续受益，并且这益处都是终生的。

（在“2013年北京市中语会教学论文评比”中获得一等奖）

第三部分　现代文教学研究

一、强化主体意识，讲究阅读方略

随着北京市基础教育课程教材改革试验的深入，我们在阅读教学上进行了深入的探索。我们认为阅读教学要有质的飞跃，就必须强化主体意识，讲究阅读方略。

写作教学主要是向别人准确、精练、生动、形象地传达自己的内心世界，而阅读教学则主要是准确、深入地理解作者的内心世界，通过研读文本来提高认识、陶冶情操、升华人文素养。纵观近年来中学阅读教学的现状，阅读能力的培养和提高一直是一个热门话题。新方法、新途径层出不穷，但人们在学习和借鉴这些阅读教学方法的过程中发现效果并不理想，主要问题在于忽视了激发和调动学生的阅读主体意识，没有针对学生的阅读实际施以正确的、适当的阅读方略。要提高阅读教学的效率就必须在强化学生的主体地位和讲究学生的阅读方略上下功夫。

在实际教学中，有的课堂表面很花哨、很热闹，比如老师或者没有根据学生的实际、阅读的方略而是以自己的理解、教参的“标准”来设计自以为是的题目牵着学生团团转，以入我彀中；或者怕耽误时间、怕收不拢课堂而只是把讨论作为重视学生主体地位的表面形式，草草收兵，最后只能或者是曲高和寡或者是唯我独尊，学生仍处在被动阅读的状态中。如此，学生哪里有兴趣可言？哪里有动力可言？哪里有能力可言？哪里有创造的喜悦可言？要真正强化学生的阅读主体意识，教师就要有所不为有所为。有所不为，指的是教师不把学生仅仅作为自己完成教学任务的配合者，不强迫学生接受或认同教参上或自己的结论性观点，不人为地设置一些束缚学生思想的条条框框。从突出学生阅读主体地位的角度看，这些不为恰恰是有为之举。因为一旦学生的主体意识得到强化，就会产生内在驱动，尽情徜徉于文章建构的一方天地，或探幽发微或掘取智慧或陶冶情感，智慧的火花、创造的灵光必然闪现，这不正是阅读习惯教学追求的理想效果吗？所谓有所为，是指教师要适时地引导学生掌握阅读方略，即教师要在培养阅读习惯、激发阅读兴趣、掌握阅读规律和解读方略、开阔阅读视野上下功夫，同时还要针对每一个阅读个体的能力水平，适时加以引导和点拨，而这首先应将以上五方面要求落实在阅读教学的常规中。

（一）培养阅读习惯

一种好的学习习惯往往使人受益终身，阅读习惯也是如此。许多专家学者谈到读书体会，都强调了读书习惯和方法的重要性。有人主张不翻词典不读书，不动笔墨不读书，还有人强调读书时要心到、眼到、口到。凡属好的读书习惯和方法都应为阅读教学所借鉴。

在授新课前要求学生先自学课文，独立阅读，发现问题。学生初步自学课文时要求做到三看一查一提问。三看就是看课文、看注释、看课文后编者设计的思考与练习；一查就是查工具书，学文言文时主要查《古汉语常用字字典》，学现代文时主要查《现代汉语词典》；一提问就是指提出自己阅读时不清楚的、有疑问的、不会解答的问题。学生并不是一开始就会提问题，尤其是有质量的问题。开始学生生疑往往只在时代背景、作者情况、这个词什么意思、那个句子怎么翻译等方面，教师要指导他们深入篇章之中，把文章前前后后、段落与段落之间联系起来思考。当他们生疑有所进步时，教师再开拓他们的思路，要求他们把阅读的课文与以前学过的课文、课外阅读，与自己的生活经验联系起来思考。这样步步引导，持之以恒地培养，对学生提出的有质量的问题加以鼓励、表扬，或者组织学生讨论，学生发现问题的积极性就能增强，发现问题的能力也会大大提高。开始时，教师可提些思考性的问题加以启发。

读课文尤其是读文言文时要充分利用早自习甚至不惜利用课上时间要求读准确（包括字音、句读），读熟练，读出轻重缓急，读出情感气势；在读中理解，在理解中读。要读好课文，老师首先要教育学生，让他们认识到语文知识从文章中获得，知识要较快地领悟、较多地积累、较深地记牢，必须靠熟读以至成诵。熟读成诵是掌握语言的不二法门，现代文也不例外。其次，要给学生做好示范：流畅自然，声情并茂，激昂处读出激昂，哀婉处读出哀婉，喜悦处读出喜悦。

良好习惯的培养是一个渐进的过程，必须常抓不懈，每个环节都要落实。刚开始切忌粗放，宁慢勿快，欲速则不达。只有认真去实践，才可以熟能生巧，获得真正意义上的效益。

（二）激发阅读兴趣

兴趣往往是学习的先导，有兴趣就会入迷，就能钻进去，学习就会有成效。语文教学要着力培养学生学习语文的兴趣。培养兴趣绝不是架空地强调语文重要，空道理要少讲，因为空道理是苍白无力的。根本在于抓住学生的心理，利用知识本身的力量，激发他们对知识的渴望，让他们由于认识了以前未知的东西、学会新的有效的阅读方法而感到高兴与满足。要如此，阅读的角度须多变，知识上或加深，或扩展，或延伸，能力上要根据阅读的规律进行训练使之更扎实、更有效，语言上要引导学生咀嚼、推敲以明义、激情、悟理，教学语言力争准确、清晰、鲜明、生动、形象，以“吸引和保持”学生的注意力。

（三）掌握阅读规律

强化学生阅读主体意识，必须让学生自己去读懂文章。阅读是一种复杂的心智活动过程，从认读文字开始，到对思想内容的理解，须臾离不开思考。如何思考才能正确有效呢？这就需要掌握阅读的规律。

目的不同，阅读方式也不一样。有为一般了解而进行的浏览，有为研究某个专题而进行的检索查阅，有为评价鉴赏而进行的比较，有为“六经注我”而进行的阐释，等等。而为了培养高中学生阅读基本能力所应着力去抓的，我们以为主要是“精读”，这个基本能力得过硬。如此，浏览、研究和发明创造的水平才能真正提高。

精读作为一种能力系统，它有认读—解读—赏读这三个层级要求。认读属于阅读能力的初级层次，也是最基础的要求，任务是确认字词、提出疑问，特别是学生的质疑为解读布置了任务、提供了方向；解读，是对文章内容的全面理解和深刻把握；赏读，是完成认读、解读后的深化、升华，是对表达技巧、表达效果的思索，是较高语文能力的体现。作品中说的是什么和作品中是怎么说的、说的怎么样，这是阅读中经常需要思考的问题。前者是对文章内容的把握，这是认读和解读过程中需要解决的问题；后者是对表达技巧、表达效果的思考，是赏读需要解决的问题。赏读的主体是学生，赏读的客体是文学作品。赏读过程是主体充分发挥主观能动性，面对艺术形象，凭借生活经验、思想水平和文化修养构成的文化素质去思维、判断、理解、联想，并且把自己的审美体验与感受转化为语言文字的过程。因此，赏读既是一种形象思维过程，又是一种逻辑思维过程。赏读什么？内容与形式。内容包括主题、形象、情节；形式简化为语言与章法(结构)。必须让学生明白，内容与形式是辩证统一的，内容决定形式，形式为内容服务，优秀的文学作品是内容与形式的完美统一。至于如何赏读以后将专门介绍。其中，解读是高中生精读的关键。

(四)掌握解读方略

解读的障碍一般来说就是一句话或几句话、一段或几段。解读文章要注意宏观把握、微观解读。这两者是互动的，宏观把握得越好，微观解读就可以越准确；微观解读得越准确，宏观把握就越准确。宏观把握、微观解读的方法可归纳为“诸因互解律”。解读文章，一是注意文内诸要素间的联系，二是注意文章与文外诸要素间的联系。文内诸要素之间有一种互相制约又互相阐释的关系，在阅读中自觉地利用这种联系，就是“以文解文“的思路。与文章理解相关的文外因素主要有时代背景、作者状况、人情事理。具体来说：

1. 揣摩语言，以文解文

第一个“文”指的是文中的语言，第二个“文”既指微观阅读中需要解决的障碍，又指宏观上需要把握的文章体裁、话题范围、主题宗旨、思路结构等。揣摩语言，以文解文，就是通过揣摩语言具体地把握局部与整体、局部与局部、上文与下文的有机联系。这是解文的主要方法，特别是在高考中大多数文章都没有背景材料，这种解文方法更应提倡。揣摩语言，揣摩哪些语言呢？一者题目，二者关键语句，即能显示全文或段落层次中心的语句，三者文中反复出现的语句或结构，四者代词、关联词，五者表示修饰限制成分的形容词、副词。

2. 背景参与，以事解文

背景，即知人论世，包括作者的人生经历、性情志趣、思想感情和当时的社会大环境。“背景”是大语境，是理解文章的重要依据。读一篇文章，要把它(或其中涉及的某些内容)放到一定的背景中去理解，这是一种重要的意识，是为“以事解文”。背景材料，有的在文章中提供一些，透露一些，阅读时切切不可忽略过去；有的文章中不含有背景因素，全靠读者凭自己的知识去解决。我们在教学中一定要加强这方面的指导、渗透。

3. 揆情度理，以理解文

任何一篇文章的具体内容，总不能违背正常的人情和客观的事理，因而把人情事理作为理解具体文章的一个参照因素，也是一条重要思路，谓之“以理解文”。

4. 把握基调，以情解文

许多文章，特别是文学作品，都有一个情感基调，有的热烈奔放，有的抑郁低沉，有的明快亮丽，有的暗淡凄清，等等。而基调又和作者当时的处境与心情紧密相联，因此整体的情感基调把握住了，对局部的情感倾向才能做出准确的分析。

（五）开阔阅读视野

这体现在两方面，一是督促学生积累知识特别是文言文知识，以巩固知识，丰富知识，提高能力(能力就是迁移，就是把握知识间的联系)，不引导、帮助学生积累知识贻害无穷；二是引导学生多读好书，以掌握解读技巧，提高人文素养。如此学生兴趣必更浓，阅读主体意识必增强。

强调学生的阅读主体地位，目的是把读书的权利还给学生，让学生在阅读中培养良好的习惯，激发学生的阅读兴趣，引导学生掌握阅读规律、解读方略，开阔学生的阅读视野。如果学生的阅读主体意识得到强化，教师的阅读方法引导有方，阅读教学必然会摆脱困境，从而步入高效的理想境界。

（发表于《丰台教育》2005 年第 2 期）

二、诸因互解——解读文章的有效方法

语文教学中，主体是阅读教学，这是事实；根本是阅读能力，这已成共识。长期以来，语文教学的一个重大失误是阅读能力训练不落实：或者不谙文章阅读的规律，不能给予学生阅读方法上的具体、精要、好用的指导，不管课文的性质如何，都要讲中心、结构、写法、语言或者不顾学生的阅读情况，按部就班，务求全面，不管是哪个年级，都要正音正字、介绍背景、范读课文、串讲内容、分析语言、划分层次、归纳中心、介绍写作特点。针对这些情况，在教学实践中，我们借鉴王俊鸣老师的“诸因互解律”，潜心研究

阅读文章的方法，根据学生的认知规律，归纳出阅读能力的三个层次：认读、解读和赏读。认读是在整体感知、熟读课文基础上的确认字词、提出疑问，特别是学生的质疑为解读布置了任务，提供了方向；解读，是认读层次的深化，是对文章内容的准确把握和理解；赏读，是完成认读、解读后的深化、升华。其中，解读是关键。

解读文章，一是注意文内诸要素间的联系，二是注意文章与文外诸要素间的联系。文内诸要素之间有一种互相制约又互相阐释的关系，在阅读中自觉地利用这种联系，就是“以文解文“的思路。与文章理解相关的文外因素主要有时代背景、作者状况、人情事理。下面根据教学实际予以说明。

(一)揣摩语言，以文解文

以文解文，就是通过揣摩语言具体地把握上文与下文、局部与局部、局部与整体的有机联系。这是解文的主要方法，特别是在高考中大多数文章都没有背景材料，这种解文方法更应提倡。揣摩语言，主要揣摩哪些语言？一是代词、关联词，二是关键语句。所谓关键语句指能显示全文或段落层次中心的词语。下面我们分别举一个例子。

关于《在马克思墓前的讲话》第二部分(第 2—8 段)的思路，我们就是通过引导学生抓关联词、代词而理清的：学生通过抓段首语“他作为科学家就是这样”(第 6 段)“一生中能有这样两个发现，该是很够了”(第 5 段)“不仅如此”(第 4 段)中的“这样”“两个发现”“如此”等代词，发现第 3、4、5 段表现的是作为科学家的马克思；学生通过抓段首句“因为马克思首先是一位革命家”(第 7 段)“正因为这样，所以马克思是当代最遭忌恨和最受诬蔑的人”(第 8 段)中的“因为”“正因为这样”等关联词、代词可以确定第 7、8 两段表现的是作为革命家的马克思；通过抓“他作为科学家就是这样，但是这在他身上远不是主要的”和段内对它的阐释句“而当他看到那种对工业、对一般历史发展立即产生革命性影响的时候，他的喜悦就非同一般了”、段外对它的呼应句“因为马克思首先是一个革命家”，可以确定有争议的第 6 段表现的是作为革命家的马克思；通过抓“因为马克思首先是一个革命家”回答了第 2 段“对于欧美战斗的无产阶级”置于“对于历史科学”前面的原因。

再看一个揣摩关键语句的例子。《世间最美的坟墓》是一篇平淡其外激情其中的散文，其中“最美”是关键词。若问“最美”是什么意思，学生们大多知道：坟墓的“朴素”与伟人的英名不相称，在对比中显示了一种不同寻常的精神力量，这种精神力量最美。若再问：文章是如何表现“最美”的？学生大多茫然，这就需要引导学生以文解文了。全文共两段，每段集中表现“最美”的句子学生大多能找到：第1段是“我在俄国所见到的景物再也没有比列夫·托尔斯泰墓更宏伟、更感人的了”，即列夫·托尔斯泰墓是作者在俄国所见到的景色中“最宏伟、最感人”的了。第2段是“他（托尔斯泰）的墓成了世界上最美的、给人印象最深刻的、最感人的坟墓”。这两句比较的范围不同，而论述的目的是一致的：赞颂托尔斯泰墓。这两句比较概括，具体应怎样理解？在各自段落中的位置如何？这就需要进一步引导学生以文解文。

先看第1段。托尔斯泰墓何以是“最宏伟”的？托尔斯泰墓“这将被后代怀着敬仰之情来朝拜的圣地”，本来可以修建得宏伟壮丽，然而，“这只是一个长方形的土堆而已”“远离尘嚣孤零零地躺在树荫里”“无人守护，无人管理，只有几株大树荫庇”，伟人坟墓的形态、环境如此朴素怎能不使“我”感到更宏伟？托尔斯泰墓何以是“最感人”的？在追述树的来历中，托尔斯泰埋骨树下的朴素愿望，这“新的更美好的启示”岂不“最感人”？则这墓地的形态、环境岂不“最美”？因此本段的第一句是中心句，“最宏伟”是“我”对墓地的形态、环境的感觉，“最感人”是墓地的形态、环境对“我”的影响。

再看第2段。托尔斯泰墓何以是世界上“最美的”？“最美”体现在坟墓那“无名”的朴素：“它只是树林中一个小小的长方形土丘，上面开满鲜花”，坟墓是树林的一部分，并且是树林土丘中“小小”的那一个，真乃渺沧海之一粟；“没有十字架，没有墓碑，没有墓志铭，连托尔斯泰这个名字也没有”“就像偶尔被发现的流浪汉，不为人知的士兵一般不留名姓地被人埋葬了”。托尔斯泰墓何以是世上“给人印象最深”的？这体现在“逼人的朴素禁锢住任何一种观赏的闲情，并且不容许大声说话”，和“通常，人们总是怀着好奇，去破坏伟人墓地的宁静”形成鲜明的对比。托尔斯泰墓何以是世上“最感人”的？这体现在“无论你在夏天或冬天经过这儿，你都想象不到，这个小小的、隆起的长方形包容着当代最伟大人物当中的一个。然而，恰恰是不留姓名，比所有挖空心思置办的大理石和奢华装饰更扣人心弦”，体现在“人们重新感到，这个世界上再也没有比这最后留下的、纪念碑式的朴素更打动人心的。……墓穴，……灵寝，……石棺，看上去都不像树林中的这个……感人至深的无名墓冢那样能剧烈震撼每一个人内心深藏着的感情”。因此“他的坟墓成了世间最美的、给人印象最深刻的、最感人的坟墓”是本段中心句。其中，“最美”是人们对无名墓冢的感觉，“给人印象最深刻”“最感人”是无名墓冢给人们的影响。

在此基础上，引导学生总结“最美”的内涵。“最美”包括两个方面的内容：一是人们对墓地的感觉最美，二是墓地对人们的影响最深，后者是主要的。前者体现在“我”觉得墓地形态、环境的朴素在俄国所见到的景物中是最宏伟的，世人认为墓地那无名的朴素是最美的。后者体现在墓地那形态、环境的朴素比“我”在俄国所见到的其他景物“更感人”，墓地那“无名”的朴素“给人印象最深刻”“最感人”。

(二)背景参与，以事解文

背景，包括作者的人生经历、性情志趣、思想感情和当时的社会大环境。“背景”是大语境，是理解文章的重要依据。读一篇文章，要把它(或其中涉及的某些内容)放到一定的背景中去理解，这是一种重要的意识，是为“以事解文”。背景材料，有的在文章中提供一些，透露一些，阅读时切切不可忽略过去；有的文章中不含有背景因素，全靠读者凭自己的知识去解决。我们在教学中一定要加强这方面的指导、渗透。如学完了《游褒禅山记》和《石钟山记》后，学生们感到这两篇山水游记虽然均出自大家之手，但就其艺术风格和情趣意旨而言却迥然不同，力图深思慎取、明辨所以，我们就需要引导他们对其文其人做一番深入的考究了。

《游褒禅山记》虽为记游散文，却处处充满哲思理趣。作者在游山途中，从“有碑仆道，其文漫灭”，推及“古书之不存，后世之谬其传而莫能名者”“此所以学者不可以不深思而慎取之也”，由此，表达了作者“治学”的观点和态度。从游华山洞，作者体悟到“……非常之观常在于险远”，游者不仅要“有志与力，而又不随以怠”，还需有外物相之，“尽吾志也而不能至者，可以无悔矣”。这哪里是在谈游览景物的体会，分明是表露“用世”的观点和态度。需要注意的是，我们从文章中提炼概括出的见解，还必须借助背景材料的参与，才能验证其可靠性。《游褒禅山记》的作者王安石是北宋时期杰出的政治家、文学家。《游褒禅山记》写于宋仁宗至和元年(1054)，时年作者 34 岁，在舒州(安徽潜山)任职，虽然这一年距离他上万言书、出相、推行新政还有 15 年，但王安石素有为文立言、济世经国之大志，即使游山玩水，亦非纵情忘我，目之所遇、心之所想、文之所现无不传递出作者“治学”“用世”的心志。

苏轼的《石钟山记》也是记游散文，也有理趣，但更多的是情趣。作者巧设疑点，从考辨石钟山得名的原因入手，“以小舟夜泊绝壁之下”进行实地考察，写景状物传神逼真，自然界的声、光、色、形融于笔端，而作者置其身于景物之中，使情趣神韵盎然纸上，至于因事见理，借景议理，仅以“事不目见耳闻，而臆断其有无，可乎?”一笔带过。这就是苏东坡的艺术风格。《石钟山记》写于元丰七年(1084 年)，苏轼总算熬过了四年多谪居黄州的苦难岁月，命运刚刚有了转机。可是我们看不出他有多少变化，还是先前熟悉的那个苏轼。苏轼本为性情中人，他才情超拔，但政治上比较幼稚，仕途坎坷，累累受挫，“乌台诗案”险些丢了性命。所幸的是苏轼超脱达观，兼有佛学禅宗作为精神避难所，于是他渐喜于不为世人所知，寄情于山水，超然于尘世，活得倒也洒脱自然，虽然有时也流露出一些感时伤怀的哀叹，但转瞬即逝，依然保持着乐观、潇洒、随性的本色。我们从他对石钟山得名的考辨以及对长子苏迈的教诲这些文字中可以体悟到苏轼“恃才傲物，放达旷远”的性情和意趣。文如其人在这里得到了充分的印证。

(三)揆情度理，以理解文

任何一篇文章的具体内容，总不能违背正常的人情和客观的事理，因而把人情事理作为理解具体文章的一个参照因素，也是一条重要思路，谓之“以理解文”。台湾作家李乐薇的《我的空中楼阁》是一篇别致精美的写景散文，学生阅读时表现出浓厚的兴趣，朗读课文声情并茂，品味语言入情入理，讨论写景手法头头是道，然而当涉及文章的主题和立意，涉及托物言志、借景抒情，学生会立刻提问作者所托之物(山居小屋)、所借之景(小屋周围的自然环境)是真实存在还是凭空虚构的呢？李乐薇的小屋的确是建在山脊上的吗？对此人教版第三册教参是这样说的：“标题‘我的空中楼阁’一语双关，既指作者心爱的小屋建于山上，犹如耸入云天的楼阁，又指幻景中的楼阁，理想中的远离喧嚣、恬静安宁的生活环境。”对此我们用“以理解文”的方法启发学生学习就可以豁然开朗：从现代人对居住环境的要求来看，即使李乐薇向往“独立的、安静的”生活，他也不会在山脊上建一所孤零零的小屋，因为这太脱离现实。其一，山路崎岖，交通不便，倘若把走小路作为偶尔为之的休闲健身运动也许会有雀跃般的心情，如果把家安在山顶上，每天还得上班做事，恐怕爬坡越岭就不那么轻松快乐了。其二，小屋建在山顶上必然存在着供电供水及运输等问题。柴米油盐酱醋茶，这些事说起来有点婆婆妈妈，但居家过日子是无法回避的，现实生活中确实有人在远离闹市的乡间海边购置别墅，但他们在享受自然环境带给的宁静幽雅的同时，并不拒绝科技发展、物质文明的种种实惠和便捷。

(四)把握基调，以情解文

许多文章，特别是文学作品，都有一个情感基调，有的热烈奔放，有的抑郁低沉，有的明快亮丽，有的暗淡凄清，等等。而基调又和作者当时的处境与心情紧密相联，因此整体的情感基调把握住了，对局部的情感倾向才能做出准确的分析。譬如《荷塘月色》一文，学生已了解了“这几天心里颇不宁静”的原因，但对两个“忽然”(“忽然想起日日走过的荷塘”和“忽然想起采莲的事情来了”)和一个“到底”(“这令我到底惦着江南了”)不理解。要让学生理解，就必须引导学生把握文章的情感基调：灵魂的挣扎(不是常说的“淡淡的喜悦和淡淡的哀愁”)，要把握住文章的情感基调，就必须引导学生品味文章中的转折词：

为了平息“颇不宁静”的心境，作者“忽然想起日日走过的”没什么稀奇之处的荷塘，想发现它的“另有一番样子”，以创造一个宁静的精神家园。

去往荷塘的小煤屑路，“白天也少有人走，夜晚更加寂寞”“没有月光的晚上”“阴森森的，有些怕人”，“虽然”有月光，却是“淡淡的”，并不能减轻路上的寂寞，并不能根除路上的阴森森的气势(由后文“峭棱棱如鬼一般”可知)作者眼中却自出西施，用“却”转折道：“今晚却很好”，这主要是因为可以暂时做个“自由的人”。如何使自己排除不宁静享受自由呢?

作者先给我们描绘了一幅清新、美丽的“荷塘月色图”。细细品味一下其中的转折词，便可发现作者对美的苦苦追寻、努力发现和苦心营造、用心描摹。

先看月光下的荷塘。作者继描写了田田的荷叶、朵朵的荷花和缕缕的荷香这些可见可感可闻的景物之后，又描写了叶子底下“脉脉的流水，遮住了，不能见一些颜色”，大有“盈盈一水间，脉脉不得语”的遗憾，岂不闻“失之东榆，收之桑榆”? 作者通过转折词“而”“却”转而赞美叶子“而叶子却更见风致了”，弥补了这个缺憾。

再看荷塘上的月色。先看月光，作者将月光朗照比喻为“固不可少的酣眠”，充分肯定其重要性，可现在“天上却有一层淡淡的云，所以不能朗照”，怎么办? 作者“此情只应心中有”地用“但”转折道：“但我以为这恰是到了好处”“小睡也别有风味的”，赞赏之意、自得之情溢于字里行间。再看月影，“月光是隔了树照过来的，高处丛生的灌木，落下的差参的班驳的黑影”本没有什么美感可言，“峭棱棱如鬼一般”更令人毛骨悚然，很明显由此可知作者心境又不宁静了，然而莠草之所以为莠草，乃是由于其优点还没有被发现，于“众里寻她千百度”之后，作者发现了“弯弯的杨柳的稀疏的倩影却又像画在荷叶上”，经过“却”的转折，月影在荷叶上的美就逼真地表现出来了。最后看由月光和月影组成的月色，“塘中的月色并不均匀”，作者却能于“不均匀”中发现“但光与影有着和谐的旋律，如梵婀玲上奏着的名曲”，经过“但”的转折，月色的悠扬、悠美将读者带入了一种温馨、幽雅的氛围，给人以无尽的联想和想象。

最后看荷塘四周的月色。“树色一例是阴阴的，乍看像一团烟雾”，可见作者心情的忧郁与压抑，作者以诗人特有的敏感发现了美；“但杨柳的丰姿便在烟雾里也辨得出”，通过“但”的转折，压抑得以缓解，忧郁得以驱散许多。尽管“这时候最热闹的，要数树上的蝉声与水里的蛙声”，大有“蝉噪林逾静，鸟鸣山更幽”之妙，然而不平静又袭来：“但热闹是他们的，我什么也没有”。作者通过荷塘月色营造精神家园的努力，经过“但”的转折，无可奈何地宣告失败。

对此，作者并不气馁，“忽然想起采莲的事情来了”，又描绘了一幅“江南采莲图”。作者先极力渲染六朝时采莲的有趣：热闹而又风流，通过这样“回到古代去”的联想可以稍微慰藉一下“热闹是他们的，我什么也没有”的情绪。

而带来的无限惆怅，然而古今相差何止十万八千里，作者转而惋惜道：“可惜我们早已无福消受了。”心境依旧不平静；作者锲而不舍，由眼前的一塘莲花，“又记起《西洲曲》里的句子”，初秋时莲花莲叶掩映中的清绝幽绝的境界，女子对情郎的性情清如秋水的挚爱(莲子，谐言“怜子”，即“爱你”)，怎能不撩起作者相思的幽情？然而这里虽有“过人头”的莲花，“只不见一些流水的影子是不行的”，黯然的心境通过“只”的转折表现了出来。

几度不宁静，几番苦挣扎，本不想挂念使自己心境不宁静的发生在江南的“四·一二”反革命政变，“这令我到底惦着江南了”，终究无法忘怀，作者的心境复归于不平静了。

综上所述，为了构筑精神家园，平息现实世界的不宁静，作者多次使用转折词从平凡的世界中不断地发现美、创造美：无论是“忽然想起日日走过的荷塘”，还是“忽然想起采莲的事情来了”；无论是对小煤屑路的自我感觉良好，还是对荷塘月色的诗意描绘；无论是想起了六朝采莲时那“热闹的光景”，还是“又记起《西洲曲》里的句子”。正是从现实与理想的对立、纠缠中，我们窥视到了作者灵魂挣扎的凄苦，由此可进一步了解社会大动荡时期朱自清这一代自由主义知识分子内心深处的矛盾与冲突。

（发表于《朝阳教育研究》2003 年第 2 期）

三、揣摩语言，以文解文

以文解文，第一个“文”指的是文中的语言，第二个“文”既指微观阅读中需要解决的障碍，又指宏观上需要把握的文章体裁、话题范围、主题宗旨、思路结构等。揣摩语言，以文解文，就是通过揣摩语言具体地把握上文与下文、局部与局部、局部与整体的有机联系。这是解文的主要方法，特别是在高考中大多数文章都没有背景材料，这种解文方法更应提倡。揣摩语言，主要揣摩哪些语言？一是揣摩重点词、重点句，主要是反映事物发展、变化（特别是对立、存亡）以及表明作者赞成或反对的动词和反映事物性状、范围、情态、程度以及具有强烈感情色彩的形容词、副词；二是揣摩关键词和关键句，所谓关键语句指能显示全文或段落层次中心的词语和反映认识事物间逻辑联系、体现着作者价值取向的关联词句。下面以《鸟的心情》为例予以说明。请看原文：

1. 鸟的心情

即使这个世界有了飞机，我总是还羡慕着鸟。

尤其当我在烈日下赶路，一只鸟突然啾啾地飞过，一晃眼就到了我要去的山上。那只鸟也许早上还在田野上觅食，午后，它已经飞过好几个市镇。飞机比起鸟来是笨笨的，因为即使我有了飞机，也不能看到一片芦苇美丽就随兴飞入。

但这世界上只要有鸟笼，有遛鸟的人，我就知道我并不真的想做一只鸟，只想有鸟的心情罢了。

先粗读文章。题目《鸟的心情》不可不审。题目往往是文章的点睛之处，或点明中心，或明确范围，或提出话题，或引发读者思考，养成揣摩题目的习惯，对理清文章思路很有帮助：鸟儿有心情吗？为什么想有鸟的心情？如果有，鸟的心情是什么？正文共三段。第一段只有一句话，将鸟和飞机比较，“我总是还羡慕着鸟”。第二段共三句：副词“尤其”提出更进一步的条件，领起两句，强化“我”羡慕鸟，第三句照应第一段，解释鸟与飞机相比的优越之处。可见前两段的关键句为第一段。第三段也只有一句，以转折连词“但”领起，表明“我”“只想有鸟的心情”显示了文章的重心所在，回归题目。粗读之后掩卷而思之：“鸟的心情”到底是什么？从文章中找答案表明心情的只有“随兴”一词，不过这全不全还得细细揣摩之后才能有定论。

由此观之，揣摩关联词“即使……还……”“但”，副词“尤其”就很清楚地抓住了文章的两重意思，第一段、第三段即文章的关键句。

再细品文章，解读这两个关键句。

先看第一段。第一段是个假设让步复句，以“即使……还……”将“飞机”和“鸟”并举，前者为宾，后者为主，强调“我”总是“羡慕着鸟”。动词“羡慕”表达了作者的向往之意，副词“总是”强调了神往之久。我们读至此便会有疑问：鸟有什么长处能让“我”“总是羡慕着鸟”？而且又独句成段，更强烈地传达出了作者对鸟的深深向往，更强化了读者的这种疑问。

因此我们须继续品读第二段。“尤其”领起“我”“羡慕着鸟”的条件：当我在烈日下赶路。路要“赶”，由此动词可以体会“我”急切的心情；赶路，是“在烈日下”，可以想见“我”饥渴难耐，身心俱疲，此时“我”多么希望能赶得快、赶得远，这样“我”才称心如意。这时，我注意到了“一只鸟突然啾啾地飞过，一晃眼就到了我要去的山上”，“突然”，来得迅速而又出乎意料，“一晃眼”极言时间之短、速度之快，而它到的山偏偏又是“我要去的”，此时身心备受煎熬的“我”多么羡慕鸟飞得快呀，羡慕着小鸟飞得多么随心呀！作者由此联想揣测到“那只鸟也许早上还在田野上觅食，午后，它已经飞过了好几个市镇”。从“早上”到“午后”时间可谓短矣，由“田野”飞越“好几个市镇”飞得可谓远矣，对于长途跋涉“赶路”的“我”来说，鸟飞得多么随意呀！“尤其”所领起的内容照应第一段的“主”，接着作者又照应第一段的“宾”，判断“飞机比起鸟来是笨笨的”，即鸟比飞机飞得巧，因为作者羡慕小鸟看到一片芦苇美丽时可以随兴地飞入。

综合上述，可知“我”之所以“总是羡慕着鸟”，乃是作者从鸟飞得快、远、巧中体会出鸟心灵的自由，即羡慕鸟心灵的自由、行动的自由。

第三段作者在什么条件下“就”“只想有鸟的心情罢了”？“只要这世界上有鸟笼，有遛鸟的人”，即只要失去了行动的自由。“鸟的心情”则很明显是心灵的自由。由此可见认为“鸟的心情”是“随兴”虽正确，却不全面。

回顾解文的过程，我们首先揣摩关联词“即使……还……”“但”和副词“尤其”拎出了本文的关键语句第一段和第三段，为了解读这两个关键语句，我们揣摩副词“总是”“尤其”“突然”“一晃眼”“已经”“随兴”，动词“羡慕”“赶”，形容词“好几个”“笨笨的”，等等，中心一目了然。

请认真阅读《纸菊花的心情》，运用“揣摩语言，以文解文”完成下面的题目。

2. 纸菊花的心情

有一次看到一朵纸做的菊花，手工精巧，真是像真的一样，甚至连用手触摸，都感觉那是一朵真的菊花，这对像我这样痛恨假花的人真是一大考验了。

我站着，凝视那朵菊花，寻找自己痛恨的原因，“假”的本身并不是令我痛恨的唯一原因，因为倘若像面前的纸菊花，它和真的一模一样，还有什么可以痛恨呢？

那么，究竟我为什么痛恨假花？

一个原因是，假花是没有心情的，它不能知道春夏秋冬的变迁，它也不能与蜂蝶对语，它不能反映土地或者时空的变化。

另一个原因是，假花没有旅程，它不能含苞，不能开放，不能凋零，不能与人和天地一样走一条兴谢的道路。

从那一朵纸菊花离开的时候，我知道了，人的失败、凋零、憔悴，在某一层次上是值得感恩的。

[请问]

(1)“这对像我这样痛恨假花的人真是一大考验了”中的考验指什么？

(2)文中讲我痛恨纸菊花的原因有二，它没有心情，没有旅程，表达了作者怎样的思想观点？

(3)找出对“人的失败、凋零、憔悴，在某一层次上是值得感恩的”理解不恰当的一项。

A. 没有奋斗，没有追求，怎么会有失败？而失败是成功之母。

B. 花儿总是有开有落的，开放时向人们奉献着美，凋零时无怨无悔，落红不是无情物，化作春泥更护花。

C. 为事业、为工作孜孜不倦，衣带渐宽终不悔，为伊消得人憔悴。

D. 人活着必然面临失败、凋零、憔悴，但毕竟是好死不如赖活着。

[解读指要]

《纸菊花的心情》和《鸟的心情》都是说心情的，只是前者比后者内涵更丰富，语言揣摩点更确切。如何解读呢？

首先要宏观把握。

心情为人所独有，纸菊花本没心情，题目却为“纸菊花的心情”，颇为耐人寻味。

全文有两条线：

叙事线：看到(纸菊花)⟶凝视(纸菊花)⟶离开(纸菊花)

情感线：考验⟶寻找(痛恨假花的原因)⟶知道

痛恨假花的原因
- 直接原因：外在的不真
- 根本原因：(由副词“究竟”可知)
  - 假花没有心情
  - 假花没有旅程

由情感线索可知，文章借花论人，叙花即叙人，议花即议人，乃托物言志之作。再反观题目，题目既点出了作者痛恨纸菊花的一个根本原因，又暗示了本文的写作手法。

本文的思考题就是按照情感线索设计的，为微观解读。回答问题时须依据叙事线索确定答案区间，根据托物言志的手法更准确地挖掘答案。解读如下：

(1)题的答案区间主要在第一段，第二段也有一些。“面前的纸菊花，它和真的一模一样，”没有“什么可以痛恨”的，而“我”偏要痛恨假花，所以“考验”指辨别纸菊花真假的能力，联系托物言志的手法，假花关作者什么事？作者偏要痛恨它，醉翁之意不在酒，这说明作者真正痛恨的是生活中假的东西。因此答案可进一步概括为：辨别生活中真伪的能力。

(2)先看“我”痛恨假花没有心情。所谓“没有心情”指它不能“知道”“反映”外界的变化，也不能和外界“对语”，联系托物言志的手法，“外界”指生活。所以“我”痛恨假花没有心情，表达了作者礼赞生活的思想观点。

再看“我”痛恨假花没有旅程。所谓“没有旅程”指假花不能“兴谢”，具体地说不能“含苞”“开放”“凋零”，即没有生命的过程。所以“我”痛恨假花没有旅程，表达了作者热爱生命的思想观点。

所以答案可概括为：礼赞生活、热爱生命。

(3)D项前半句失之于武断，后半句感情色彩反了。A、B、C、三个选项分别是对“失败”“凋零”“憔悴”的合理阐释。

解读此篇文章，揣摩的主要是动词、副词。

综上所述，“揣摩语言、以文解文”，要遵循着这样的思维过程：宏观把握、微观解读。无论是宏观把握还是微观解读，都要重点揣摩动词、副词、形容词、关联词。长期坚持，养成“揣摩语言、以文解文”的习惯，现代文阅读能力必然会稳步提高。

(发表于《丰台教育》2005年第3期)

四、背景参与，以事解文

以“事”解文中的“事”就是与理解语句相关的种种背景，即知人论世。以读文章而论，文章与作者是相联系的，要论文必先知人。人与时代是相联系的，要知其人，又要知其世，包括社会的、政治的、经济的、文化的诸种因素。

理解文章需要这样的背景。文章本身又常常没有提供这样的事实，所以，要么在文章之外提供若干参考的资料，要么靠自己去查书、去问人，要么从自己积累的知识中去提取。文章有时提供了较完整的背景，有时只是提供一些蛛丝马迹，阅读时须敏感。下面略举几例予以说明。

《祝福》第一部分贯穿其中的是作者三次说“我”明天要走了，原因在文中说得很清楚，各不相同：当“我”在旧历年底回到鲁镇、拜过四叔、看过本家和朋友、回到四叔书房之后说“无论如何，我明天决计要走了”，其原因是辛亥革命后农村风俗习惯依旧、封建迷信依旧、封建礼教依旧、思想保守依旧；当我在镇东头河边被祥林嫂考问是否有“魂灵”后，“无论如何，我明天决计要走了”，原因是“我”这个小知识分子对自己的回答可能导致祥林嫂死亡感到强烈不安，表现了小知识分子的良知和软弱；祥林嫂死后，“我”明天要离开鲁镇，因为对于寡妇祥林嫂死于年底，四叔肆无忌惮地辱骂、短工漠不关心地回答，让“我”感到悲凉之雾，弥漫天空。这三个原因综合起来，完整而深刻地揭示了辛亥革命后中国农村的现实。

背景有时文章本身没有，但注解中却很完整，学习时须注意。如闻一多的《死水》，通篇只是对那一沟死水，或反面嘲讽或正面揭露，或总或分，或静或动，可谓淋漓尽致、入木三分，可这“死水”象征着什么？课文注解说得很清楚。

更多时候，课文、注解中透露的背景并不是很多，我们须敏感地捕捉。如鲁迅先生的《药》，所写事件发生在什么时期？当时社会状况如何？第一部分华老栓去取药，到了刑场时，有这么一句话：“没有多久，又见几个兵，在那边走动，衣服前后的一个大白圆圈，远地里看得清楚，走过面前的，并且看出号衣上暗红色的镶边”。对“衣服前后的一个大白圆圈”课文有一个注解：清代士兵穿的军衣（即下文所说的“号衣”），前后都缀着一块圆形的白布，上面有个“兵”或“勇”字，由此可知事件发生在清朝，可这还太广泛。通过继续认真阅读课文，在第一部分最后“太阳也出来了；在他面前显出一条大道，直到他家中，后面也照见了丁字街头破匾上‘古某亭口’这四个黯淡的金字”，对“古某亭口”课文中有注解，指出被杀者夏瑜是按照以秋瑾为代表的资产阶级民主主义革命家的模型创造出来的。在第三部分“议药”时康大叔提到了夏瑜的情况：“关在牢里，还要劝牢头造反”“他说，这大清的天下是我们大家的。”“他这贱骨头，打不怕，还要说可怜可怜哩”，可见，这是发生在辛亥革命时期。不仅如此，从因此“阿义给他两个巴掌”，二十多岁的人“气愤”，花白胡子“忽然高兴”；当听到夏瑜说阿义可怜时，“所有人的眼光，忽然有些呆滞，话也停顿了”；之后都“恍然大悟似的”说夏瑜“发了疯了”，可见百姓对辛亥革命隔膜之深，再联系华老栓买人血馒头的愚昧与可悲，夏四奶奶给儿子上坟看到华大妈看她时的“踌躇”，脸色“惨白”“羞愧”，看到花圈时的迷信，这一点就更清楚了。我们通过对背景的把握，可进而更加准确地把握小说的主旨。

背景讲不讲、讲多少，主要以有助于学生理解课文为标准，而不能把背景介绍作为固定程序。

从考试来说，以事解文愈来愈受重视，因为这是在更广泛的领域里考查考生理解文章的能力、运用资料的能力，在考试中也有这么两种情况：

一种是命题者不给你参考资料，不加注解，这种情况一般有个前提，就是命题者认定作为考生应该具备这方面的知识，所以就不再给出。如：

某年高考考的是朱自清的一篇文章，文章里提到了司马迁，是这么说的：

原来司马迁自遭李陵之祸，更加努力著书。他觉得自己已经身废名裂，要抒发意中的郁结，只有这一条通路。

其中有个成语“身废名裂”，我们一般叫作“身败名裂”。命题者就抓住了这一点设置试题，问这里为什么把“身败名裂”中的“败”换成“废”字。文章前面虽然说了“自遭李陵之祸……”，但是如果考生不能知道这是怎样的一种祸，还是不能回答问题，而当考生知道了司马迁是因为李陵而遭宫刑这样的事实，考生就会真正理解朱自清为什么不用“败”字而换成“废”字了。

在这篇文章里还有这么两句话：

《汉书》里没有世家一体，本于班彪《后传》。汉代封建制度，实际上已不存在；无所谓侯国，也就无所谓世家。这一体的并入列传，也是自然之势。

据此，有一道题：中国的封建社会，一直延续到明清时期，而朱自清却说：“汉代封建制度实际上已不存在”，对此如何理解？

这道题关键是应该知道“封建制度”指什么，而原文没给注解，说明命题者认定考生既然学了历史，就应该已经具备了相关的背景知识。原文说“无所谓侯国，也就无所谓世家”，与“汉代封建制度实际上已不存在”之间用了分号，说明前者是对后者的解释，这应该说提供了理解信息，但如果考生不知道侯国（侯爵的封地）、世家（诸侯的传记）是什么，缺乏必要的历史常识，考生还是和封建制度联系不起来。封建制度本来就有两种意思：一种是我们比较熟悉的社会制度，这个社会制度的基本特征是以封建地主阶级占有土地、剥削农民（或农奴）剩余劳动为基础；另一种是政治制度，即封邦建国，即古代帝王把爵位、土地分赐给亲戚或功臣，使之在该区域内建立邦国，相传黄帝为封建之始，至周制度始备，汉自景帝平七国之乱后，虽行封王侯建邦国之名，但集权于中央，名存实亡。所以如果考生有了封君建国的背景知识，这道题的答案就有了。这样的题目非常典型地体现了命题者的思路，就是要求考生能够以事解文。

另一种情况是在文章之外另提供一些相关的材料或注解。

1991 年高考文章《世间最美的坟墓》中有一句说：

在今天这个特殊的日子里，成百上千到他的安息地来的人中间，没有一个有勇气，哪怕仅仅从这幽暗的土丘上摘下一朵花留作纪念。

文中有一个副标题——记 1928 年的一次俄国旅行，文后有个注，注明托尔斯泰（1828—1910）。试题问：作者为什么说“特殊的日子”？这里的“注”其实就是提供一种背景，让考生去理解“特殊的日子”是指什么。

2003 年北京春招考试的一篇文章是闻一多的《兽·人·鬼》。光从题目看，象征意味就较浓，文中先斥责这次刽子手的“杰作”为兽行，其次以寓言的形式指出目前一部分人的可笑。寓言为全文主体，讲的是孩子们和出现在村子附近的虎搏斗，牺牲了，对此成人们的议论分歧很大，而这则寓言“正代表着目前一部分人所走的道路”。最后警告善良人警惕“为虎作伥”者。不仅如此，文章后面还有 400 多字的背景资料：当时抗日战争刚刚结束，蒋介石挑起内战，国统区反内战呼声迅速传遍各大城市。在昆明，西南联大、云南大学等校师生举行反内战时事晚会，由此使矛盾进一步激化，罢课师生被炸死和打死的有 4 人、被殴打成重伤的有 25 人，这就是震惊全国的“一二·一”惨案。这激起了更大的民愤，但也有一些教授态度暧昧、犹豫，闻一多才写了这样一篇文章。

如果不读这篇背景材料，我们对文章中的很多问题，如“杰作”“兽”“人”

“鬼”“可笑”指什么，成人们的议论反映了几种态度，等等，说不准，甚至无法理解。这个试题，应该说命题者非常注重让学生以事解文，也就是利用相关背景材料去理解文章。

（发表于《丰台教育》2005 年第 6 期）

五、也谈审美教学

——兼与李岫泉老师商榷

审美教学是阅读教学的热点，也是难点。李老师的审美教学，其教学理念是先进的，教学技巧是娴熟的，教学机巧是高明的。不过这些教学方法，应以深入钻研、确切把握作品为前提。尚未深入钻研、确切把握作品是谈不到教学方法的运用的。既然审美教学必须依托教学内容、展现教学内容、改造教材内容，那么我们就必须明确《荷花淀》的美究竟在何处。

文学作品的美见仁见智，接受美学有力地弘扬了这一观点，但美源自作品，无论鉴赏者生活经验、知识储备、审美情趣等方面存在着怎样的差异，我们必须首先准确、全面而深入地理解作品。像《荷花淀》这篇纯美作品，我们必须调动感知、理解、想象、情感等因素来感知《荷花淀》的美。每看完一遍，就合上书整体感受、细细体会、努力把握，如此反复，随着阅读的深入，内容将越来越形象，越来越清晰，越来越鲜活，越来越真切，慢慢会发现这篇小说确乎更像一篇散文：论情节，它是简单的，不复杂，不曲折；论人物，它是模糊的，不丰满，没个性，以水生为代表的男人们之间有何区别？音容相貌，文章基本不提，有关水生的几句穿着描写“头戴一顶大草帽，上身穿一件洁白的小褂，黑单裤卷过了膝盖，光着脚”，太大众化了；以水生嫂为代表的女人之间又有何区别？笔者试图读出第二、三部分五位妇女三大段对话的语气，可惜对话看不出有什么“性格”上的区别，不能确定这三段中哪一个人说了几句话，甚至作为小说主人公的这群妇女连个显示个性的姓名也没有。《荷花淀》给笔者留下最深刻的的美感是那一片荷花淀，充满生机，充满活力，充满寄托，融入其中的是体现着荷花精神的人情美。与其说这是一篇小说，不如说这是一篇散文。因此李老师完全按照小说的鉴赏方法引导学生感受《荷花淀》的美，不能说是切中肯綮。

《荷花淀》美在何处？笔者以为有三：

1. 景物美

三处有关“荷花淀”的景物描写，学生们可以找到，也可以单独具体地分析，容易忽略的地方是作为贯穿全篇的荷花淀，整体来看具有什么特点，而这正是作品的关键美点之一。特点体现在：

(1)物“我”合一

月亮底下，女人编着席，“像坐在一片洁白的雪地上，也像坐在一片洁白的云彩上”，“淀里也是一片银白世界”，女人融入这银白世界了，女人的“洁白”使这世界更加银白；“一望无边挤得密密层层的大荷叶迎着阳光舒展开，就像铜墙铁壁一样”，这不正是战士们此时的状态？“粉色荷花箭高高地挺出来，是监视白洋淀的哨兵吧”，这岂不预示着“粉妆”妇女将来的发展道路？

(2)逐步展示荷花淀

实际上，这篇小说的每一幅主体画面，都潜隐着这样的一条基本指向，隐含着这样的一种内在精神。作品开篇的关于女人编席的画面描写，基本色调就是“洁白”“银白”“透明”，有意把月色与淀水紧密关联，虽然还没能直接展示荷花淀的正面景色，却通过女人的“眼光”，做了必要的引导，“她有时望望淀里，淀里也是一片银白世界。水面笼起一层薄薄透明的雾，风吹过来带着新鲜的荷叶荷花香”。写到女人们寻夫的一段，又特别突出地写了正午阳光下“水像无边的跳荡的水银”“菱角还很嫩很小，乳白色”的白洋淀，使其与开头的色调保持着一致并逐步向荷花淀推进，最后终于展现了“那不知道有几亩大小的荷花淀”“那一望无边挤得密密层层的大荷叶迎着阳光舒展开，就像铜墙铁壁一样。粉色荷花箭高高地挺出来……”到此，前后画面递进，融为一体，由朦胧逐渐完全清晰，具有流动感而又层次分明。

2. 人情美

作者于“带着新鲜的荷叶荷花香”的环境中充分展示人情美：

(1)夫妻爱

这主要体现在“夫妻话别”的场景中，可通过主要抓女人的一系列神情动作“抬头笑着问”“女人的手指震动了一下 ”“低着头说”“鼻子里有些酸”“呆呆地”“女人流着眼泪答应了他”和话语“他们几个呢?”“他们几个为什么还不回来”“你总是很积极的”来品味女人对丈夫的无比牵挂，深深依恋，深明大义，坚贞勇敢；这还体现在几个女人探夫前的商量、探夫未果后的无奈。

(2)父子情

水生和女人话别时“指着父亲的小房，叫她小声一些”，对女人说：“家里的事，你就多做些，爹老了，小华还不顶事”，体现了儿子对父亲的孝顺体贴，描写得细腻而深入；“第二天”，一家人送水生出门时，父亲对他说：“水生，你干的是光荣的事情，我不拦你，你放心走吧。大人孩子我给你照顾，什么也不要惦记”，体现了父亲对儿子的正义事业支持得深沉而彻底。

（3）军民情

当妇女寻夫未果归途中，“不久，她们就又说笑起来了”时，一位妇女叙述他对家里住过的年轻队伍乐观精神的羡慕，军民鱼水之情可谓浓郁；伏击战之后区小队队长和妇女们开玩笑，军民鱼水之情可谓融洽；当她们学会射击后，冬天“来回警戒”，夏天配合子弟兵反“围剿”，军民鱼水之情融为一体。

3. 语言美

孙犁的语言简洁不啰唆，形象有韵味；生活底蕴厚实，诗情画意浓郁，展现着人性的美好、生活的浪漫。这体现在：

（1）比喻形象

这样的比喻有四处。试举一例。“幸亏是这些年轻妇女，白洋淀里长大的，她们摇得小船飞快。小船活像离开了水皮的一条打跳的梭鱼。她们从小跟这小船打交道，驶起来就像织布穿梭、缝衣透针一般快。”这是一幅十分逼真的画面。描写她们摇得小船飞快：“活像离开了水皮的一条打跳的梭鱼”。她们驶船“就像织布穿梭、缝衣透针一般快”。两个地方用了三个比喻，都是写飞快。打跳的梭鱼是形容船的飞快。织布穿梭、缝衣透针，是形容人物动作的飞快、熟练。这些比喻都用得好，切合当时的情景，也切合妇女的身份。

（2）动词贴切

“夫妻话别”一场，水生嫂那一“震”一“吮”，历来被名家评点为细节描写的经典之笔。与一“震”一“吮”同样可圈可点、令人击节叫好、咀嚼生津的是小说中三处对于“捞”与“丢”的描写。第一处见于“寻夫遇敌”一场。“她们轻轻划着船，船两旁的水，哗，哗，哗。顺手从水里捞上一棵菱角来，菱角还很嫩很小，乳白色，顺手又丢到水里去。那棵菱角就又安安稳稳浮在水面上生长去了。”这是很惬意、很诗意的一笔。妇女们信手一“捞”一“丢”的是菱角，流露出来的却是她们对美丽富庶的家乡的热爱与自豪，而那“安安稳稳浮在水面上生长”的“乳白色”的菱角和“像哨兵一样高高地挺立”的“粉色荷花箭”相映成趣，构成了白洋淀上一道美丽和谐的风景，与《敕勒歌》“天苍苍，野茫茫，风吹草低见牛羊”这样淳朴隽永、凝练含蓄的意境有着异曲同工之美。第二、三处描写均见于“助夫杀敌”一场。先是水生将漂在水上的装着饼干的精美纸盒“捞”起来，“丢”在女人们的船上；接着是女人们将掉在水里的小包裹“捞”起来“丢”给他们，这一“捞”一“丢”不仅仅只是表现了抗日军民打捞战利品时乐观的精神以及夫妻间似嗔实喜、似怨实爱的小儿女心态，更重要的是在这一“捞”一“丢”里，早就融进了他们对生活的热爱，对亲人的关爱，以及对祖国、对家乡的挚爱，正可谓一“丢”一“捞”，字字关情。

此外，“女人们到底有些藕断丝连”中的“藕断丝连”与下文妇女对话的味儿多么吻合，有着多么浓郁的荷花淀特色，诸如“牵肠挂肚”之类的词俗不可耐，只能望其项背。

(3)白描传神

于寥寥数语之中见精神，与绘画之中寥寥数笔显神情异曲同工。最精彩的要算作品开篇。这里大小共四个自然段，这里不妨先引述其中的两段再做分析：

月亮升起来，院子里白天破好的苇眉子湿润润的，正好编席。女人坐在小院当中，手指上缠绞着柔滑修长的苇眉子。苇眉子又薄又细，在她怀里跳跃着。

……

这女人编着席。不久，在她的身子下面就编成了一大片。她像坐在一片洁白的雪地上，也像坐在一片洁白的云彩上。她有时望望淀里，淀里也是一片银白世界。水面笼起一层薄薄透明的雾，风吹过来，带着新鲜的荷叶荷花香。

对这几段描写需要特别注意的是：其一，作者选取的对象本身具有的自然美感：月亮、女人、身下的苇席、远处的荷花淀……其二，描写对象的特殊组合又进一步升华和丰富了美：月亮底下，女人编席，远处一片飘着荷花荷叶香的白洋淀……其三，话语的修饰增加和扩充了无限的美感：凉爽得很、干净得很、湿润润的、柔滑修长、“像坐在一片洁白的雪地上，也像坐在一片洁白的云彩上”“一片银白世界”“水面笼起一层薄薄透明的雾，风吹过来，带着新鲜的荷叶荷花香”，再加上中间两个自然段的设问引发的对白洋淀广阔浩淼、物产丰美的联想……这所有的文字，哪里有一点点战争的味道？又哪里有一点点尘世的干扰？作者正是要通过这幅绝美的图画，把读者带入一种纯美的境界。

审美教学不同于一般的教学，因此我们在确定教学方法之前不仅须确切地感知作品的美，还必须知道大体上如何审美。

李老师始终紧扣文本品味语言，这抓住了语文教学的重心，也抓住了审美的前提。叶圣陶在《文艺作品的鉴赏》中说："文艺作品的鉴赏还得从透彻地了解语言文字入手"，"为了鉴赏文艺，训练语感更是基本的准备。有了这种准备，才可以通过文字的桥梁和作者的心情相契合。"但审美还应有其独特的过程、独有的体验、独到的见解。

审美前须做必要的铺垫，以引起学生的审美注意，激发学生的阅读兴趣。这个阶段，"不拘一格，力求变化"最为重要：当然可以像李老师那样用美来包围学生、激发学生（不过李老师的导语中对有些篇目像《荷塘月色》《念奴娇·赤壁怀古》美的把握上还须吸取最新研究成果，在展现"诗歌的意境美"中，像读来如何如何的句子如果和前面所举例子对应得更好一些，文笔就更美了），也可以根据教学重点有选择地"知人论世"，像介绍《荷花淀》散文式的格调、诗歌般的意境，及其对文学产生极大影响以致形成了"荷花淀派"，以激发学生的仰慕之心、期待之意，进而唤起探究之志，也可以印发孙犁《关于〈荷花淀〉的写作》，由此学生可以了解当时人们面对日本压境，人人要求保家卫国、要求武装抗日，纷纷抗战、英勇抗战的心态，特别是妇女的抗战情绪令人鼓舞，也可以了解到白洋淀的风光美是文章美的一个重要方面。

有了审美欲望之后，就要认真阅读、整体感知，引导学生透过语言和文字的表面去品味、想象、感受作者在文中所表达的情感，补充、创造形象描写中所留下的空白。联想、想象此时最为关键。这时须充分地尊重学生，让学生自主地发现美，自由地感受美，不过这还不能从整体上较深入透彻地把握美。

要深入地把握作品的基调、作者的情感，须反复诵读，继续品味语言、真切想象，直至合书后一想，情景可以迅速清晰地闪现，然后再和情景保持一定的距离（既不能太远，太远则看不清；也不能太近，太近则不识庐山真面目），静静地观察它、感受它，作品的基调、作者的情感渐渐地就可以把握住，就可以言传出来。这一步做好了，对局部美的体验会更独到，见解会更深刻。李老师的课上这一点似乎没有体现出来。当然一般的学生要达到这样的高度很难，不过潞河中学的学生素质较高，李老师又进行了一定的审美教学实践，积累了较丰富的经验，从较高的层次上引导学生审美，应该没有问题。

为了加深理解，为了悟出深意，比较是行之有效的方法。在感知、想象、情感都有了较为充分的准备的基础上，教师的诱导又开始发挥作用了。因为审美毕竟不是一般的情感活动，我们引导学生对审美材料加以比较思考的目的是使他们从作品本身抽身出来，更好地品味妙处，从而得到对一般规律的理解，使感性上升为理性，受到启迪，得到陶冶。李老师的一文三读令人佩服，非具有创新精神、一定功底，难以有此设计，不过，这作为局部感知的设计似乎更好。

独特的审美过程是必须要经历的，独有的审美体验是必须要具备的，独到的审美见解是必须要训练的。不过这些从课上看是不完整的、不到位的，或许李老师课前已经做了必要的准备、一定的铺垫。

由衷地佩服李老师的钻研精神、深厚功底、创新能力，拜读其文章之后实在是受益匪浅。但审美涉及的因素实在太多，审美过程实在复杂，现在要讨论，将来也要讨论，一点肤浅之论，几句冒昧之词，不知李老师以为然否？不当之处，望不吝赐教。

参考文献：

李泽厚：《美学四讲》，北京：生活·读书·新知三联书店，2008年。

舒鸿锦：《对中学文学作品教学的一点思考》，《北京市中小学优秀教师教育思想与教学艺术评介丛书·语文卷》，北京教育出版社，1999年。

时雁行：《文学作品鉴赏教学的理解与思考》，出自《中国著名特级教师教学思想录·中学语文卷》，江苏教育出版社，1996年。

徐飙：《破坏与构建——中学语文文学教学审美本质呼唤》，《语文教学与研究》，2001年第2期。

林志浩：《充分体现孙犁艺术特色的〈荷花淀〉》，北京：人民教育出版社，2001年。

郝宇民：《荷花淀——战争小说的一曲纯美的绝唱》，《名作欣赏》，1998年第1期。

（发表于《北京教研》2004年第6期）

六、以层次需要理论解读祥林嫂之痛

层次需要理论是美国心理学家马斯洛提出来的，马斯洛的层次需要理论把人的需求由高到低分为五类，分别是自我实现的需要、尊重的需要、爱和归属的需要、安全的需要和生理的需要。马斯洛认为只有满足低层次的需求，才能追求高层次的需求。现在我们按照其理论思想来重新审读鲁迅先生笔下的祥林嫂，看看祥林嫂各个层次的需要是否得到满足，从而对祥林嫂的形象、祥林嫂的痛苦做进一步的透视。

(一)自我实现的需要

马斯洛认为自我实现的需要是最高层次的，满足这种愿望要求能最大限度地发挥潜能，成为期望中的人物，追求理想，有成就感，实现自己的抱负。

祥林嫂的人生理想是什么？

我们可以从三个地方看出来：

祥林嫂为什么来到鲁镇？由“她诚然是逃出来的，不多久，这推想就证实了”“她婆婆来抓她回去的时候，是早已许给了贺家坳的贺老六的，所以回家之后不几天，也就装在花轿里抬去了”以及“可是祥林嫂真出格，听说那时实在闹得利害，大家还都说大约因为在念书人家做过事，所以与众不同呢”，可知祥林嫂第一次来到鲁镇是为了逃婚，不想再婚。

文中另有两处说到了祥林嫂的“胖”，由此可判断祥林嫂另外的人生理想。

一处是初到鲁镇：

试工期内，她整天的做，似乎闲着就无聊，又有力，简直抵得过一个男子，所以第三天就定局，每月工钱五百文。

日子很快的过去了，她的做工却丝毫没有懈，食物不论，力气是不惜的。人们都说鲁四老爷家里雇着了女工，实在比勤快的男人还勤快。到年底，扫尘，洗地，杀鸡，宰鹅，彻夜的煮福礼，全是一人担当，竟没有添短工。然而她反而满足，口角边渐渐的有了笑影，脸上也白胖了。

祥林嫂如此勤快，劳动强度如此之大，工资如此之低(一个月只能挣半盘鱼翅——一元一大盘，价廉物美)，自己反而满足。由此可见，祥林嫂的人生理想之一就是通过自己诚实的劳动当好一个奴仆。用鲁迅的话就是“做稳奴隶”。祥林嫂想过的是平凡的起码的生活，这样的生活又让我们觉得悲哀。

另一处是嫁给贺老六之后，“母亲也胖，儿子也胖；上头又没有婆婆，男人所有的是力气，会做活；房子是自家的。——唉唉，她真是交了好运了”。可见祥林嫂在被迫改嫁后能过正常女人的生活就很满足。

因此，祥林嫂的人生追求是做一名贞妇，做一个好奴仆，过正常女人的生活。

祥林嫂的人生理想实现了没有？没有！

祥林嫂第一次到鲁镇，想做一个好奴仆，却被婆婆以粗暴的手段抢回去了。(这一点其他人竟没有任何异议。连鲁四姥爷都说“可恶！然而……”“然而”什么呢？然而的内容由语境来推断是“既是她的婆婆要她回去，那有什么话可说呢”。)祥林嫂的婆婆为什么要抓她回去呢？因为“她有小叔子，也得娶老婆。不嫁了她，哪有这一注钱来做聘礼？”“她婆婆来抓她回去的时候，是早已许给了贺家坳的贺老六的，所以回家之后不几天，也就装在花轿里抬去了”，祥林嫂的做一个好奴仆的人生理想就这样被她的婆婆葬送了。祥林嫂的婆婆凭什么可以这样处置儿媳妇？她靠的是礼教中的夫权。

祥林嫂被婆婆卖给贺老六之后，和贺老六“过活不到两年”，贺老六就病死了，之后儿子阿毛又被狼吃了，在这种情况下，“大伯来收屋，又赶她。她真是走投无路了”。幸福的生活极其短暂，祥林嫂想过正常女人的生活的愿望破灭了，破灭于天灾人祸。而大伯之所以能来收屋，依靠的是礼教中的“族权”。

这样，祥林嫂自我实现的卑微愿望破灭了，这是祥林嫂的痛，毁于拥有夫权的婆婆、拥有族权的大伯。祥林嫂是被迫改嫁的。

(二)尊重的需要

马斯洛认为，尊重的需要主要包括自尊和他尊，即对自我价值的个人感觉和他人对自己的认可和尊重。

祥林嫂的自食其力，为了从一而终的逃婚、拒绝再嫁都是自尊，可最后都被以婆婆为代表的夫权给毁掉了。上面已经说过，这里不再赘述。

再看他尊。这一点我们可以主要从把祥林嫂抓回去的场景和逼迫祥林嫂成亲的场景来判断。我们先看前一场景：

待到祥林嫂出来淘米，刚刚要跪下去，那船里便突然跳出两个男人来，像是山里人，一个抱住她，一个帮着，拖进船去了。详林嫂还哭喊了几声，此后便再没有什么声息，大约给用什么堵住了罢。

这是一场有预谋、有计划、反复演练的动作熟练的抢劫。由“抱”“ 帮”“拖”“ 堵”，可见动作极其野蛮，对祥林嫂哪里有什么丝毫的尊重？

再看被迫成亲的场景：

只要用绳子一捆，塞在花轿里，抬到男家，捺上花冠，拜堂，关上房门，就完事了。……拉出轿来，两个男人和她的小叔子使劲的捺住她也还拜不成天地。

祥林嫂的婆婆把她嫁到深山里去，实际上是把她当作商品一样卖出去，对于这种卖婚的行为，祥林嫂当然不会顺从。但是，一个无依无靠的寡妇又能怎样呢？“捆”“塞”“抬”“ 捺”“关”，几个动词连贯而下，照见了祥林嫂的婆婆、堂伯、小叔子之类人物的粗野、凶暴，他们根本不把祥林嫂当人，而是当作牲口、商品一样随意摆布。他们为什么敢于在光天化日之下肆意逞凶、无所顾忌？这就含蓄地透露了封建制度罪恶深重，致使他们有恃无恐，为所欲为……

(三)爱和归属的需要

这一层次的需要包括两个方面的内容。一是友爱的需要，即人人都需要伙伴之间、同事之间的关系融洽或保持友谊和忠诚；人人都希望得到爱情，希望爱别人，也渴望接受别人的爱。二是归属的需要，即人人都有一种归属于一个群体的感情需要，希望成为群体中的一员，并相互关心和照顾。感情上的需要和一个人的生理特性、经历、教育、宗教信仰都有关系。祥林嫂爱和归属的需要获得满足了吗？

祥林嫂丧二夫失一子后第二次来到鲁镇后，大家对她的态度发生了很大的变化：

1. 先看鲁四老爷家态度的变化

上工之后的两三天，主人们就觉得她手脚已没有先前一样灵活，记性也坏得多，死尸似的脸上又整日没有笑影。

“主人们”的“觉得”符合实际吗？也许有一点，祥林嫂再一次遭遇到生活的打击，心理、行动不受到一点影响是不可能的。但是，更主要的显然是主人们对她产生了厌恶，因而就觉得她这也不是那也不好。试想，前一段已经提到，熟门熟路，安放铺盖之类都十分“驯熟”，干活肯定也比初来熟练；初来也并不笑，是后来“口角边渐渐地有了笑影”，这一回刚来“两三天”就怪她“死尸似的脸上又整日没有笑影”，这不是主观上产生厌恶又是什么！显然，“主人们”是厌恶她再次丧夫，这种人“虽然似乎很可怜，但是败坏风俗的”(此处“似乎”用得极妙，即似有实无也)，就是说，嫌她是“丧门神”“白虎星”(星相家所说的一种凶神，逢之则多不利)。事实也确如此：

这种人虽然似乎很可怜，但是败坏风俗的，用她帮忙还可以，祭祀时候可用不着她沾手，一切饭菜，只好自己做，否则，不干不净，祖宗是不吃的。

主人们只让她干粗活，不让她参与祭祀的活动，就是认为这种人“不干不净”。祥林嫂应该是被同情者，可那时人们把她看作灾难之源，世道是何等不公，礼教是何等残忍。

2. 再看镇上的人们是如何对待祥林嫂的

这一部分写得也很合情合理，也很深刻精彩。

镇上的人们也仍然叫她祥林嫂，但音调和先前很不同；也还和她讲话，但笑容却冷冷的了。

镇上的人们“也仍然叫她祥林嫂”，说明人们只承认她的第一段婚姻，和贺老六的第二次婚姻人们是不承认的，而这恰恰开始是鲁镇的人们对她“冷冷的”(虽然仍“叫她祥林嫂”，“ 也还和她讲话”)，对她不“宽恕”并加以“嘲笑”的原因。

3. 最后看看信佛的柳妈是如何看待祥林嫂的

柳妈在祥林嫂的伤口上加了一把盐，加深了祥林嫂的悲剧，促使她在悲剧的泥淖中陷得更深。这并不是说柳妈故意伤害祥林嫂，就主观意图而言，可能还是为了帮帮助祥林嫂寻找解脱痛苦之路，但是作为愚昧落后人群的代表，柳妈客观上是给祥林嫂增添了痛苦，促使她走向深渊。因为，第一，是柳妈嘲笑祥林嫂嫁到贺家坳时白撞了一个伤疤，虽然这未必有很深的恶意，至少使祥林嫂颇为尴尬，并且“自从和柳妈谈了天，似乎又即传扬开去，许多人都发生了新趣味，又来逗她说话了。至于题目，那自然是换了一个新样，专在她额上的伤疤”。人们对祥林嫂更加嘲笑。是谁说出去的？当时只有柳妈在场。第二，是柳妈编造了地狱中两个男人争抢一个女人的可怕前景，制造和增加了祥林嫂的恐怖。第三，是柳妈向祥林嫂指出捐门槛的办法，白白耗费了祥林嫂两年的心血。也可以说，是柳妈向祥林嫂宣传并渲染了神权、夫权的威力，使祥林嫂这个小人物的精神世界更容易被摧毁。总之，尽管信佛的柳妈主观上绝不想加害祥林嫂(作者特别强调柳妈是“善女人，吃素，不杀生”)，但在客观上显然是把祥林嫂向死路上推了一把。

总之，祥林嫂是被鲁镇的人们排斥在外，从鲁镇的上层鲁四老爷家，到鲁镇普通的人们，到地位卑下的柳妈，各自围绕着礼教，或主观上或客观上对祥林嫂至少不友爱，主要是排斥。如果说祥林嫂第二次来鲁镇之前受到的痛苦主要是身体上的话，那么第二次到鲁镇来所受的痛苦则主要是精神上的。

祥林嫂怎样才能满足自己“爱和归属的需要”呢？

四婶不让自己参与祭祀，她从柳妈的宣传中知道是因为自己再嫁的罪名，为了能够以一个正常下人的身份参与正常祭祀，为了免受将来到阴间被锯成两半的痛苦，祥林嫂“她整日紧闭了嘴唇，头上带着大家以为耻辱的记号的那伤痕，默默的跑街，扫地，洗菜，淘米。快够一年，她才从四婶手里支取了历来积存的工钱，换算了十二元鹰洋，请假到镇的西头去。但不到一顿饭时候，她便回来，神气很舒畅，眼光也分外有神，高兴似的对四婶说，自己已经在土地庙捐了门槛了。”

如此，她以为自己终于可以以一个正常仆人的身份去参加正常的祭祀活动了，和大家可以融为一体了，“冬至的祭祖时节，她做得更出力，看四婶装好祭品，和阿牛将桌子抬到堂屋中央，她便坦然的去拿酒杯和筷子”。然而，四婶的一声断喝“你放着罢，祥林嫂!”让她知道自己尽管用了两年的心血捐了门槛，可是“再嫁”的罪名是永远洗刷不掉的，那就意味着自己和正常的仆人仍然是不一样的，并且将来的地狱之苦还是无可避免的，这样巨大的恐怖无休止地向祥林嫂逆袭而来，祥林嫂的精神工事被摧毁了。祥林嫂的痛苦可想而知，于是便有了这样一段文字：

她像是受了炮烙似的缩手，脸色同时变作灰黑，也不再去取烛台，只是失神的站着。直到四叔上香的时候，教她走开，她才走开。这一回她的变化非常大，第二天，不但眼睛窈陷下去，连精神也更不济了。而且很胆怯，不独怕暗夜，怕黑影，即使看见人，虽是自己的主人，也总惴惴的，有如在白天出穴游行的小鼠，否则呆坐着，直是一个木偶人。不半年，头发也花白起来了，记性尤其坏，甚而至于常常忘却了去淘米。

面对众人“冷冷”的笑容，祥林嫂满足“爱和归属的需要”的方法是给他们讲阿毛的故事。

在听了她详细讲述了自己的儿子阿毛被狼吃掉的故事后，大家都表现了一定的同情：

这故事倒颇有效，男人听到这里，往往敛起笑容，没趣的走了开去；女人们却不独宽恕了她似的，脸上立刻改换了鄙薄的神气，还要陪出许多眼泪来。

有些老女人没有在街头听到她的话，便特意寻来，要听她这一段悲惨的故事。直到她说到呜咽，她们也就一齐流下那停在眼角上的眼泪，叹息一番，满足的去了，一面还纷纷的评论着。

这些老女人特意寻来，是在无聊的生活中来寻找刺激的。请注意“听她这一段悲惨的故事”，她们根本不关心祥林嫂的不幸，不去体察一个失去了孩子的母亲内心的痛苦，尽管她们自己也是母亲，现在只是想把祥林嫂的不幸当作供消遣的“故事”来听，坦白说，她们是来“看戏”的，一面将祥林嫂痛苦的述说、呜咽都当作演戏来鉴赏；一面自己也演起戏来：“一齐流下那停在眼角上的眼泪”，又“叹息一番”，其实就是表演同情心，以获得自我崇高感，终于“满足”地去了：她们本也是不幸的人，也有自己真实的痛苦，但已在鉴赏祥林嫂痛苦的过程中得到宣泄、转移，以至遗忘，那无聊的生活也就借此维持下去，还要“纷纷的评论”，充分利用祥林嫂的不幸做饭后的谈资。那些“男人”和“女人们”又何尝不是如此？

因此，当祥林嫂失去了可利用的价值，就有了这样的触目惊心的事实和描写：

她未必知道她的悲哀经大家咀嚼赏鉴了许多天，早已成为渣滓，只值得烦厌和唾弃……

这百无聊赖的祥林嫂，被人们弃在尘芥堆中的，看得厌倦了的陈旧的玩物，先前还将形骸露在尘芥里，从活得有趣的人们看来，恐怕要怪讶她何以还要存在，现在总算被无常打扫得干干净净了。

祥林嫂和孔乙己一样，在众人眼里，也是一个“玩物”，咀嚼鉴赏够了，就无情地抛弃：这里有一种真正人性的残酷。

（只有孔乙已到店，才可以笑几声，所以至今还记得。

孔乙已一到店，所有喝酒的人便都看着他笑。

众人都哄笑起来，店内外充满了快活的空气。

孔乙已是这样的使人快活，可是没有他，别人也便这么过。）

这样，祥林嫂用讲阿毛的悲惨的故事来求得融入普通人们中以获得温暖的方法失效了：

从人们的笑影上，也仿佛觉得这又冷又尖，自己再没有开口的必要了。她单是一瞥他们，并不回答一句话。

作者此次回到故乡，“祥林嫂”向我问“灵魂的有无”时，“她大约因为在别人的祝福时候，感到自身的寂寞了”，在现世，祥林嫂实在活得太苦，太无聊，太孤寂，不但得不到一点温暖，相反却受尽了压榨、嘲弄、虐待，“无聊生者不生，即使厌见者不见，为人为己，也还都不错”，因此她必然地死掉了，至少可以见到她的阿毛了，尽管可能要冒着被锯成两半的危险。

这样看来，祥林嫂爱和归属的需要没有得到满足，她被排斥在社会之外，这个社会还不如地狱好，这写尽了人间的隔膜。这是最令祥林嫂感到痛苦的。

这里，让我们看到了礼教“怎样”杀人：礼教作为一种意识形态而深入人心，成为普通老百姓的信仰，成为他们行动的指南，谁心中有一份礼教，谁心中就有一把杀人刀，使每个人都心怀杀人之意而不觉，做杀人之事而自喜，于是形成众人相互伤害的恐怖局面，用鲁迅的话说就是“无主名无意识的杀人团”(鲁迅《坟·我之节烈观》)。《祝福》的故事让我们看到了礼教是如何扭曲人性，让人们失去自我而变得麻木，让人们互相摧残，把世间变成人间地狱的。鲁迅的批判是直指人心的。他的唤醒民众，就是希望人们扪心自问，让人自省，看到自己所中之毒，祛除心中之恶，祛除自己灵魂中的戾气。鲁迅说“揭出病苦，引起疗救的注意”，就是揭示人心中的这种病苦以使之醒悟。不但要救救孩子，还要救救大人。据鲁迅后来自己说：“在那黑暗、落后、愚昧的社会里，祥林嫂是没有办法摆脱她那悲惨的命运的；问题不在于她自己的力量能否冲出黑暗的环境，问题倒是在于中国人民能否了解这个黑暗的社会。”(转引自欧阳山：《南中国文学会及其他》)

鲁迅为什么要抨击礼教？这要关注背景。作者写这篇文章是1924年，是为了反击“当时章士钊等人‘尊孔读经’的言论，是有其特定的背景的。从中我们可以看出鲁迅抨击传统文化的动机了。”正如“同鲁迅说少读中国书，多读外国书，这是针对袁世凯尊孔复辟前后的语境来说的。在复古声成为官方的主调时，鲁迅高呼多读国外的书，这是一种反抗。他自己一生对中国书读得很多，从其藏书就可以看出来。”(转引自《语文建设》记者李不逾对中国人民大学文学院院长、鲁迅博物馆馆长孙郁教授的访谈《真实的鲁迅》)

(四)安全上的需要

这是人类要求保障自身安全等方面的需要。马斯洛认为，整个有机体是一个追求安全的机制，人的感受器官、效应器官、智能和其他能量主要是寻求安全的工具，甚至可以把科学和人生观都看成是满足安全需要的一部分。

祥林嫂是没有安全保障的。祥林嫂比他丈夫大十岁，可见她是童养媳，二十六七岁，就死了丈夫，没有安全感。之后，又逃婚，就更没有安全感，经过这场变故，脸色“青黄”“顺着眼”。到了鲁镇后刚过了几个月的安定生活，“脸上也白胖了”“新年才过，她从河边淘米回来时，忽而失了色，说刚才远远地看见几个男人在对岸徘徊，很像夫家的堂伯，恐怕是正在寻她而来的”，此后大约十几天，婆婆就带人把她抢回去了，并且没有过几天就把她以改嫁的方式给卖了，生活在暴力和恐怖之中，哪里有安全感？塞翁失马，焉知非福？和第二任老公贺老六一起生活还是比较幸福的，可是幸福的生活总是匆匆，不到两年，贺老六就死了，家里的顶梁柱折了，本来还有儿子可以守者，儿子却又被狼吃了，结果大伯收回了房子，把祥林嫂赶了出去，安全完全没有保障了。经过这一番折腾，“脸色青黄，只是两颊上已经消失了血色，顺着眼，眼角上带些泪痕，眼光也没有先前那样精神了”。祥林嫂只好在卫老婆子的带领下又来到鲁镇，投奔鲁四老爷。到了鲁镇后，各色人等都对祥林嫂排斥，祥林嫂又是日夜讲自己悲惨的故事，希望可以获得人们的同情，又是以两年的工钱捐门槛来洗脱一世的罪名，然而无用，于是祥林嫂的精神被击垮了，“有如在白天出穴游行的小鼠，否则呆坐着，直是一个木偶人。不半年，头发也花白起来了，记性尤其坏，甚而至于常常忘却了去淘米”。

当四五年后，“我”回到故乡看到长期乞讨的祥林嫂时：

五年前的花白的头发，即今已经全白，全不像四十上下的人；脸上瘦削不堪，黄中带黑，而且消尽了先前悲哀的神色，仿佛是木刻似的；只有那眼珠间或一轮，还可以表示她是一个活物。

通过祥林嫂外貌的变化，可见她在从肉体到精神，安全感越来越差，一天天在走向死亡，其痛苦，其煎熬是可想而知的。

（五）生理需要

这是人类维持自身生存的最基本要求，包括饥、渴、衣、住等方面的要求。如果这些需要得不到满足，人类的生存就成了问题。在这个意义上说，生理需要是推动人们行动的最强大的动力。祥林嫂本来就“勤快”“能干”，初到鲁四老爷家，“到年底，扫尘，洗地，杀鸡，宰鹅，彻夜的煮福礼，全是一人担当，竟没有添短工”，应该说靠着自己的双手生存下去是没有任何问题的。被卖到贺家坳后，即使丧夫失子，如果大伯不来收屋，祥林嫂本来就是山里人，生存下去也是不成问题的。第二次到了鲁镇，如果大家不因为她的再嫁歧视她，尤其不向她灌输有关死后会被锯成两半的荒谬思想，她仍然可以很好地活下去，也会“满足，口角边渐渐的有了笑影，脸上也白胖了”，可偏偏鬼神观念深入其心，而自己捐门槛的努力又没有得到世俗的认可，于是祥林嫂的精神不得不垮了。捐门槛之后，虽然四婶当面警告她，“然而她总如此，全不见有伶俐起来的希望。他们于是想打发她走了”，之后祥林嫂便成了乞丐。四五年后，当“我”看到祥林嫂时：

她一手提着竹篮。内中一个破碗，空的；一手拄着一支比她更长的竹竿，下端开了裂：她分明已经纯乎是一个乞丐了。

“内中一个破碗，空的”不用“内中一个空的破碗”，而采用“竹篮—破碗—空的”的结构顺序，突出了祥林嫂连饭也要不到的悲惨结局，暗示着人们多么冷漠，蕴蓄着作者的满腔愤世嫉俗之情。

“拄”字非常入骨地表露了祥林嫂的情况——这支竹竿，成了支撑她身体的工具，并非一般乞丐用来打狗自卫的了，从中可以悟出她疲惫不堪、羸弱不支了。这个“拄”字如果换成“拿”“拖”，显然就收不到如此强烈的艺术效果了。

祥林嫂的痛苦我们由此就可以充分地感受到。

第四部分　作文教学研究

一、随笔，一路走来一路歌

随笔，一种很高明、很实用的作文训练方法，其特点是“随”：内容不限，形式不拘，可长可短，只要生活中确有所悟、读书中确有所感，皆可融真情于笔端、展神采于尺牍，以我手写我心，如是而已，可有效地解决命题作文中命题无聊、无话可说、要求烦琐，学生叙假事、抒假情、说假话，理论和写作相脱节的问题，真正让学生感兴趣，从而产生佳作。

“随笔”从 1998 年即开始，而我从事随笔教学的实践已有四五年，经验一届比一届丰富，效果一届比一届好，收获也一届比一届多。回顾、总结、反思一下走过的路，对于更好的从事“随笔”教学无疑是有益处的。

(一)引导，贵在得法

这四五年来，每星期至少一篇随笔；新课改之前近八年来，每周至少一节随笔课，我注意在以下三个方面下功夫：

1. 严格要求以养成习惯

“随笔本”要求用硬皮的，书写要求工整，格式要求统一(题目写在中间，作者写在题目的中间，文章后面在括号内表明字数，要求一般不能少于 500 字)，写完后须回头重读一遍文章。随笔是星期六、星期天的常规作业之一，以引起学生的高度重视；星期一早晨马上收，没交的抓紧处理，以促使学生及时上交、及时补交。这样坚持做半年，基本上就可养成习惯；坚持做一年，习惯已有些根深蒂固了。每到星期六、星期天不写随笔就有些茫然若失，坚持做一年半，若碰到特殊事情有几个星期没写，好一点的学生就会追问怎么还不写都快不会写了。

2. 热情评价以激发积极性

刚升高中，学生写随笔的积极性一般都高涨，如何保持学生高涨的热情，评价是关键。有的老师也让学生写随笔，但收效甚微，究其原因，主要是评价这一关没做好。我们时常可以发现，有些老师布置随笔时三令五申，可批改随笔时却要么拖拉，该发随笔时发不下来，自坏规矩，要么在学生辛辛苦苦写的随笔上画个对勾或者写个“阅”字了事，要么写上不痛不痒的几个字、两三句话，这样学生写作的积极性怎能保持？写作的热情怎能持续高涨？或许有的老师认为有些学生的随笔是涂鸦之作，不值得费心劳神，这不对。我们已经和这些学生结下了师生缘，是善缘是恶缘只存乎一心，如果我们和这些学生真诚相待，努力发现其随笔中的闪光点，哪怕是一个词一个句子，都指出并加以表扬，慢慢地，学生的自尊心得以保持，自信心得以增强，渐渐地，写作态度必纠正，写作水平必提高，像这样的学生我遇到很多。由此可以明确，老师对评价没热情，学生对随笔也就没有兴趣，更不会努力去写。鉴于此，我尽量热情、认真、谨慎地对待每一篇随笔。写评语时，先务必读懂文心、理解人心，以求客观、公正。一般说来，写随笔的初期，评语只是肯定，只是鼓励，努力发现学生感情上的喷涌处、结构上的精巧处、语言上的精彩处，能在原文注明、指出的，就在原文注明、指出，类似“描摹感情，真；组织结构，巧；雕琢语言，妙”之类的评语决不吝啬，有时碰到学生感情出现了波动、挫折，还要在评语中和学生聊聊天，有时碰上学生激情满怀、壮志凌云，还要在评语中对学生鼓励、指点、祝愿，为此有时我可能要花上点时间去琢磨一个评语，甚至辗转反侧；学生写作的积极性被调动起来了之后，才在评语中针对不同的学生委婉地提出各自的要求。不仅如此，我还对“内容”和“书写”两方面，从“好”“较好”“认真”三个层次去评价学生，并在随笔课上公布。“好”“较好”着眼于评价学生的能力，“认真”着眼于评价学生的态度，这就为不同水平不同层次的学生提供了展示自己的舞台，我本来还想从“进步较大”这方面去更细地评价学生，终因太麻烦、太累没有实行。这还只是从“面”上来评价学生，还不足以真正激发学生的积极性。为此，我还要在随笔课上展示学生的佳作，“奇文共赏析”，从“点”上来评价学生、激发学生，到了这一步，才真正显示了老师重视随笔的程度、坚持随笔活动的决心，才真正激发了学生的积极性。在班上读，还只能让班上的人知道，还不足以最大限度地激发学生的积极性，鉴于此，我将其中更好的随笔向校刊《小荷》杂志推荐，向报刊杂志推荐。

3. 积极引导以领会写作真谛

这是上随笔课最主要的目的，是通过随笔课上读的每一篇示范文章来实现的。课前，我挑选好用来示范的优秀文章并按内容归了类，课上一般由作者到前面读自己的文章，读完了，先由学生评，再由我补充、总结。如何将示范文章的示范作用发挥得最好，这就需要积极引导了。一般说来，我从以下三个方面加强引导：

首先，引导学生关注自我、关注学校、关注家庭、关注社会、关注自然，在求真上下功夫。

学生读文章之前，我一般向其他学生提三个问题，这是师生评价文章的线索。第一个问题一般是“这篇文章写了什么？”，以此引导学生关注自己，如回首成才历程、描绘人生轨迹、体会喜怒哀乐、把握情绪变化、记录人生思索、设计人生坐标；关注学校，小至和老师、同学的摩擦，大到对考试的关心，对班级、学校的留心；关注家庭，像家庭的温暖、家庭的压抑、家庭的矛盾均在视野之内；关注社会，尤其是刚刚或者正在发生的社会冷暖、世间百态、天灾人祸，均在思索之目；关注自然，如桃红柳绿、春秋代序、日月运行，均在移情之列。无论是观察、体验还是思索，我都引导学生明白这些是真实地发生在我们身上、我们周围的。现在考场上编造之作不少，首先这是文风的问题，引导学生在求真上下功夫，就可以极大地解决这种文风问题；其次，这还是人品的问题，做文即做人，做文有助于更好地做人，在随笔中引导学生求真可以促进学生良好品质的养成。

其次，引导学生关注文章的结构和语言，在有序和有文上下功夫。

随笔课上，学生读自己的文章之前，我提的第二个问题一般是：“这篇文章在结构和语言上有什么特点？”，以引导学生关注文章的结构和语言。

结构贵在有序，即要有合理的思路，或清晰或巧妙。目前很多学生的文章思路混乱，或是思路不清或是没有思路，令人心忧。

语言贵在有文采，或对偶或排比。有文采是高中生和初中生作文的主要区别之一，是高考作文等级的重要方面，而这主要表现为以对偶句和排比句、排比段来恰当地表达内容。

最后，引导学生关注写随笔的意义，在动力上下功夫。

随笔课上，学生读文章之前，我向其他学生提出的第三个问题一般是：“你认为文中所写内容有什么意义？”。如果说前两个问题探讨的是“写什么”和“怎么写”的问题，那么这个问题探讨的则是“为什么写”的问题。从某种意义上说，这个问题更重要，因为明确了“为什么写”的问题，实际上就为写随笔提供了强大的动力支持，写起来就会更加自觉，更易产生兴趣，从而更好、更快地属文。一般，我从以下三个方面引导：

(1)可以丰富精神世界

像关注心灵、体验情感的文章，就引导学生认识到作者通过此次随笔保存了一段珍贵的记忆，留下了人生难得的痕迹，为认识自己、回味自己、战胜自己留下了最宝贵的资料，同时也丰富了自己的心灵世界、情感天地，长此以往，作者将更自知，心灵世界将更空灵，情感天地将更多彩；像品味生活、思索社会的文章，则引导学生认识到作者通过此次随笔对生活、社会的理解宽广了一些，深刻了一些，行动也就更自由了一些，处事也就更自如了一些，长此以往，作者的精神世界将越来越伸展、越来越广袤，世界在作者的眼中将越来越透明，作者为人处世将越来越随心所欲而不逾矩；像移情风景的文章，则引导学生体会自然对心灵的净化，精神在自然熏陶下的升华。

(2)可以增加生活情趣

有情趣的文章让学生欢笑的同时，也会引导学生注意观察生活中有趣的事了，如此，生活也就更加甘甜了；有理趣的文章让学生思索的同时，也会引导学生注意咀嚼生活了，如此，生活也就更加有滋味了；有结构的文章让学生欣赏其精巧的同时，也会引导学生注意如何更好地编织生活了，如此，生活也就更加有条理了；有文采的文章让学生赞叹其绚烂的同时，也会引导学生如何更好地点缀生活了，如此，生活也就更加精彩了。

(3)可以协调人际关系

文章反映的若是学生间的疙瘩或友谊，学生听了，彼此可能重归于好或更加和睦；文章反映的若是朋友间的罅隙或融洽，朋友听了，或重归于好或友情更加默契；文章反映的若是家人间的深情或隔膜，家人见了，亲情会更加浓郁。文章在班上读，学生羡慕之情暗长；在校刊上发表，学生敬佩之意油然；在出版物上发表，学生仰慕之心顿生。

(二)画卷，异彩纷呈

1. 先从量上看

一星期一篇不少于 500 字的随笔和不少于 300 字的剪报读书笔记，一年下来，练的多者有八万字，一般者有四五万字；课外阅读量一年下来，多者有 20 万字，一般者有 10 万多。班上还出现了创作的热潮，以 2001 届学生为例，在将近两年的时间里，郑文宇同学创作了小说《哈里·波特和我的作业》《小公园的池塘边有个石椅》《有魔力的柜子》《门》、童话《家狗和野狗的对话》；

顾威同学创作了小说《面朝大海》《生命的颜色》；申宇同学创作了小说《美丽》；秦梦雪同学创作了小说《融化》《风铃》、诗歌《家》；白蕊同学创作了诗歌《如歌的行板》《我是梅花的精灵》；刘英杰同学创作了小说《诚信，最美的神圣之花》、诗歌《雪》；徐远同学创作了科幻小说《卡尔·里尼奥》《克隆"希特勒"》。以上作品均在校刊上刊出，其中徐远同学的《卡尔·里尼奥》被隆重推出。

2. 再从质上论

(1)内容扩展了，细致了

有关注自己的，像白蕊同学在《少年旅程》中回顾、反思了"美好的童年""快乐的14岁""拼命的15岁""忙碌的16岁""平淡的17岁"。有关注心灵的，记录了心灵思考的轨迹。像王云妹同学在《我心如雨》中袒露了自己在家长教育会上面对父母指责、命令时"好乱""埋怨""酸酸"的痛苦历程；李娜同学有感于盲人看不到"绚烂的世界、美丽的景色"，在《美丽世界》中展示了希望能在死后捐献视网膜所感到的幸福；苏莉同学夏天躺在床上，在风的抚慰下，感悟到"虽然不知道将来会发生什么，但我们可以把握现在，让那些所谓的命运见鬼去吧!"有关注学校生活的，像王丽媛同学在《一二三四五六日》里概括地感觉了学生每周的每一天：黑色的星期一、红色的星期二、灰色的星期三、金色的星期四、绿色的星期五、彩色的星期六、淡蓝色的星期日；杨曦同学在《踩点儿高手》中细致地描写了自己为了能在规定的时间7：20到校一路上"惊心动魄"的"紧张"和"后悔"的情景；赵然同学的《最后三分钟》全面而详细地刻画了下课前三分钟各路英豪的众生相；白蕊同学的《我班的四大家族》白描了放学后、上晚自习前这段课下时间里最壮观的"吃喝族"、最开心的"打球族"、忙碌的"购物族"、悠闲自在的"逍遥族"的尽情表演。有关注家庭冷暖的，像申宇同学在《流浪》中记叙了晚上因和母亲吵架而在外流浪的经历，道出了成长过程中的复杂心态；黄中珩同学在《父爱深深》中回顾了父亲对自己从小到现在这漫长的严厉过程，诠释了深刻而温馨的亲情。有描绘社会百态的，像王文颖同学在《一场车祸》的报道中痛斥了交通事故肇事司机逃之夭夭的罪恶行径；秦梦雪同学在《变化》中诉说着一些青少年正面临着堕落的危险；顾威同学在《冷》中抨击了人类对待小动物的自私。其他关注自然、移情风景的佳作不胜枚举。

(2)构思清晰了，巧妙了

这主要体现在主体部分并列结构的熟练运用上。像王文颖同学在《我的语文老师》中刻画了语文老师的三个特点：决不低头、决不妥协、绝不示弱；朴顺玉同学将公共汽车罐头里的沙丁鱼分为以司机师傅为代表的无聊型、以上班族为代表的挤压型和以学生为代表的有时烦恼有时愉悦型；王云妹同学将《夏天三部曲》分为清晨“欢快而明朗”的节奏、中午“沉闷而缓慢”的节奏、夜晚“轻松而舒畅”的节奏，等等；甚至王文颖在《检查》中还创造性地运用了章回体的形式，将“检查”分为三章：写检查、改检查、读检查，其中“写检查”分为三回：分类、篇头语、常用词汇，“改检查”分为两回：换纸和单句变为复合句。

这也体现在巧妙的照应上。像陈雪姣同学在《变的困惑》中先列举了妈妈的责备、老师的批评、好友的劝告，“我”反思之后决定变成一个乖乖女，可第二天身后却传来妈妈的一声“咦?”，课上老师的目光带着询问和惊奇，好友诧异地问“我”“你怎么了?”。一段日子过后，母亲关心、老师询问、同学好奇，对变后的“我”仍不满意，这又引起了“我”对“明天”是否还要变的思索，照应得自然而到位，等等。

这还体现在视角的独特上。如，我们感激的多是别人，可王文颖同学认为首先要感谢自己，只有这样才能“有时间、有心情、有能力对别人常怀感激”，感激自己的什么呢?“感激生长在身上的各个器官，虽然外观不是很出众，但至少让我没有缺陷和遗憾”“感激自己所有的品行，虽然其间坏的多好的少，但至少让自己充分展现了个性”“感激任何时候的自己，虽然不是万能的，但至少让自己不空虚，常常有事可做”。

(3)语言有气势了，有韵味了

这主要体现在排比句、排比段和对偶句的运用上，极大地增强了文章的气势。限于篇幅，只能向大家推荐一篇已发表在《作文导报》上的随笔：

我不想长大

高二(四)班　郑文宇

我不想长大，这不是我的愿望。上幼儿园的时候，每天给我的感觉都是一个样——快乐。每天可以无忧无虑地玩耍，每天可以无忧无虑地长大。每一分每一秒都充满着幸福。那时的生活就像一罐蜜，你每次只吃一小口就会醉在其中。

我不想长大，这变成了我的愿望。上小学的时候，每天给我的感觉都是一个样——疯狂。每天可以不顾一切地玩耍，每天可以不顾一切地长大。每一分每一秒都充满着勇气。那时的生活就像一盒糖，你每吃完一口就还想吃第二口。

我不想长大，这就是我的愿望。上初中的时候每天给我的感觉都是一个——惊险。每天都要提心吊胆地玩耍，每天都要提心吊胆地长大。每一分每一秒都充满着危险。那时的生活就像一盒巧克力，你不知道下一个是什么味。

我不想长大，这仅是我的愿望。上高中的现在，每天给我的感觉都是一个样——可怕。每天都要胆战心惊地玩耍，每天都要胆战心惊地长大。每一分每一秒都充满着恐怖。这时的生活就像一盒药，你为了明日的美好再苦也要吃。

这也体现在比兴手法的运用上，在2014届高二(四)班有三四位学生很擅长这种手法。像白蕊同学在《放弃·忘记》的开头这样写道：

天空永远是那样蔚蓝，即使有时乌云密布，也终究会烟消云散；大海永远都是那样的平静，即使有时候波涛汹涌，也终究会宛如明镜；大地永远都是那样宽广，即使有时高楼遍地，也终究会有绿地的出现；我的生活永远都是那样充满欢声笑语，即使有时进退两难，也终究会想办法解决。选择放弃、忘记对我来讲是解决某些问题的最好方法。

温胜男同学在《常怀感激》的开头这样写道：

云彩会感激蓝天，让自己可以依偎在蓝天的怀抱里；小狗会感激主人，让它有着安稳无忧的生活；小花会感激小草的衬托，让它的颜色更鲜艳，其实每个人都会有自己感激的人或事。

此外还体现在巧妙地化诗词入文。这样的情况不多，若用得巧妙，文章的韵味自然会增强，像王振忠同学《考试》中巧妙地以苏轼的《水调歌头·明月几时有》表达了对高中成绩的无奈：

高分几时有？无语问青天。此次又未及格，怎去面家长。我欲退学不念，唯恐父责母怨。几年白流汗，学习成绩差，为何上高中！三分耕，一分获，夜无眠，谁谓我意志不坚！日有阴晴圆缺，学有成绩优劣，此事现难全。但愿数年后，终熬到出头。

(4)手法丰富了，得体了

同是写有关随笔课的随笔，邓京同学的《随笔课》以概括叙述的方式层层递进地写出了随笔课的性质：随笔课，一堂与众不同的课，一个真正属于学生自己的课堂，一个能使学生之间互相学习的课堂，一个可以品尝到喜、怒、哀、乐的课堂。而王瑶同学的《观随笔课》则通过捕捉精彩镜头，采用具体叙述的方式，勾勒出课堂上精神类型不同的学生：有台上台下前呼后应“心有灵犀”型的，有“跳出三界外，不在五行中”“浑然不觉”型的，有初次登台心中没底“胆战心惊”型的。其他的，像王云姝同学在《我心如雨》中以情景交融的手法以雨显心、以心证雨；王文颖同学在《他听见了吗》用欲扬先抑的手法，先写自己在书店里买书时碰到一个虽帮助自己却很高傲的男青年，厌恶之情频滋，后来交款当他主动补足少收的十块钱时才知道是个聋哑人，后悔之意顿生；宋爽同学在《种子之歌》中以拟人的手法唱出了奋勇向上的精神；雷明君同学在《悄悄地来临》中设置悬念，先巧妙地具体地描写早晨、中午、晚上我们周围悄悄发生的变化，然后指出这是因为冬天来到了；郑文宇同学的《小公园的池塘边有个石椅》以蒙太奇的手法让各色人等在小公园池塘边的石椅上从早晨到深夜的不同时刻尽情表演，表现了人从出生到死亡的全过程，写尽了世态……

到目前为止，所教学生的随笔在每期校刊上均占有相当大的比重。有多篇随笔发表在由作家出版社出版的《这片沃土》中，有八篇随笔发表在首师大出版社出版的《作文问题》一书中，有一篇随笔发表在由语文出版社出版的《写作一典通》中，有一篇科幻随笔发表在由中国人民大学出版社出版的《中学生创意作文·科学潜望镜》一书中。共出班刊十二期，文学社杂志十五期。作家出版社出版的《花开时节》一书中，收录我所教学生的多篇文章，另有三篇在《作文导报》上发表。经过努力，学生的阅读和写作能力有了长足的进步。

“随笔”教学并非本人独创，前亦有之。鄙人资质愚钝，没有大多数人的善巧方便，只有兢兢业业，以期勤中孕才、拙中育巧；只有长期坚持，以期能从大量的木材中化出一些炭、从大量的沙中淘到一点金。回首这四五年“随笔”教学所走的路，可谓惨淡经营：批改随笔时，有时望着四五座“喜马拉雅山”，只有苦笑，为了能赶在随笔课前做完一切准备工作，经常加班加点，很多时候是宿在办公室里，有时到半夜一个人孤零零地回家，可谓苦矣！然而当我看到好的随笔时，如夜行者见到了曙光，淘金者见到了金子，沙漠陀队见到了绿洲，喜悦溢遍全身，若周围无人则或拍案而笑或击掌而歌，“天下之欣喜为何如?”可谓乐矣。四五年如一日，蓦然回首，感悟到一点：要成就一件事情，没有点献身精神，没有点慎终如始的毅力，是很难的，尤其是在这个物欲横流、人心浮躁的社会里。

（发表于《北京教研》2003年第4期）

下面是学生的两篇关于描写“随笔课”的文章（曾发表于郭铁良主编的《作文问题》一书中）：

一节随笔课

邓 京

随笔课，一堂与众不同的课。它没有音乐课动听的歌声，却听得到优美的诗句；它没有体育课上放纵奔驰的场面，却可以看到乐开怀的情景；它没有历史课上的传奇故事让你回味，却有无数好文章让你细细回味。它让你不得不全身心地投入其中，去享受随笔课的独特魅力。

随笔课，一个真正属于学生的课堂。之所以说它是学生自己的课堂，是因为它打破了往常主要是老师讲的形式，它给了学生更多展现自己的机会，能够提高自己的朗读水平，展示自己颇有文采的文章，抒发出自己对各种文章的见解。从听、说、分析等方面加以锻炼，为今后的学习和工作打下了良好的基础。

随笔课，一个能使同学之间互相学习的课堂。在课上，大家听着身边的小作家写的文章，有真实可信的感觉，可以学习优秀作文的各种优点，也找出了彼此之间的差距，明确了自己的位置，有了努力的方向。

随笔课，一个可以品尝到喜、怒、哀、乐的课堂。它任你在内容丰富、形式多样的文章中遨游。当听到某些大块人心为民除害的文章时，你会感到喜悦发自内心；当听到揭批某些坏人坏事的文章时，你会感到怒火油然而生；当听到人类伤害动物、破坏环境的文章时，你会不禁为人类的行为而悲哀；当听到语言丰富、幽默的文章时你会禁不住乐出声来。

随笔课各个方面的优点都记在了我们每位同学的心中。它似乎已经成为我们学习中必不可少的一堂课了。它的轻松自如是我们每堂课都期盼的。

观随笔课

王 瑶

随笔课，一节继体育课、美术课后，在所有主科中唯一让我们可以感到快乐的课程了。它已成为我们“习惯”，我们每星期的一份必不可少的大餐。下面剪辑出一些小镜头，供大家欣赏。

镜头一：快车齐分享

每位同学都有自己独特的写作方法，类型千姿百态，其中就有超级幽默型的。此人面带微笑，脚步轻盈，像是在回想文章内容，先把自己给逗乐了。待他登上讲台刚刚吐出只言片语时，底下的听众们已经是前仰后合了，捧腹的、捂着嘴的，更有甚者乐得用拳头砸课桌。此种景象，真是让人不亦乐乎！再观此人读到连自己都要大笑的字眼时，先用笑做作个开场白，之后全班同学哄堂大笑，而他等同胞们笑够了才会向下读，可能是想看看自己文章搞笑的效果，是不是可以和周星驰一比高下；也可能是大家笑声过大，怕同学听不到下一句会影响效果。用几个字形容我们——心有灵犀。

镜头二：与瞌睡虫斗争到底

虽然在课上可以学到不少知识，同学们台上台下激情高涨，还是有些隐逸之士、与世隔绝之人觉得课堂像故事会一样，自己这种高雅之人怎能同流合污呢？便持思考者姿态，从第一篇文章就开始提取睡意，远远看去可能以为是听得入神，其实睛眼早已眯成一条缝，呼吸均匀，待第三篇文章念到高潮时，他已见到了周公。再用几个字形容他——目似瞑，意暇甚。

镜头三：心理大考验

连续在每次课上发表自己文章的同学，可以说是或从容或潇洒。而第一次发表之人呢？此位仁兄可能早有些预感，觉得自己写得很不错，应该会上榜，便在前一天就心里打鼓了，待老师把五颜六色的本子放在讲台桌上时，他发现自己的还很靠前。这时他哪里听得进别人的？而是先整理整理自己的形象，再和周围的同学沟通一下，做做心理铺垫。上台后，两手发抖，口齿不清。用几个字形容？别了，还是安慰一下他吧："您没事吧？"

其实，镜头太多太多，当你把一个个镜头连成一部电影时，你会发现它是如此色彩斑斓，让人回味无穷。

二、执着地用文字告诉自己和世界，我们曾这样来过

——编"随笔"杂志之序

随笔，我们以这种形式执着地用文字告诉自己和世界，我们曾这样来过。

人生百年，转瞬即过。如果我们不用文字记录下自己的足迹，岁月的风沙将毫不留情地淹没我们人生的轨迹。蓦然回首，黄沙漫漫，宛如荒漠，记忆中残存的只有不完全的概括的事件，至于当时丰富的情感、刻骨的感受、深刻的思索却再也无法重现了，这样的人生又有什么意义，又有什么乐趣？参加工作后，我遵从我师父余先生的教导写了四五年日记，偶尔翻开日记本，就可以迅速地回到当时的情景中，知道那就是曾经的鲜活的自己，看到自己当时处理某些问题的痴，就笑，由此知道自己进步了；看到自己反思中的高尚之处、独到之处，也钦佩自己。回首走过的路，不仅知道了曾经的自己，

也有助于审视现在的自己，更好地走好自己以后的路，正可谓“温故而知新，可以为师矣。”然而，日记只是写了四五年而已，就没有能坚持下来，于是我再回首我的没有文字记录的人生，如果没有现实中某些事情的刺激，它只是一片混沌，我也恐慌：我的人生都去哪了？我的人生是什么样？我想不写日记的中学生也一定会有和我一样的感受，不同的可能只是程度，因为我是中年人，而你们是青少年。

同学们，请执着地用文字告诉自己和世界，我们曾来过。

而随笔就是较好的表达方式。“随笔”最大的特点在于“随”：内容“随”自己定。

这本杂志正是同学们的随笔集。

在这里，我们可以看到同学们内心的纠结，切身的感受，深入的思索；写自己的心潮起伏，叙家庭的生离死别，述校园的酸甜苦辣，谈朋友间的悲欢离合，针砭时弊，指点江山，甚至看电视看大片，都可以感慨一下，议论一番。这不都是我们的生活吗？只是这生活因为我们的感受、思考而不同于以往，而有了意义，甚至会有所改变。这样，我们才算真正来过。

更加艰难的在于写随笔的过程。像我现在教的高二(1)班文科班和高二(2)班理科班，是我上学期接手的。我要求一周一篇随笔和一篇剪报，我判完后要求将其中写得好的打好发给我，在(2)班可以抵下周相应的随笔或剪报，在(1)班则不允许代替，因为(1)班是文科班。我把学生按照一定格式打好发过来的文章上传到学校知行社中“小荷文学社”的栏目中。开始学生的积极性很高，慢慢地积极性有所下降，正如同恋爱中和结婚中的感觉不同一样。文科班的反应尤其明显，因为他们认真地写随笔，基本上可以及时地将打好的文章发给我，而文科的作业又不少，因此文科班要忍受更多的苦恼，积极性有所下降也就可以理解了。对于个别拖拉的学生就督促。我上学期上传的文章有七八百篇，是上一届三年的总和，因此我每周也忙得不亦乐乎：判随笔、剪报，上传随笔、剪报。经过苦恼、疲惫，我们也有了丰厚的回报，这就是呈现在我们面前的两本杂志：随笔、剪报各一册，而文科班居多。杂志的特点决定了其不能太厚，又要设置栏目，编辑时内容相同的取更优的，无法编入栏目的只能忍痛割爱，这里有足够的资源供我驱遣。因此，我可以很负责任地说：这两本杂志的质量还是比较高的，尤其是随笔的质量更高，这就是收获。我们都痛并快乐着。我们都执着地用文字告诉自己和世界，我们曾这样来过。

编杂志的过程同样也充满了考验。上个学期我就看好了(1)班和(2)班在校报《六讲刘习》担任编委的韩玉洁和温楠，和她们打好招呼了，这期杂志由她们来编。到了寒假，我把随笔、剪报的电子版都给了她们，把编杂志的要点和她们说了，先分类，希望她们可以在寒假集中完成，我再把一下关。两位同学取电子稿时没有带U盘，我把我的U盘借给了她们，后来她们把稿子分完了，放在我的U盘里，把U盘送回来了。我就带着U盘坐动车回老家；我的两个U盘都放在笔袋里，其中另一个至少16G。在动车上，我看康震的《唐宋八大家之欧阳修》。我看书有个习惯，边看边把不会读的、不理解的字词做标记，然后再借助工具书解决，这样笔袋就拿出来了。越临近家乡越激动，特别是听到乡音，就和旁边的老乡聊上了，老乡带了一个孩子，还在襁褓中，天真无邪，就逗孩子玩，直到快下车才匆忙收拾书呀食物呀什么的。等回了家，三四天之后，因为要看看两位同学的分类，才想起要找笔袋，结果笔袋不见了，又反复“过电影”，最后确定是落在动车上，又和动车的终点站联系，没有。等坐同一趟动车回来问车上的工作人员，还是没有。我知道，U盘确实没有了，杂志的分类也没有了，不过虽然两个U盘没有了，但韩玉洁和温楠那儿应该在电脑上有稿件分类的备份，我给她们发了短信，希望她们可以把电子稿发给我，但我没有得到她们的回复；我因为要准备三月底的区公开课，就不得不把本打算寒假完成的杂志放在三月底的区公开课之后了。一开学，我们就碰面了，我询问原因，她们对视了一下，然后说“电子稿的分类是在U盘中完成的，因此没有备份”。在此，我再次向韩玉洁和温楠两位同学道歉！是我的粗心大意使她们的劳动成果毁于一旦。怎么办呢？要么还要麻烦两位同学再整理一次，要么我另想办法？我请两位同学回去考虑好再答复我，后来她们答应再整理一次。我于是和两位约定争取在三月底把稿件的分类工作做好。公开课之后，两位同学也基本上把分类工作做好了，为编杂志的后续工作奠定了一个良好的基础，却没有时间接着做后面更加高端、更加繁复的工作了。在此，对韩玉洁、温楠的辛苦工作表示衷心的感谢。之后，我便将主要的业余时间放在编这期杂志上了。清明节的三天假期里，我用了两天的时间把栏目和各栏的篇目确定了，然后据此把电子稿重新进行了分类。妻和女儿去踏青了，我没有陪她们，尽管我很想陪她们，我也想踏青。家里只有我一个人，坐在床上，把同学的剪报调来调去，稿纸铺满了床。清明节之后的第一天，马上组织同学校稿，首先自校，然后他校；之后又在周六、周日开研讨会的间隙见缝插针参照同学的改稿修正电子版；之后请(1)班的邸博宇和(2)班的荀文博对每篇剪报插图，设计封面。剪报大体编完了以后，就开始编这本随笔。依然是花了周六、周日近两天的时间分好栏目、确定篇目，请同学校稿、我据此校正电子稿。最后是编目录，又花了五一假日一天多的时间。其间，对栏目的命名颇踌躇，然后在5月3号晚上11点左右把稿件发给了印刷厂。五一回来以后就开始写随笔、剪报的序。待印刷厂把稿子送来以后还要发动两个班的同学校对两遍，这样才可以付梓。之所以要如此认真，是要保证刊物的质量，让刊物值得自己和同学珍藏。我要执着地用文字告诉自己和世界，我曾这样来过。同学活在自己的文字里，我活在自己的刊物里，刊物里存放着同学和我的情感。

同学们，让我们一起执着地用文字告诉自己和世界，我们曾这样来过。

三、"作文与做人"话题作文

社会的物质财富增加了，人们的生活水平提高了，人们更加迫切地希望国家之间、人与人之间能以诚相待，以宽容相待，可是现实却不容乐观。像大国间的锱铢必较、钩心斗角和见风使舵、言而无信自不必说，就连我们周围的社会也堪忧：人们交往，大多戒备森严，以面具相见，甚至坑蒙拐骗，虚假之情较多，诚信之意不足；对别人不经意的错误，或认为威胁到自己的利益，咀嚼赏鉴者有之，落井下石者有之，笑里藏刀者有之，睚眦必报者有之，不一而足，刻薄之意昭然，宽容之心少见。所以本次设置这样两个话题：诚信和宽容。

本次话题的内容是为学生所深深渴望且颇感困惑的，这样可以给学生提供一个表达意愿、阐明见解的机会，以让学生融真情于笔端，展神采于尺牍。

话题一

人无诚无以立，人无信无以行，企业、集体、国家也是如此。目前，国家大力倡导诚信，企业需要诚信，人们渴望诚信。诚信在社会已严重缺失了。面对社会上鱼龙混杂、泥沙俱下的形势，一种人本想以诚信行世，但患得患失，不得不虚虚实实、真真假假，获利则喜，吃亏则悲，在苦海中挣扎不已，可怜！一种人彻底抛弃诚信，唯利是夺，唯名是争，宁叫我负天下人，莫叫天下人负我，即使成功，心海实难平静，惶惶不可终日，可悲！一种人坚持以诚信待人，与人为善，唯慧是业，随机应变，结果众口交誉，功成身退，可叹！

请以“诚信”为话题，写一篇800字左右的文章。

【写作思路】

“诚信”人人都知道，都可以写上几句，要想写好，殊非易事。要写好，须在两个方面下功夫。

一是选择好角度。“什么是诚信”，大家耳熟能详；“怎样做才符合诚信”，大家心知肚明；“为什么要诚信”，我们尚无彻底的认识。因此需要从“为什么”这一角度切入，论述清楚，论述全面履行诚信的重要性或不履行诚信的危害。

二是选择好恰当的形式。“诚信”话题形式不恰当就容易干瘪，容易成了几条标语；选择好恰当的形式就容易使内容丰富起来，生动起来。一般来说写记叙类的文章，像散文，可以写自己寻找诚信的过程；像小说，可以通过虚构情节、人物来形象地表达必须履行诚信，效果比写议论文要更好；要写好议论文，关键的一点是材料要有时代感。

【学生例文】

最美的神圣之花

刘英杰

清晨，三位迷路的少年误入了上帝的后花园，遇到了正在赏花的上帝，上帝微笑着对他们说：“欢迎你们，我的孩子们，这里是我的后花园。作为礼物你们每个人可以从分别代表着金钱、智慧和诚信的三种神圣之花中摘取两朵。最后，祝你们幸福！”少年阿A说：“我要金钱之花、智慧之花，给我金钱与智慧！”阿B说：“我要金钱之花和和诚信之花。”阿C说：“万能的上帝啊！请您将诚信之花和智慧之花赐予我吧！”上帝说“好吧！就让你们如愿以偿吧，都回去吧！”说完，三位少年便昏昏沉沉地睡着了。醒来后什么也记不起来了，他们都找到了各自回家的路。

七年后，某名牌大学门口。……

“嗨！阿C！今天是咱俩大学毕业的好日子，把阿B叫上，咱们仨儿出去暴撮一顿，我请客！”“行呀！阿B这两年没上大学，一直搞他的什么诚信装修公司，我也很长时间没见到他了。你去联系一下吧！晚上七点，校门口的‘雪吧’内，不见不散！”

三年后，“雪吧”内……

“行啊！阿B，鸟枪换炮，你不搞装修玩房地产了。厉害！厉害！”“嗨，还不是诚信这块牌子硬？顾客信得过咱，钱也越赚越多了。不过我可没你老A有办法，年纪轻轻就进了大牌企业，还成了骨干。”“我也没什么，就是鬼点子多点儿罢了。不过我现在可捞的油水却不多……。”“听说老C这么多年了才只当了一个小小的科长，以他的智慧，实在可惜”……

十五年后，一个身着名牌西服的绅士从“雪吧”走出来，撞到一名落魄的中年男子身上。“你不是阿B吗?’绅士脱口而出。中年男子停了停呆滞的眼神，惊异地说：“你是……你是阿C!”“没错，是我。我刚从加拿大的分公司回来。听说你的诚信房地产办得不错，好像还上市了。可如今你怎么这副模样？生意不顺?”“别提了，那都是两年前的事了！还记得阿A吗？自打他当上了他那个集团的一把手后，我和他做了笔大买卖。我把这辈子的心血都押在这上面了，谁想他因贪污腐化倒了台，我的生意也血本无归，还负债累累落魄至今。”“没关系，老同学。我帮你，凭着你的那份诚信，一定会东山再起的。”“真的吗?!”“一定!”

八十年后，上帝的后花园……

“欢迎你们再次来到这里，我的孩子们。”上帝说。“为什么？为什么！为什么他俩如此幸福，而我却如此命苦？为什么神圣之花没能给我幸福?”阿A打断了上帝的话气急败坏地问道。“哦！不要急，孩子。听我说，你的双眼被金钱迷惑，即便是智慧，在你看来也只是为金钱服务的。你并没有看到神圣之花中最美的，最终能给人们带来幸福的其实是诚信，也只有它才能给人们带来幸福!”

……

【习作评析】

这位学生很聪明，通过小说这种形式生动地传达他对“诚信”的看法，加深了文章的内涵，增强了吸引力。

这位学生很有才：这体现在通篇采用对比手法，不仅将这三人加以对比，而且将每一人物的前后经历加以对比，这使得主题更鲜明；构思巧妙，以地点贯穿全文：上帝的后花园，七年后某名牌大学门口、三年后“雪吧”内、十五年后“雪吧”外、八十年后上帝的后花园，且首尾照应，这使得文章结构更清晰；还体现在文思的曲折上，文中三位人物的命运潮起潮落，更扣人心弦。

话题二

海不避细流乃能成其大，泰山不弃土石乃能成其高，宰相宽容以至肚里能撑船，弥勒大肚能容天下难容之事，我们也只有宽容处世，才能海阔天空风清云淡，才能得神明、备圣心。可是现实中，很多人眼中只有蜗角虚名、蝇头微利并为此斤斤计较，睚眦必报，致使心乱如麻、面容憔悴，慢慢地，天地昏暗了，心灵萎缩了，目光短小了，前途暗淡了；有些人因一时意气之争，眼中容不得半点沙子，因此则郁郁寡欢，活得一点儿不潇洒，这都是不能宽容的过错！

请以“宽容”为话题，写一篇800字左右的文章，体裁不限，诗歌除外。

【写作思路】

可以从“为什么”的角度论述人与人之间要“宽容”。若是写成议论文，理由一定要说透，材料一定要有时代气息；议论的肤浅无法穿透心灵的铜墙铁壁，材料的陈旧无法让明媚的阳光照进黯淡的心灵。若是写成记叙文，事情须是经历过的，不如此不足以使读者亲切；感情须是发自心底的，不如此，不足以感染读者；认识须是发自肺腑的，不如此不足以震撼读者。

也可以从“是什么”的角度解释“宽容”的内涵，这须写出逐步理解“宽容”的过程，这符合人们认识事物的规律，读来自然亲切。

【学生例文】

宽　容

胡　帆

小时候，常常听爸爸对我说，别人做错了什么事儿，一定要懂得宽容，只有对别人宽容，生活才会更加美好。

那时候我还太小，真的不懂得什么是宽容。我想，宽容也许是在吃零食时，表弟抢走一些，而作为哥哥的我，不去与他争抢吧；也许是在吃饭的时候，等着家长全都坐在饭桌后我才能伸出小勺儿吧；也许是在图画课上，同学不慎将我的蜡笔折断，我不该把他的画纸涂乱吧；也许……宽容对于那时的我来说，太深奥，太难懂了。

后来我慢慢地长大了，渐渐经历过一些事情，似乎对宽容有了一些了解。我想：也许就像学过的课文上的，一个小伙子意外地撞到了一个卖苹果的小姑娘，而小姑娘只是微微一笑，说了句“没关系”吧；也许是我淘气，用泥巴涂花了邻居方奶奶家的晾在院子里的白褂子，而她却慈爱地抚摸着我的头，告诉我不要再淘气吧；也许是我在争夺中不小心撕坏了朋友的那本我也很喜欢的书，当我拿着同样的新书还给她时，她却扬着粘好的那本，笑着把那本新书给我吧。也许……宽容对于那时的我来说太温馨、太亲切了。

接着我慢慢地懂事了，渐渐地学到了更多的知识，慢慢地理解了“宽容”

的内涵。我想：也许宽容是一片秋天的落叶，秋天总要落叶，但落叶又何曾不是一种“化作春泥又护花”的奉献？宽容需要奉献！也许宽容是大海，由于自然界的力量，大海潮起潮落，大气的降水会归入百川，而百川总是要回归大海。大海用它豁达的胸怀容纳百川。宽容需要容纳！也许宽容是人生，人生潮起潮落，面对人生的“潮汐”，我们要有一种平和的心态，像贾谊和苏东坡当时都遭受朝廷不公正的待遇，但心态却迥然不同，结果贾谊郁闷而死，而苏东坡则有着同大海一样的潇洒。宽容需要潇洒！

面对宽容，我读懂了要奉献、要容纳、要潇洒；面对宽容，我体会到要博爱、要善良、要平和；面对宽容，我了解了应以一颗大度之心去看待人生……只要如此，心胸便不再狭窄，天空会更加蔚蓝，人与人之间就会像秋天的落叶一样，没有了忧愁，像无际的大海一样，没有了疆界。

【习作评析】

脉络清晰地逐步揭示“宽容”的内涵是本文最大的结构特点。“小时候”“那时候我还太小，真的不懂得什么是宽容”“宽容对于那时的我来说，太深奥，太难懂了”“后来我慢慢地长大了，渐渐经历过一些事情，似乎对宽容有了一些了解”“接着我慢慢地懂事了，渐渐地学到了更多的知识，慢慢地理解了‘宽容’的内涵”“面对宽容，我读懂了要奉献、要容纳、要潇洒；面对宽容，我体会到要博爱、要善良、要平和；面对宽容，我了解了应以一颗大度之心去看待人生……”

另外，以排比段、排比句构成文章斐然的文采、磅礴的气势，展示了作者较好的文字功底；名句的巧妙移植、历史典故的自然融合，显示了作者较好的知识储备。

（发表于《丰台教育》2003 年第 6 期）

四、合理、简洁、有力

——简介以分论点展开论证的结构

结构是思路的外在体观。思路合理、简洁、有力，则结构必合理、简洁、有力，这是大家都知道的。大家可能并不是很清楚的是有了合理、简洁、有力的结构，同样有助于思路的合理、简洁、有力，特别是对议论文的写作训练尤为有效。当前大多数中学生写议论文思路模糊、结构混乱是突出的问题，鉴于此，更有必要引导学生树立牢固的结构意识。议论文，思路千变万化，结构也多种多样，根据学生的实际能力、学生的个性发展要求以及考场作文的要求，给学生介绍以分论点展开论证的合理、简洁、有力的结构。

在谈结构之前，必须先明确所要议论的范围和角度，这两个问题不清楚，谈结构没意义，也谈不透彻。范围指我们想解决现实生活哪个领域、哪个人群、哪个方面的问题。范围不考虑，就没有必要写议论文；范围不清楚，肯定写不好议论文。角度无非是指问题的三个角度"是什么""为什么""怎么样"，但我们不可能在一篇几百字的短小文章里将这些全谈到、都谈透，否则必是蜻蜓点水，雨过地皮湿，什么都谈了，结果什么都谈不深刻，因此我们必须也只能从问题的一个角度切入，《人民日报》的社论可以三个角度都写，因为人家有足够的版面、足够的才识。这是写议论文的共性。

有了范围，明了角度，结构才可以安排，就可以安排得更加合理。

先说题目。题目最好是简单而明确的判断句，任何一个判断句都可以从三个角度去设问，这样就可以放心地从自己所选的问题、角度去论证了，当然开始训练时也可以在题目中直接显示论证的范围和角度，如"我们学生应如何修养德行"。

再说正文，共分五段：

第一段，先以排比从一个角度铺陈所要论述的问题，然后针对问题，从同一个角度旗帜鲜明地或提出问题（怎么做、是什么）或亮出观点（下面必将从"为什么"这个角度展开论证）。

第二、三、四段是主体部分。结构都是一样的：分论点（本段的中心句），理证分论点，例证分论点，紧扣分论点、照应题目（照应题目，从"为什么"的角度去论证时才要这么做）。这三段写好了，结构自然合理简洁，论证自然透辟有力。

这三句分论点要让人懂、让人信、让人服。要让人懂，就要直截了当地说，说得通俗明白；要让人信，就要说真话，要合乎逻辑；要让人服，还要注意思维的广度和深度。

这三句分论点之间是什么关系呢？或并列或递进。并列最能显示学生思维的广度，递进最能显示学生思维的深度。无论是并列还是递进，三句话之间不能交叉，也不能包含。写好三句话是结构合理、简洁、有力的基础。很多学生做不好这一点。根据笔者的经验，写三句话，并列关系可从"不同方面"或"不同情况"入手，如要论证"学习需要一颗平常心"，可以从"为什么"的角度切入，以学习成绩的三种情况论证平常心的作用：

拥有平常心，可以走出成绩的低谷。

拥有平常心，可以打破成绩的徘徊。

拥有平常心，可以保持成绩的高峰。

再如论述“走出哲理的误区”就可以从“怎么样”的角度从三个方面构思分论点：

要走出哲理的误区，就必须注意哲理的适宜角度。

要走出哲理的误区，就必须注意哲理的适用对象。

要走出哲理的误区，就必须注意哲理的应用环境。

写三句话，递进关系的可按过程来写。如从“是什么”的角度来解释“积极对待生命”：

积极对待生命，首先表现为让身体始终保持健康。

积极对待生命，关键表现为让奉献精神伴随一生。

积极对待生命，最终表现为让弥留之际也要精彩。

写三句话，递进关系的还可按逻辑顺序来写。如从“怎么样”的角度论述“珍惜友谊”：

珍惜友谊，就要彼此信任，这样友谊列车的高速行驶才有坚实的路基。

珍惜友谊，就要彼此勉励，这样友谊列车的高速行驶才有强大的动力。

珍惜友谊，就要彼此宽容，这样友谊列车的高速行驶才有宽广的空间。

理证分论点时，先正面说这样做有什么好处，把好处说尽，再反面说如果不这样做有什么危害，把危害说透。正反对比，对比愈鲜明，论证愈有力。

例证分论点时，如果例子贫乏，应学会紧扣分论点正面例子反面假设、反面例子正面假设，并且假设越多，论证就越严密、越有力、越透彻；如果例子较充足，可以一句一例，均反面假设，至少举三例，更可以先三正例，再三反例，每一例都反面假设，如此，气势自然磅礴，论证自然有力。

这样三段就大体构成了排比段，段内又多有排比句，论证透彻，语言华美，直可憾人心，悦耳目。

最后一段总结一下上文、照应一下论点即可。

这种结构模式的优点是针对性强，思路清晰、结构合理，论证有力、富有文采，深受阅卷老师的青睐。或许有人担心，这种模式会不会僵化，以致千人一面、面目可憎？这种担心是完全没有必要的，因为每个人关心的问题不同，则针对性就不同，议论的角度也不可能一致；思维不同，则三句话更不同，说理的深度也不可能相同；积累不同，则所举事例不同，给人的感觉也绝不会一样。写好是关键。

五、发出心底的声音，说出充足的理由
——课前五分钟“时事”演讲集之序

这本学生的演讲集要追溯到2014年的下半年。其时我接的是高二文科班和理科普通班，到了2015—2016学年上高三，改教理科一班(理科前40名)和理科二班(理科41到80名)，这个学年(2016—2017学年)留在高三，教的是普通班和高加会班。我是第一次教文科班，有些压力，自然要琢磨一些提高学生作文的方法，除了写随笔之外，我还想到了课前五分钟演讲这种方法。所谓“课前五分钟”是充分利用课前的时间，水滴石穿，集腋成裘；“演讲”，可以促进写作，可以更好地当众演讲，我希望他们脱稿，将激情挥洒，这样听众就可以受到感染。

演讲什么？我开始定的是“时事演讲”，即针对社会上发生的重大事情发表评论，文体自然是议论文。个别学生说议论不出，要抒发一下情感，说说自己的苦恼，谈谈自己的困惑，也挺好。后来，文科班的学生问可不可以推荐自己喜欢的书，这可以让学生走进文字所描绘的世界，丰富情感，扩大视野，这当然没问题。因此将这本集子命名为“指点江山，悦读经典”，“江山”也指思潮起伏，情海波澜，胸中块垒。“指点江山”应该说做到了，因为学生关注的范围极广，从自己内心的苦闷、心底的呐喊、思想的交锋到社会上当时发生的重大事件，无所不包，尽收笔底。正因为如此，学生养成了网上浏览、寻找话题的习惯，尽管我提前就通知了演讲的顺序，实际上就确定了演讲的时间，就可以提前找话题了，可实际上很多时候提前确定话题只能是美好的愿望，因为以前找的新的同伴感兴趣的话题到该演讲的时候已经变成了旧的学生不感兴趣的话题，重新找话题在所难免。我在2014—2016学年养成了每天晚上必须看手机报的习惯，否则第二天学生说的事自己不知道岂不丢人？在点评环节可以勾连的我却茫然不知，岂不遗憾？“悦读经典”中的“悦”，一者推荐者自然读得高兴，二者也是对学生的一种期许。

要演讲好，前提是要写好稿子，这是演讲成功的基础，也是考试的要求。为此，我和学生都付出了艰苦的努力。首先学生要提前准备好，有的提前半

个月。之后要到我这儿来说稿。说稿不是念稿。怎么说稿？对“时事演讲”，我让学生把稿子合上，按照王俊鸣先生的教导，问其三个问题：一问关注的是什么问题，如果这个问题陈旧或者学生没有兴趣，我会告诉他后果：演讲完后，学生没有反应，自己心里多难受，进而要求其换话题，意在引导学生说话要看对象，这样这篇稿子就等于一次练习，需要重新写；二问是从哪个角度写的，角度即“是什么”“为什么”“怎么办”，问从哪个角度写就是要明白听众哪个角度最不清楚，就从哪个角度向学生讲清楚，凡角度不清楚的、不唯一的要修改；三问是如何展开论证的，论证无非讲道理、举例子，讲道理时要让人信，即理由不虚假，是真理由，意在培养学生说真话的良好品质；要让人服，即讲的道理要充分、有力，如果是分论点式，则要求至少说出三个分论点，三个分论点要么并列要么递进，不能重复，不能包含。举例子，我和学生强调一是注意典型，注意广度，即注意古今中外不同领域，这样至少举三个例子；二是叙述例子、议论例子，都要顺着观点的方向走。最后一段，要么总结，要么提出怎么办。“悦读经典”，有两种写法，一是推荐作品，从一个方面，如人物、写法、语言等方面说出其妙处，妙处要求说尽，这要求有观点，这是对书中内容的概括；有对书中论据的摘引、分析；一是读后感，本质是借题发挥，说自己想说的。说稿中有交流，有交锋，有引导，有催促，有的学生多次也过不了，烦了还要安慰他，特别是在上一届高三，学生忙，我也累，讨论稿子就要放在晚自习之后，我偶尔说着说着就迷糊了，这个过程很短暂，清醒后对学生报以歉意的微笑，让学生重新说，学生也笑，之后继续讨论。这一届有时甚至到晚上10点多，还要和学生或在微信中，或在电话中交流第二天要演讲的稿子。这是苦境，也是乐情。其中有教学相长的快乐，有学生进步的快乐，看到学生演讲完后的自豪的神情，我也为他高兴。

演讲，是学生每天的期待，也是对学生写作的真督促。大部分学生演讲不能脱稿，只能念稿，然而有个别学生还是具有“我是演说家”的气势的，谈的是学生感兴趣的真问题，脱稿，有责任感，有气势，能感染学生。我印象比较深的是上一届理科一班的李自豪和姜育昊，本届的贾晓铭。每位学生“时事”演讲结束之后，师生还要从三个方面(关注的问题、问题的角度、论证的展开)来评，之后给出分数。然而，这还没有结束，还要求演讲者根据师生的点评继续修改演讲稿，并且把电子稿发给我。最后提醒第二天要演讲的同学。

每位学生经历这一次演讲后都会得到成长。演讲的次数越多，收获得就越多，成长得就越快。

以后接手新生，还要通过“课前五分钟演讲”让学生继续更好更快地成长。

六、回顾高考阅卷，漫谈今年备考

——对解答 2011 年高考“阅读延伸题”的思考

2010 年语文新课改的第一份试卷和以前的试卷相比，在题型上主要是去掉了语言应用题，增加了两道“阅读延伸题”。看当年“阅读延伸题”的得分情况，我们可以完全消除对“阅读延伸题”的恐惧心理：阅读延伸题每题 10 分，第 10 题的平均分为 5.3 分，第 19 题的平均分为 5.4 分。这个分数对阅读题而言是不错的。阅读题，尤其是大阅读，从全国来说都是难点，成绩都是不理想的，在这种情况下，“阅读延伸题”反而成了阅读的得分点。

既然如此，我们在今年的备考中对此题型就应更加关注，进一步重视对学生的指导，增强其在解答上的优势。

(一)把握“阅读延伸题”的出题规律

第 10 题：第二大题文言文《宋清传》中说“清之取利远，远故大”，意思是“宋清谋取利益放眼于长远，因为考虑到长远所以获得的利益较大”。这概括了宋清经商的特点，请从文中举一例加以说明（属考查“从不同角度和层面对文本内容或形式的体察、阐发与评价”），并结合当下的社会生活谈谈自己对这一概括的领悟（属考查“基于生活经验对文本意蕴的领悟、探究与阐释”，这“生活经验”是现实的，是社会的）。

第 19 题：第 8 段“故乡和祖国虽然远在天边，但是现在它们却近在眼前。我离开它们的时间越远，它们却离我越近”一句传达了作者对于“距离”的怎样的体验？试结合你的成长记忆（属考查“基于生活经验对文本意蕴的领悟、探究与阐释”，不过与第 10 题不同的是，这是记忆中的，并且必须是个人的）或读过的文学作品（考查“基于知识积累对文本意蕴的领悟、探究与阐释”），谈谈自己对这一距离体验的感受。(不少于 200 字）(10 分）

试题确实是按照《考试说明》中阅读延伸题的要求“从不同角度和层面对文本内容或形式的体察、阐发与评价”和“基于知识积累和生活经验对文本意蕴的领悟、探究与阐释”来出题的。阅读延伸题的这两句话实际上指出了延伸的两个方向：

“从不同角度和层面对文本内容或形式的体察、阐发与评价”，强调挖掘文本本身，其中“内容”，可以理解为文本的思想主题、作者的情感态度和人物形象；“形式”，可以理解为表现手法和语言运用、语言风格。实际上这就是我们常说的“评论”，其实质就是“就事论事”。

“基于生活经验对文本意蕴的领悟、探究与阐释”，强调以生活阅历、社会现象和所读之书来证明观点，强调向文外延伸，类似于“读后感”，有“读”有“感”，“读”只是引子，“感”才是重点。

以上各种题型在北京市一模和二模中都有体现。

第 19 题是纯粹的联系文外题，而第 10 题则是文内挖掘和文外联系的结合。尽管这两题都要求联系生活经验，但是第 10 题和第 19 题要求联系的却是一个方面的两个角度，可以说仍然没有重复。

这给我们的启示是：我们还是要按照《考试说明》的要求从各个方面多加训练，训练到位，万变不离其宗，有宗还须万变。

(二)分析设置题目的位置

现代文“阅读延伸题”的位置基本上可以确定，就出在大阅读上，应是第 19 题，而古诗文阅读延伸题的位置则不确定，这要根据材料而定。首先，题目无论是出在文言上还是出在诗歌上，都要全面训练。其次，可以侧重在诗歌上训练。原因有二：第一，阅读延伸题去年高考已经在文言文中考查过了，并且在文言文上出延伸题容易和现代文重复，不利于对学生进行更加全面的考察；为了避免重复，为了更全面地考查学生，今年重点应在诗歌上。第二，将诗歌的简答题改造成阅读延伸题可以就地取材，很容易。

(三)根据高考的阅卷情况有效地指导学生备考

在和诸位分享的时候以第 10 题为主，以第 19 题为辅。为了更加细致地分析，笔者将题目内容进行分解。

1. 解释用以延伸的句子的句意必不可少

【题目】10. 第二大题文言文《宋清传》中说“清之取利远，远故大”，意思是“宋清谋取利益放眼于长远，因为考虑到长远所以获得的利益较大”。

【分析】注意此处出题人对要延伸的句子进行了翻译，出题人翻译是为了降低试题的难度，如果出题人不翻译，我们是不是可以不翻译呢？不是，我们必须翻译。我们可以和 19 题做个比较。

【题目】19. 第 8 段“故乡和祖国虽然远在天边，但是现在它们却近在眼前。我离开它们的时间越远，它们却离我越近”一句传达了作者对于“距离”的怎样的体验？

【分析】题目并没有要求解释句子，而在参考答案中则有对句意的理解：原句把对时空的感知转化为心理或情感体验，传达的是时空距离与心理距离的反差。

因此学生在答题的思路上，首先要解释用来延伸的句子，即理解句意。

2. 教会学生掌握叙例、议例的方法

【题目】概括宋清经商的特点。

【分析】注意：出题人在此暗示考生这就是这篇阅读延伸的观点。

【题目】请从文中举一例加以说明。

【分析】要能从文中举出一个例子。举什么样的例子呢？要围绕着能说明“清之取利远，远故大”，即要扣住“放眼长远”（具体做法）和“获得的利益较大”（结果）（即舍眼前小利，谋远利）的例子，这就需要考生能搜索相关内容，至少要大体读懂文章，这是答好阅读延伸题的基础。

因此学生的阅读能力培养须臾不可懈怠。不可忽略的是要按照“放眼长远”（具体做法）和“获得的利益较大”（结果）（ 即舍眼前小利，谋远利）的逻辑顺序叙述例子。

【文中的例子】

①虽不持钱者，皆与善药，积券如山，未尝诣取直。或不识，遥与券，清不为辞。岁终，度不能报，辄焚券，终不复言。清居药四十年，所焚券者百数十人，（取利远）或至大官，或连数州，受俸博，其馈遗清者相属于户。虽不能立报而以赊死者千百，不害清之为富也。（远故大）

②或斥弃沉废，亲与交；视之落然者，清不以怠遇其人，必与善药如故。（取利远）一旦复柄用，益厚报清。其远取利皆类此。（远故大）

不仅如此，还要紧扣“放眼长远”（具体做法）和“获得的利益较大”（结果）来说明。

这就要求学生会叙例、会议例。而叙例、议例又是进行议论文例证的基本能力，因此这一点我们一定要训练到位。

另外，叙述例子的语言形式是先引用再解释、分析，还是直接用现代汉语表述？我们可以从得满分的样卷中找到答案：

①例如文中提到“清不以怠遇其人，必与善药如故，一旦复柄用，益厚报清。其远取利皆类此。”意思是宋清从不怠慢任何人，一定会用好药。而这些人，日后会用重礼来答谢宋清。（叙例）宋清虽然不以眼前的药费来帮助他人，但他日后便会得到回报。（议例）

②当宋清看到落魄的人，也像往常一样拿出好药来治疗他，而这个人到日后会更大地报答宋清。（叙例）宋清没有看到某个人没钱就不医治他，而是用他的善举感动着别人，让别人记住他的好，日后来报答他，从而获得利益。（议例）

考试院给的两个例子是直接用现代汉语翻译、说明的：

举例一：宋清只收购高质量的药材，他对所有的患者一视同仁，得到了医生和病人的信任，因此他的顾客多，生意好。

举例二；对付不起药款的人，宋清也给予优质的药材，并且从不追讨欠款，甚至焚毁借据。受过宋清照顾的人在发迹之后加倍回报宋清。

由此可见，这两种表达方式都可以。

3. 重视训练学生审题意识与能力

【题目】结合当下的社会生活谈谈自己对这一概括的领悟。

【分析】这是 4 分。所举的例子，要求是结合“当下的社会生活”，有的考生举的就不是当下社会生活中的例子，如：曹刿、国家大炼钢铁、居里夫人，等等。

要求是其中蕴含着“清之取利远，远故大”的特点，而有的考生举的例子不符合谈“利”的范围，如：沈浩、王顺友、鲁迅、钱学森（放弃个人利益而使国家获益）、政府给学生贷款、玉树地震中的商店免费为灾区人民服务、山区儿童为孤寡老人送爱心、老医生道德高尚（斥责医生不讲道德）、俞敏洪为宿舍同学打水四年、和谐社会、国家资助贫因地区、哥本哈根大会是为了子孙的环境，等等。

还有，“清之取利远，远故大”“这概括了宋清经商的特点”，那么所举的“当下的社会生活”也应该属于经商的范围，实际上有不少考生举的就不是当下社会生活中经商的例子。如：美国向我国借贷，为了长远利益，我方应允；官员受贿（文强案、陈水扁贪污案）；英泄油事件；考试作弊；谈人与自然的和谐；等等。

这提醒我们一定要把准确审题放在一个突出的位置。

学生举的较好的例子都有哪些呢？

正面的例子：

杭州取消西湖周围的栅栏、围墙，而观光人数增多了，旅游收入翻了六倍；将三鹿和三元两个生产牛奶的企业对比；李嘉诚原谅犯错误的职工；汶川地震中王老吉捐款一亿救助巴蜀；股神巴菲特做长线；微软进军中国市场（开始时免费向中国提供软件），盖茨搞慈善；英特尔公司放弃硬盘而转向芯片经营，当初惨淡而今垄断；等等。

反面的例子：

医院不救死扶伤，对危急病人钱不给足不让住院；老板克扣农民工工资；欧典地板事件；广告吹牛；王家岭矿难等等。

4. 平日教学不忘引导学生关注社会生活

试题要求考生联系“当下的社会生活”，这就要求我们要引导学生关注生活；而学生所举之例不少，说明很多学生关注生活了，视野开阔了，不过三鹿奶粉的例子救了相当多的考生，这说明学生的视野从整体上仍然需要开阔。

“结合当下的社会生活谈谈对这一概括的领悟”，本质上也是叙例、议例。给诸位提供两个优秀样卷：

生活中，也有这样的事例。海尔公司从长远利益考虑，当众毁掉了几十台劣质冰箱，最终赢得了信誉，走向了国际市场。相反，三鹿公司因计较小利，在奶粉中掺假，最终夺去了几名婴儿的生命，也使自己走向灭亡。

孔子曾说“无欲速，无见小利。欲速则不达，见小利则大事不成。”在如今这个养生至上的时代，大批想谋取眼前利益的所谓神医涌现出来。“专家”张悟本为了眼前利益，包装身份，蒙骗了无数消费者，没有潜心研究，只有伪装欺骗，只会换来别人的痛恨和鄙夷。

5. 关注语言表达，尤其不忘书写

语言分为 3 分。去掉了语言应用题，对语言提出要求是必然的，不过没有大毛病的，一般都是 2 分。此外，千万要告诉学生注意书写，书写不好必然吃亏。阅卷老师没有时间去辨认，辨不清字的试卷，内容再好都不可能给高分。

在此，我梳理了解答阅读延伸题的结构，仅供参考：

(1)阐释句意、概括形象（这体现在诗歌中），明确观点——总

(2)或挖掘文本，或联系文外（或阅读经历，或生活经历、社会百态），依观点而叙述、议论——分

(3)收束全文，再次明确——总

这样结构就应为总分总的结构，属具体而微的议论文。

综上所述，对阅读延伸题我们绝不能畏惧，相反，要充满信心、满怀喜悦。要如此，我们就要准确理解文章，这是答题的基础；就要明确要求，这是答题的前提；要准确理解句意，这是入题的关键；拓展举例要恰当、新颖，分析说理要准确、深刻，这是升格的关键；语言表达要完整、有条理、简洁明了、通畅，这是得分的保证。

（发表于《丰台教育》2011 年第 1 期）

第五部分　教学设计集锦

一、讲带结合，求同比异

——《采薇》教学设计

《采薇》是西周时期一位饱尝服役思归之苦的戍边战士在归途中所作的诗，诗中回忆了他转战边陲的艰苦生活，表达了他爱国恋家、忧时伤事的情感，感情比较复杂。其中，前三章用了重章叠句的章法结构、比兴的表现手法，表现了征人对家庭的思念，同时指出造成这个状况的原因是“𤞤狁之故”；四、五两章也用了重章叠句的章法结构和起兴的表现手法，只是重章叠句不太明显，着重写了紧张艰苦的战斗生活，其中洋溢着军人特有的自豪感；第六章是本诗的最佳处，由眼前情景写到自己的哀伤，情深意切，感人至深，同时又是理解的难点。

在讲课之前，利用早读督促学生熟读诗歌，熟记书下注解，这是提高课堂效率的基础；布置学生提问问题，把学生的问题归类，这样老师备起课来就更有针对性，确定起讲课目标来就更加切实，这是提高课堂效率的关键。

教是为了不教。要教好，这就须重视讲，这就需要加强诵读、确认字词、概括文意，这就需要讲疑难、讲精妙，这就需要讲授重章叠句的章法结构和叠字的修辞手法，培养学生解词析句的能力和倡导学生敢于质疑的精神。为了不教，为了让学生自己读书，就要加强迁移能力的训练，这样本课就确定了“讲带结合”的策略。在教学中更要关注学生思维方法的培养，而求同比异是思维的两翼，缺了一个思维就不能放飞，因此本课又有了求同比异的比较阅读能力的训练。

因此本课由三部分内容组成：教读、自读、比较阅读。

（一）诗作诵读、字词确认、文意概括——教读三线索

随着“导入”的结束语“下面请随着我的诵读一起走进戍卒的心灵世界吧”，老师范读《采薇》，通过老师声情并茂的朗诵，把学生带入两千多年前的那个战争频仍、生活贫苦、戎马倥偬、戍卒哀怨的氛围中，然后趁热打铁，让学生一起诵读一遍。

下面进入“讲”的环节。按照课文内容分三部分（前三章，第四、五两章，第六章）讲，讲时依照诵读诗歌、确认字词、概括文意的线索进行。

诵读时须变化，前三章分别请三位朗读水平好的学生读；第四、五两章讲的就是针对玁狁的行军作战，有雄壮的力量，请男同学一起高声读一遍；第六章写得很美，请女同学一起来朗读。每讲完一部分、讲完全篇后就请学生一起读一遍；读完一章或两章后，马上进入确认字词的环节。确认字词时先请学生提问，学生可能不会或没有提问的，老师来提问，然后请会的学生回答，较难的由老师启发、讲解。

在请学生读第一章前，先问“前几章写的是一个内容？”学生很容易看出来是前三章，这是为讲完三章后解说重章叠句做铺垫。重章叠句是《诗经》最明显的章法结构之一，学生初中也见过，但或不识其名或语焉不详，且可据此在第二部分对“捷”做说文解字，另外在后面的比较阅读中也是重点之一，故宜重锤敲打、详细解说。

下面说读完后的确认字词环节。先说第一部分。

第一章，对“靡室靡家”的理解，如果学生不提问，老师就问学生。讲“靡”时可联系《氓》中所学：“三岁为妇，靡室劳矣。夙兴夜寐，靡有朝矣。”也可联系成语：靡不毕见、靡计不施、靡日不思、靡坚不摧。室：家，可以同义互解。“靡室靡家”的翻译：终年在外戍边，和妻子远离，有家等于没家。

第二章，如果学生不提问，老师就引导学生思考“心亦忧止”的“忧”和“忧心烈烈”的“忧”，“忧”的程度是否一样，这是为后面理解戍卒发愁的心情和理解重章叠句的作用做铺垫，引导学生理解“忧心烈烈”的原因（载饥载渴，靡使归聘）。

第三章，先问学生为什么会一口断定前三章写的是一个内容，由此引导学生关注重章叠句的形式、特点及其作用。在引导学生关注重章叠句的形式、特点时可通过带领学生温习初中学过的《诗经四首》来进一步明确，然后引导学生关注本诗前三章重章叠句的作用：

先问前三章前两句只是换了一个字，它们是“作”“柔”“刚”，一字之换写出了什么？（通过薇菜的生长变化反映了时间的推移，写出了战争时间之久）然后问薇菜由“作”而“柔”而“刚”，时间流逝了，戍卒的心情如何？用诗中的一个词（“忧”）来回答。再引导学生在第二、三章的后六句中找出描写“忧”的句子。（第二章有“心亦忧止”“忧心烈烈”；第三章有“忧心孔疚”）“忧”的程度有什么特点？（逐渐增强）

最后老师总结：显然，随着戍边时间的延长，乡情也日益浓重。作者就是采用这种重章叠句、反复吟诵、逐渐深入的方式，让读者一步步走到戍卒的心灵深处，体会着他们与日俱增的思乡之苦。

再说第二部分。

学生提问棠棣花盛开的起兴作用，则只须引导学生关注后面所写将帅高大的战车和高大雄壮的战马即可。

老师重点引导学生由对“捷”注解的质疑来培养学生敢于质疑的精神：

课本将“岂敢定居，一月三捷”中的“捷”解释为“胜利”，对“捷”的解释一直以来就至少存在着两种说法（不同说法汇集如下：“捷”，通接，谓接战，交战。一说，“捷”，邪出，指改道行军，此句意谓一月多次行军；一说抄行小路为“捷”。“三捷”言多次行军，就是不敢定居的意思），引导学生思考一下哪一种解释更好，可以先让学生讨论，直到分歧明显（这两句间的关系要么是前因后果，则课本的注解更有道理；要么是前果后因，则通“接”的说法更有道理）时，老师再做引导，谈自己对这个问题的看法。引导如下：

第五章还有没有表达类似意思的句子（学生可以很快找到“岂不日戒？猃狁孔棘”），将两个句子放在一块儿做比较可以发现这两个句子在章法结构上是重章叠句，则两个句子的句间关系应该是一致的。先看“岂不日戒？猃狁孔棘”，这两个句子语义间的关系，很明显是前果后因的关系，则可据此断定“岂敢定居？一月三捷”之间也是前果后因的关系，翻译一下：一个月打了多次胜仗，怎么敢定居呢？这是不合情理的，而说“一个月多次交战不敢定居”才合乎情理。这样一来，我们据此可以判断：“捷”解为通“接”，比解释为“胜利”更好。另外，揆情度理：如果说总是一个月打多次胜仗，早就应该打败猃狁了，早就可以回家了，何至于长期在外征战一直思归而不得，以致于“忧心孔疚”呢？

老师继续引导学生关注描写马的“叠”字：叠字的修辞手法在本文运用较多，且《诗经》开创了先河，运用广泛，对后世的创作也有广泛而深入的影响。

“四牡业业”中“牡”的意思学生没提问，老师就引导学生加以关注(这可从引导学生看注解或查《古汉语常用字字典》加以解决)，由此切入，进而问作者描写战马用了哪些词(“翼翼”“骙骙”“业业”)，然后问这三个词在形式上的特点(叠字)以及用这三个叠字描写马的作用(不仅能使语言增强音响效果，即增强语言的节奏感和旋律美，音调和谐，容易上口，还能使语意鲜明突出，这可通过比较单字朗读和叠字朗读的不同效果得出，尤其是表现出某种特别的感情，那就是对己方军容之盛的赞美)。

最后讲第三部分。

学生问打了胜仗，平安归来，即将回到家乡，为什么却感到悲哀(“莫知我哀”)呢？老师则需做如下的引导：

答案只能从“行道迟迟，载渴载饥”中找。而有的学生找到“今我来思，雨雪霏霏”，则正好可以讲讲“今我来思”：

“昔我往矣，杨柳依依；今我来思，雨雪霏霏”，被认为是《诗三百》中最好的诗句之一，但鉴赏有别，学生可以在课下查资料继续琢磨。由“今”可以知道，前五章为回忆，本章为写归途的感慨。回来时的心情如何？(喜悦)为什么喜悦？(前三章极力铺陈思归之久、之急，而今终于可以回家了，能不高兴吗？第四、五两章极力描写战争的艰苦、紧张，而今自己九死一生终于能活着回来了，能不高兴吗？)因此这一句不是戍卒悲哀的原因。

先引导学生关注作者为什么“行道迟迟”？(主要从前三章找原因：可能有“雨雪霏霏”的原因，也可能有“载渴载饥”的原因，但更多的却是离家越来越近的原因：戍卒对家里的情况了解吗？不了解，为什么？“我戍未定，靡使归聘”，那么家里人还在吗？还好吗？如果还在、还好，这没什么说的；要是不在、不好呢？这是戍卒最担心的，离家乡越近，这种担心就越强烈，正所谓“近乡情更怯，不敢问来人”，自然就“行道迟迟”了)再看，作者为什么对“载渴载饥”悲哀呢？(首先，“载渴载饥”说明了什么？说明自己复员时一无所有，连最基本的温饱都得不到保障，不要说什么军功章了，更不要说什么腰缠万贯了，而自己该被国家如此对待吗？难道说自己不爱国吗？难道说自己不忠于职守吗？难道说自己不辛苦吗？前面说得很清楚：尽管自己思归之久之急，可依然赞美自己的军队，为自己的军队而自豪，依然积极地履行军人的职责“不遑启处”“不遑启居”“岂敢定居”“岂不日戒”，面对“玁狁孔棘”“一月三捷”，照样英勇杀敌，为国家抛头颅洒热血。如今，多年的仗打完了，九死一生，应该得到犒赏了，自己应该荣归故里了，应该衣锦还乡了，可自己却落得如此结果，不仅一无所有，反而伤痕累累，可怜白发生，自己这一生怎么过？怎么向家人、向亲戚交待？怎能不因为这“载饥载渴”而悲从中来？）

（二）自己朗读、迁移训练、深入领会——自读三步曲

教读完《采薇》之后，马上过渡到自读《无衣》。

秦风·无衣

阅读提示：这是一首秦国军中的战歌，是写秦国人民相互友爱、慷慨从军的爱国精神，充满着昂扬热烈的情绪。

岂曰无衣？与子同袍①。王于兴师②，修我戈矛，与子同仇！
岂曰无衣？与子同泽。王于兴师，修我矛戟，与子偕作③！
岂曰无衣？与子同裳④。王于兴师，修我甲兵，与子偕行⑤！

[注]①袍，相当于现在的披风。②王，秦王。于，助词。兴师，出兵。③作，起。④裳，下衣。⑤行。往，去。

为什么要以《无衣》作为自读篇目呢？一者，这首诗在章法结构上只运用了重章叠句，这就可以利用重章叠句解释“泽”和“偕”，进行迁移。二者，这首诗写得也是有关战争的，可以将两首诗做比较阅读。可以以这样的话过渡：

我们大多有这样的体验：同一内容，观察、思考的角度不同，所写内容也就千差万别，正如观察的同为庐山，可是“横看成岭侧成峰，远近高低各不同”。《秦风·无衣》和《小雅·采薇》就是这样。

之后学生自读，学生提问，学生解答，主要解决“泽”和“偕”，之后一起朗读一遍。最后完成比较题。

（三）三方凑辐、异同比较、根据确凿——比较三要素

老师须做出要求，请学生以组为单位从内容和章法结构、语言三方面比较这两首诗的异同，注意结论必须有根据。在学生讨论的过程中老师认真巡视，请三个方面总结得最好的四个组发言，全班分享成果，比较完了之后，老师先利用 PPT 总结：

<table>
<tr><td rowspan="2"></td><td colspan="2">内容</td><td colspan="2">章法结构</td><td colspan="2">语言</td></tr>
<tr><td>同</td><td>异</td><td>同</td><td>异</td><td>同</td><td>异</td></tr>
<tr><td>小雅·采薇</td><td rowspan="2">写下层士兵的军旅生活</td><td>1. 归来时所作
2. 忧伤的思归之情、归途中的悲哀之情和激昂的爱国之情</td><td rowspan="2">都有重章叠句的因素</td><td>叠散结合，富于变化</td><td rowspan="2">都有豪放之气</td><td>更多的是慷慨悲凉之气，调子较低沉，有阴柔之态</td></tr>
<tr><td>秦风·无衣</td><td>1. 出征前所作
2. 战斗前战士相互友爱、慷慨从军，充满昂扬热烈的爱国精神</td><td>只是重章叠句，节奏明快</td><td>只是豪放，雄劲有力，基调高昂，充满阳刚之气</td></tr>
</table>

然后再殷切地告诉学生，求同和比异好比思维的两翼，缺了一个就不能放飞思维。通过求同，我们看到了这两首诗歌的共同点，有利于加深对《诗经》中战争诗歌本质特征的认识，有利于发现规律、认识规律。以后我们再读《诗经》中有关战争题材的诗歌时，就会更加自觉地从下层士兵军旅生活的视角来阅读作品，就会自觉注意重章叠句这一章法结构的形式和作用；通过比异，我们发现了这两首诗歌的差别，也就可以更好地把握这两首诗歌在写作时间、内容情感和章法结构等方面各自的特点，从而更好地把握这两首诗歌的个性。

最后在一起诵读这两首诗中结束本课。

【教学反思】

诗歌是文学体裁的一个类别，古代的诗歌又是高中语文教材中的一个重要内容，它的知识含量及对于学生审美能力的要求都是很高的，同时它还是历年高考的一个考点，因此对于诗歌的教学一定得引起足够的重视。

那么，古代诗歌教学怎样进行呢？依据新课标的理念和高一学生知识与能力的实际，我们确定了“三突出”教学原则，即突出朗读，突出精讲，突出务实。

突出朗读

所谓朗读，这肯定是每位老师对于诗歌教学的共识。现今的语文课不是读得多了，而是读得太少了，认认真真地朗读，更是不多见。我们应该注重学生朗读能力的培养，还语文课堂以琅琅的书声。为此，我们在课上突出了朗读教学，不仅有老师声情并茂的范读，还有学生齐读、个人朗读等形式上的变化，借以调动更多的学生参与课堂学习活动，并激发他们学习的热情。

从教学效果看，我们的朗读目标实现了。

突出精讲

所谓精讲，是指老师在认真钻研教材文本之后对于讲课内容的取舍技巧。它应该是集中时间、突出重点、攻破难点，从而有效地提高教学效率的一种教学办法。精讲挺好，可精讲讲什么，按照课堂教学的规律来说，就应该是讲疑难，讲精妙。而依据不同的篇目、不同的文本内容、不同的教学对象，不同的教师又应该确定不同的疑难与不同的精妙，这就是因文制宜、因材施教。

这里所说的疑难，首先应来自学生阅读作品理解上的难点，其次应该是文本中客观存在、然而学生又不以为意的知识点或能力点。在讲疑难这个环节中，我们采用学生发现问题、提出疑问的方法，引导学生理解内容、疏通文意，这里面肯定有学生自主学习意识的培养，这是体现新课程理念的做法，当然更理想的方式是学生质疑，由学生解疑，学生在交流互动中学到知识、提升能力。从课堂效果看，学生还达不到更高的层次，但我们应该向着这个方向努力。

这里所说的精妙，应该是文本阅读中知识与能力值得开掘、能够拓展，老师可以驾驭掌控的点。一篇课文不能强求精妙点过多，一课时能讲好一两点足矣。精妙点的确定，一方面看文本的客观呈现，但更多的还要看教师的把握，所选的点不错，有把握讲又能讲好，才能叫精妙，对此就一定要讲，重锤敲打；如果点不错，应该讲，但老师现在讲不好，那么就先不讲，练好内功之后再讲。我抓了“一月三捷”中的“捷”字、叠字现象，作为精妙点，质疑辨析，借以培养学生自主探究能力，只能算是个尝试吧。像作品中“雨雪霏霏”的“雨雪”字的理解以及“昔我往矣，杨柳依依；今我来思，雨雪霏霏”以乐景写哀、以哀景写乐的手法等知识点、能力点其实都挺有嚼头的。能力强的学生肯定能做出精彩的分析，有时间我们应该引导学生去探究探究。也就是说，一课之中，讲疑难希望学生出彩，讲精妙更希望老师出彩，“讲疑难”与“讲精妙”应该成为一堂课的亮点。

突出务实

所谓务实，就是要落实新课程理念之中“基本口粮不能丢”的思想。不管哪课书，当抓的一定要抓住，这里面包括生字生词的识记理解，必要的文学知识的了解，已有知识的复现巩固、语文基本能力的培养与训练等。我们这节课上“靡”“忧”“捷”“牡”的订正，属于字词的识记理解；“重章叠句”“叠字”

既是知识复现，又是知识了解；反复朗读和比较阅读则是语文能力的培养和训练。

基于这堂课制定的“三突出”的教学原则，我们做了教学设计：上课后先复习已学的《氓》，然后教读新课《采薇》，并在讲重章叠句的结构形式时，复习初中已学的《诗经》作品，最后迁移学习《无衣》，用比较阅读的方式训练学生的创造性思维。

总之，教材上选编的古代诗歌作品都是经典篇章，思想内容和表现形式上有很多值得挖掘的地方，老师们完全可以根据自己的实际设计、整合、实施，形式上可以多种多样，但“朗读”“精讲”“务实”恐怕应该成为古代诗歌教学的原则吧。

（发表于《北京教研》2008 年第 3 期）

二、把握情感气韵，贯穿质疑辩证

——《国殇》教学设计

教学目标：

1. 利用解读文章的规律解释疑难词句，把握诗歌的情感气韵。

2. 反复诵读，力求读出情感气韵。

教学重点：

1. 利用解读文章的规律解释疑难词句。

2. 反复诵读，力求读出情感气韵。

教学难点：

利用解读文章的规律解释疑难词语。

教学辅助手段：

多媒体；工具书，如《古汉语常用字字典》。

教学过程：

（一）导入

我们作为北京人，当然要具有北京精神，请学生们一起回顾：北京精神共四个词、八个字（爱国、创新、包容、厚德），第一个词、头两个字就是“爱国”。“爱国”作为主旋律在中国源远流长，尤其是当国家处于危难之时，在战场上表现得尤为突出，这些，在我们学过的文学作品中得到了充分的体现。让我们沿着历史的长河溯流而上去找寻一番。如近代史中，初中课本中提到了三位爱国英雄：虎门销烟的钦差大臣林则徐、维新运动的领袖康有为、以身殉国的女革命家秋瑾，他们各有名句传世：林则徐的“苟利国家生死以，岂因祸福避趋之?”，是老骥伏枥，志在千里，烈士暮年，壮心不已；康有为的“抚剑长号归去也，千山风雨啸青锋”是他为挽救国家危亡壮心不已的低吟；秋瑾高呼“拚将十万头颅血，须把乾坤力挽回”是在国家危亡之际巾帼血的誓言。到了南宋，著名的民族英雄、爱国词人有岳飞、辛弃疾、文天祥，各有爱国名篇传世：岳飞的《满江红》，其中有“驾长车，踏破贺兰山缺，壮志饥餐胡虏肉，笑谈渴饮匈奴血。待从头，收拾旧山河，朝天阙”，表现的是抗金救国的坚定意志和必胜信念；辛弃疾的《破阵子・为陈同甫赋壮词以寄之》，其中有“马作的卢飞快，弓如霹雳弦惊。了却君王天下事，赢得生前身后名，可怜白发生”，表达的是壮志难酬的悲愤；文天祥《过零丁洋》中的名句“人生自古谁无死，留取丹心照汗青”是他从一生磨难、为国献身的浴血奋战中悟出来、用血肉写成的。到了唐代，诗人王昌龄在《出塞》中写道：“秦时明月汉时关，万里长征人未还。但使龙城飞将在，不教胡马度阴山”，唱出的是戍边将士的铮铮誓言。我们继续沿着历史的河流向上找寻，到了战国，我们就看到了爱国百花园中的一朵奇葩，这就是屈原的《国殇》。让我们走近它，嗅嗅它爱国的芳香，体会它爱国的韵致。

【设计意图：温故而知新，创设情境把学生引入到“爱国”的氛围中。】

(二)解题

1. 请问：课本对题目“国殇”的注解：“追悼阵亡将士的祭歌，死于国事(即国家大事)叫作国殇。”这样解释精确吗？引导如下：

《国殇》中的“殇”是什么意思？

明确：授之以方。

或联系所学：每览昔人兴感之由，若合一契，未尝不临文嗟悼，不能喻之于怀，固知一死生为虚诞，齐彭殇为妄作。(《兰亭集序》)此义非“国殇”中“殇”的含义。

或查工具书：商务印书馆出版的《古汉语常用字字典》：“指未成年(男女未冠笄(jī，古代盘头发或别住帽子的簪子，女子到了可以插笄的年龄，即成年)而死。‘国殇’为国捐躯的死难者。”《大辞海・语词卷》：“国殇：指为国作战而牺牲的人。《楚辞·九歌》有《国殇》篇。朱熹集注：‘国殇，谓死于国事者。’”

据此更正注解：死于国事的人叫作“国殇”。

【设计意图：引导学生质疑，正确理解题目的含义；题目“国殇”为诗歌抒情的对象，诗歌的情感气韵都围绕着“国殇”，因此必须准确理解“国殇”。】

2. 同时，书下注解①对“国殇”的注解还有一句话：是追悼阵亡将士的祭歌。

在此，我有两个问题：

①这些阵亡的战士是抗击敌人入侵而阵亡的，还是去侵略别国而阵亡的？也就是他们是为正义而死还是因非正义而亡？

这需要联系背景资料：

依现存史料，我们尚不能确定这次战争发生的具体时间、地点、敌对一方是谁。但当年楚国始终面临七国中实力最强的秦国的威胁，自怀王当政以来，楚国与强秦有过数次较大规模的战争，并且大多数是楚国抵御秦军入侵的卫国战争。从这一基本史实出发，说本篇是写楚军抗击强秦入侵，大概没有问题。（依据上海辞书出版社《先秦诗鉴赏辞典》）

因此，本篇所祭祀的是历次卫国战争中的国殇。

【设计意图：通过提供背景资料，为准确理解《国殇》中的感情奠定基础。】

②根据以上内容，请推测屈原对国殇的感情是怎样的？

根据常理可知：屈原对国殇的感情就是尊敬、赞美和怀念，其中前两者是主要的，而尊敬和赞美又有着密切的联系。

【设计意图：先通过题目整体把握作者对国殇的情感。】

（三）读诗

《国殇》学生已经预习过了。请学生齐读。要求读准、读顺、读熟、动情，力求读出作者对国殇的崇敬、赞美和怀念之情。

（动情学生肯定做不到，齐读完后我示范）读这首诗，我震撼于战士们在战场上表现出的勇敢的精神、高超的武功、刚强的意志、威武不屈的精神。每当我自己读时，冲动的潮水总是裹挟着我，我甚至潸然泪下，我有一种冲动，恨不得立刻冲上战场，和楚军将士并肩作战，奋力杀敌。可我知道，时光不能倒流，此时我只能用声音为这些战士呐喊鼓劲。课堂就是我的战场。我也读一下，来表达我作为一名爱国战士的情怀。

范读完，停顿一下，以收到余音绕梁之效，让学生尽情享受一下。之后，继续说：

同学们，课堂就是我们的战场，我们就是战士，读好书，就是在履行我们作为战士的使命，就是爱国。我们是一支能征善战的队伍，我们是战无不胜的兵团，相信我们的男生方阵、女生方阵一定可以出色地完成任务——读出诗歌的思念和赞美之情，用声音表现出我们投身战斗的气势。先请男兵方阵读第一段，女兵方阵做好准备读第二段……男兵方阵、女兵方阵读得都不错，现在两个方阵联合作战，一起展示我们班方阵集体的无穷力量！

点评：首先学生读得不错，其次有很大的提升空间，要提升就必须把握诗歌的情感和气韵(意境)，要如此，关键在于更好地理解诗歌。下面我们一起理解诗歌。

【设计意图：通过老师范读，把学生引入诗歌的情境中，更好地体会文章的情感气韵；之后激励学生模仿、体会，希望可以更好更多地体会文章的情感气韵。】

(四)理解课文(读书与之相伴)

问：诗歌中有没有直接表达对国殇崇敬、赞美和怀念之情的句子？请同学一起回答。

明确：诚既勇兮又以武，终刚强兮不可凌。身既死兮神以灵，魂魄毅兮为鬼雄。

【设计意图：由中心句切入，帮助学生更快、更好地把握文章的情感基调、写作思路。】

追问1：这四句中有没有不理解的字词句，如果有，请提问，其他会的同学做好回答的准备，然后翻译这四句。

明确：应该重点落实“勇”“武”“终”“刚强”“凌”(查字典：压倒、侵犯、欺侮)注意：学生可能会在“终”(作“战争的最后阶段”讲)的理解上出现分歧。怎么办？可暂时存疑，不要希望毕其功于一役，可以这样引导学生：我们首先可以肯定这四句话是《国殇》的中心句。中心句是概括的，由“诚”可知“诚”的前面肯定有对“勇”“武”“刚强”“毅”具体描述的诗句，它们之间存在着相互解释的关系，这样我们就有办法较准确地解释“终”。

追问2：作者在这四句中对国殇的感情是什么？(师生共同明确：怀念、赞美)请大家做好读书的准备，将这种感情传达出来。

【设计意图：准确理解中心句，既从整体上把握住了作者对国殇的情感基调，又为后面的讨论做好了铺垫。】

追问3：请同学们先自己思考"勇""武""刚强""毅"在文章中是怎么体现的？然后在组内交流，给大家五分钟。最后在全班交流，交流时，在内容上，按照"勇""武""刚强""毅"的顺序进行；发言的同学看法不全的、不对的，本组组员、其他组可补充、更正。

【设计意图：借助中心句来理解整首诗，学生间相互交流、切磋，以开阔视野，以免孤陋寡闻。】

〈一〉勇——操吴戈兮被犀甲，车错毂兮短兵接；旌蔽日兮敌若云，矢交坠兮士争先。

我追问如下：

1. 为什么你判断这四句描写的是楚国将士的"勇"？请解释。[这里面学生必然有翻译，有翻译则学生的头脑中必然有形象。同时要提醒学生：敌我力量对比如何？(由"旌蔽日兮敌若云"可知敌众我寡。)]

【设计意图：初步感知画面所蕴含的气韵(意境)。】

2. 问学生有没有不理解的字词句？

①"矢交坠"的不同解释如下：[矢交坠：两军相射的箭纷纷坠落在阵地上(课本)流矢交互落地(中华书局《中国文学作品选注》)/一齐落下(《汉语大词典》)。辨析的依据：如何才能体现出"士"的"勇"。]

【设计意图：辨析要围绕话题，辨清后画面更明确、更清晰了。】

②问："士争先"中的"士"应如何理解？

"士"在这里特指士兵中的"步兵"。为什么呢？

这涉及战国时作战的方式——车战。这不同于后来的骑兵作战，也不同于现在的机械化、信息化作战。战车上配备甲士(披甲的战士)三人，因此课文说战士"被犀甲"：御者居中，左边甲士一人持弓，下文"矢交坠"中的"矢"即源于此，右边甲士一人持戈矛，因此诗中说"操吴戈"。像课本中提到的"戈"，一般长3米左右，有的超过3米。车上不仅存放有长兵器，还有刀剑等短兵器，因此课文说"短兵接"。

如何作战？

两辆战车相遇，远距离则用箭射杀，当两车相距三四米则用戈矛攻击，再近，就必须"短兵接"了；要"短兵接"，两个人就必须进一步拉近距离；要进一步拉近距离，战车就必须"错毂"。

因此前两句说的必然是车上士兵的战斗状态。

同时每辆战车必须配备一定数量的步兵，到战国时有 72 人。

这样后两句中说的则是步兵的精神面貌。

因此，这里 的“士”即步兵。

这样，画面在学生的头脑中就清晰了。

很多车组在一起，就成了“阵”和“行”，由主帅统一指挥。

【设计意图：指导学生理解句子要有历史意识，即增强“知人论世”中“论世”的能力，这样学生头脑中的画面才会更清晰、更生动。】

3. 如何才能把这四个句子读好？师生共同明确：首先，要明了作者在其中所蕴含的感情(赞扬)。其次，要在头脑中想象场景。(这就要请学生描述这四句所呈现的画面)

然后一起有感情地读这四句。语速中等，读时昂扬。

【设计意图：通过读，将上面所讲的词语、所理解的感情、所想象的画面融会贯通。】

后面“武”“刚强”“毅”的教学程序与此大致相同。

“武”估计学生找不好，可以先放一下。继续找描写楚国将士“刚强”的句子。

〈二〉刚强——凌余阵兮躐余行，左骖殪兮右刃伤。
霾两轮兮絷四马，援玉枹兮击鸣鼓。
天时坠兮威灵怒，严杀尽兮弃原野。

我追问：

1. 为什么你判断这六句描写的是楚国将士的“刚强”？请解释。

【设计意图：学生在回答时必然要根据书下批注翻译句子。这六句所描绘的画面在学生头脑中可初步形成，但不够清晰。还需要进一步引导学生理解句子。】

2. 因此，我要继续追问三个句子：

①“左骖殪兮右刃伤”，乘坐此辆战车的人在楚军中的地位如何？如何得知？

明确：主帅。因为只有主帅才能掌管鼓，鼓在军中的作用是：击鼓则进军。如在《曹刿论战》中：公与之乘，战于长勺，公将鼓之，刿曰：未可。齐人三鼓，刿曰：可矣。说明春秋中期以前发生战争，国君要亲自任主帅，春秋中期以后军队中出现了专职统帅。

针对①，继续追问：楚军此时处于优势还是劣势？如何得知？（明确：楚军处于劣势，失利了。军队中的主帅犹如人体的大脑，应该优先得到最佳的保护，如果主帅的车马都受伤，就说明楚军处于劣势。这时我们要能想象得出楚国将士越来越多地战死沙场，慢慢地，主帅周围的将士也遭到了攻击，死伤惨重，进而，主帅乘坐的车马也遭到了攻击）据此推知战争进行到了哪个阶段？（说明战争已经处于最后的阶段。）

在此顺便解决对“终”的理解：终，最后，这里指战斗到最后。

②进一步解释“霾轮絷马”：霾轮絷马，表示决一死战，不愿生还。其意思与后来说的“破釜沉舟”相近。

③进一步解释“天时坠兮威灵怒”。

明确：天时坠，形容当时战斗的气氛，如天塌一样，同后来形容激战时用的“天昏地暗”相近。作者借助天象和神灵的怨恨和愤怒，从侧面烘托战斗临近结束时的气氛和情景。楚军失利，天怨神怒，怜恤楚军失败，读来使人感到“非战之罪”，可见楚军战斗伤亡之惨重，而意志弥坚，因此即使战败了，战死了也不屈服，因此第二段才说“首身离兮心不惩”。

【设计意图：通过进一步理解诗句让学生对这六句的想象进一步清晰、生动。】

3．如何才能把这六个句子读好？

在读前要和学生交流，明确：第一，在读时要把握住情感基调——敬重与悲痛。第二，要在头脑中再现场景（请学生描述这六句在头脑中的画面）。第三，最后一句要慢，收到“此时无声胜有声”之效。

【设计意图：通过读，将上面所讲的词语、所理解的感情、所想象的画面融会贯通。】

〈三〉毅——出不入兮往不反，平原忽兮路超远。

带长剑兮挟秦弓，首身离兮心不惩。

1．请学生继续找描写楚国将士牺牲后魂魄“毅”的句子，并说明理由。

【设计意图：学生在回答时必然要根据书下注解翻译句子，以此引导学生关注注解。这四句所描绘的画面在学生头脑中可初步形成，但不够清晰，还需要进一步引导学生理解句子。】

2．因此，我继续追问有关“平原忽兮路超远”的句子：

①“平原”在文中有另外的说法吗？（明确：即第一段的“原野”，这样两段就连接起来了。）

②忽，课本解释为“渺茫”，这实际写出了“平原”的什么特点？（明确：宽阔。）

③这句话和楚国将士魂魄之“毅”有什么关系？

明确：此句既包含有走很远的路去征战的意思，也包含有英魂难归的意思。虽然英魂难归，不但不沮丧，反而“带长剑兮挟秦弓”，要继续与敌人作战。这样文脉就贯通了——出征前视死如归，战死后不屈服、不后悔，则作者对阵亡将士的崇高敬意和深深哀悼溢之于词。

【设计意图：更好地把握诗歌所描绘得画面和所抒发的情感。】

3. 如何才能把这四个句子读好？在读前要和学生交流，明确：首先，在读时要把握住情感基调——赞美和思念。其次，要在头脑中再现场景（请学生描述这六句在头脑中的画面）。最后，语速舒缓，要读得悲壮慷慨。

【设计意图：通过读，将上面所讲的词语、所理解的感情、所想象的画面融会贯通。】

〈四〉楚军将士的“武”体现在哪里？

首先确定答案的区间在哪一段？（明确：第一段。）

追问：第一段的哪些句子能够体现楚军将士的“武”？

（这对学生来说有难度，因为第一段都分给了“勇”“刚强”，已经没有剩余的句子了。这时我会把“凌余阵兮躐余行”拿出来供学生讨论。）

讨论：“凌余阵兮躐余行”，课本的理解是一种理解，还有一种理解：余凌阵兮余躐行也”，二者的意思是相反的。请联系上下文，说说你的看法并阐述理由。这道题可以请学生独立思考，然后组内讨论，共 5 分钟左右。

理解参考：解为敌人凌躐，则不见其为士争先之意，不见其“武艺高强”，亦不见其为鬼雄之意【联系李清照的《咏项羽》可知，死后为鬼雄，则其生前必为人杰，后者更能显示出其作为人杰的过人之处。】（主要见姜亮夫《屈原校诂》）

【设计意图：训练学生确认中心句的能力，训练学生质疑辩证的意识，其中的感情气韵自是不同。】

然后请学生读这一句，读前和学生讨论读这一句的情感基调和语速。（明确：读时的感情基调——欣喜；语速：中等稍快；语调：昂扬。）

【设计意图：通过读，将上面所讲的词语、所理解的感情、所想象的画面融会贯通。】

“毅”指的是楚军将士死后的境界，“勇、武、刚强”展示的则是生前的精神和行为。它们共同展示了楚国将士的爱国情怀。

他们真是“生当作人杰，死亦为鬼雄”。

楚国灭亡后，楚地流传过这样一句话：“楚虽三户，亡秦必楚。”而最后灭秦的也确实是楚人：“楚人一炬，可怜焦土。”(《阿房宫赋》)

(五)再读

诗歌，我们理解了，抒发我们作为战士爱国情怀的障碍已经彻底扫除，现在诸位“请洒潘江，各倾陆海云尔”。请一位学生淋漓尽致地抒发你作为一名战士的爱国情怀吧。(要给学生默读的时间。)

最后让我们全体战士一起倾吐爱国的心声吧。

【设计意图：将以上所讲、所辨，争取通过声音完全表现出来。】

(六)小结

通过解读《国殇》的训练，我们读懂了诗歌，了解了屈原在其中所抒发的爱国情感：对楚国将士生前“勇”的赞赏，“武”的欣喜，“刚强”的敬重与悲痛；对楚国将士死后魂魄之“毅”的赞美和思念。从中我们受到了一次爱国情感的洗礼，楚国将士在战场上生前死后的动人言行历历在目，气韵豁然。通过朗读的训练，我们更好地感受了文章情感之多变、气韵之动人。

板书设计

国殇

屈原

爱国 → 生前　勇　武　刚强

爱国 → 死后　毅

(获丰台区骨干教师第四届“创新杯”比赛二等奖)

三、根据史论特点，把握论证思路

——《伶官传序》教学设计

教学目标：

1. 落实文中两个重要句子，把握观点句间的关系，进行“因文释义”的训练。

2. 反复诵读，把握《伶官传序》的主要内容和论证思路，把握史论的写作特点。

3. 明白注重“人事”的道理。

教学重点：

教学目标1和2。

教学难点：

教学目标1。

教学过程：

(一)导入

同学们前面读了课文，问了字词句，知道了作者和出处《新五代史》。下面，我们继续研读史论名篇《伶官传序》。同学们都非常熟悉项羽。“力拔山兮气盖世”的西楚霸王项羽，最终落得个四面楚歌、乌江自刎的悲惨下场。项羽在乌江自刎前，曾反复用一句话总结了自己的惨败，他说：“天亡我也！非战之罪也!”他把自己失败的原因归结为天命。一般而言，历朝历代的开国天子都要证明自己开创基业是天命，而把前代王朝的灭亡说成是天命的转移。对此，北宋时期著名文学家欧阳修有不同的认识，他在《伶官传序》中表明了自己独特的观点。今天，我们继续学习《伶官传序》，探讨作者是如何论述他的观点的。

(二)学生朗读

既然这是一篇史论，是议论文，那么本文的中心论点是什么？请学生朗读，其他学生边听边想中心论点在哪儿。老师点评朗读，之后明确论点；明确“人事”的含义；把“反问句”变成陈述句：盛衰之理，虽曰天命，实是人事。

(三)第一段

请学生一起读第一段，思考：还有没有不理解的字词句？作者通过什么论据来证明中心论点？读完之后，问学生：“所以”和“知之矣”中的“之”作何理解。之后问证明中心论点的材料是什么？这是论据。由此可知“盛”“衰”所指，由此可知“理”是“原因”的意思，由此可知“原因”是人事。论点和论据两者合成一句话就是：通过庄宗得失天下(盛衰)的原因是人事，就知道盛衰(得失天下)的原因实际是人事。之后就开始进入论证的过程。该怎么论证呢？论证的思路应该是：首先要证明庄宗得失天下的原因在于人事；其次，由庄宗出发，证明得失天下的原因在于人事具有普遍性(是普遍的道理)。

之后请学生一起读一遍第一段，读完后思考一下：下面应该先写什么内容？

(四)第二段和第三段到“何其衰也”

明确：根据第一段，下面应该先写庄宗“所以得天下”，即庄宗得天下的原因在于人事。

追问：文章从第二段开始到哪儿是写这一内容的？

明确：到“其意气之盛，可谓壮哉”。

其中提到了“晋”“梁”“燕”“契丹”，我们看一下地图，了解一下它们的大致位置。

请学生一起读一下庄宗“所以得天下”的部分，边读边思考：哪儿写的是庄宗得天下？哪儿写的是庄宗得天下的原因？

文章哪儿写的是庄宗得天下？(明确之后接着问)庄宗得天下是由于人事吗？如果是，即庄宗都做了什么事？用原句来回答。

明确：答题的区间在第二段，实则概括第二段的大意：

1. 详叙唐庄宗接受并执行晋王遗命事。

2. 以上为第二段，先叙晋王的临终请矢，后述庄宗的请矢用兵，写出其由衰到盛的片段。

得出结论：庄宗得天下由于人事。

请学生朗诵第二段，体会“庄宗得天下由于人事”。

(语气把握指导：写李克用愤恨填膺，须眉皆动。/“晋王三矢”的故事叙述得相当充分，笔势则比较平缓；等到摆完这个生动事例之后，便立即用繁弦促节把文章推向高潮/“世言”两字，直到“及凯旋而纳之”。事实根据王禹偁的记载，而文字却更精练、更生动、更传神。其中写李克用临终之言和“与尔三矢”的动作，真是绘声绘色！简短的几句话，说得很急促，很斩截；追述已往的恨事，激励复仇的决心，如闻切齿之声，如见怒目之状。写李存勖受父命，只一句：“受而藏之于庙”。而“受而藏”的行动，既表现了他的坚定意志，也流露出他的沉重心情。而这又为后面杀敌致胜的描写和“忧劳可以兴国”的论断埋下了伏笔。)

问学生：继庄宗“之所以得天下”之后，文章接着该写什么了？

明确：庄宗“失天下的原因在于人事”。

追问：文章到哪儿写的是庄宗“所以失天下”？

明确：到“何其衰也”。

请学生读一下“失天下在于人事”的部分，其他学生思考：文章哪儿写了庄宗失天下，庄宗因为做了什么事而失天下？

文章哪儿写的是庄宗失天下？（解决完之后，继续问）庄宗“失天下”的原因是什么？文章哪儿提示了我们这个原因？（“及其衰也，数十伶人困之，而身死国灭，为天下笑”，这是失天下的结果，而不是原因，但原因肯定和伶人有关）庄宗失天下的原因应该是什么？课本哪里提到了这个原因？（第 89 页注解⑤：庄宗宠爱伶人）即“满”而“逸豫”。

在“天下已定”和“一夫夜呼”之间应该好好写一写庄宗如何骄傲自满、宠爱伶人、伶官败政乱国的行为，为什么作者不在“序”中提到？

提醒学生关注题目（题目按照现代标点符号的写法应该怎么写）。因为在《伶官传》中已经详细描写了伶官败政乱国的行为，作为“序”，再写就重复了，只需提两笔就够了。对此，课后的“相关链接”有概括而具体的说明：“自其为王，至于为天子，常身与俳优杂戏于庭，伶人由此用事，遂至于亡。”之后具体记述了因为两个人保护了庄宗宠幸的伶人，庄宗竟在功臣被封之前就答应封之为刺史。

可见，庄宗失天下的原因是人事。

请学生参考课后“探究・讨论”的第二题，自由朗读一遍，然后请学生起来朗读一遍。之后，我们一起读第三段的得天下即到“可谓壮哉”和失天下即到“何其衰也”。之后男生读到“可谓壮哉”，女生读到“何其衰也”。

（语气把握指导：“可谓壮哉”的“哉”是表示感叹语气。由几个既对偶又错落的短句构成的长句，一口气读下去，有如迅雷猛击、暴雨骤至、烈风巨浪相激搏。就李存勖说，“其意气之盛，可谓壮哉”；就作者的行文说，也是“其意气之盛，可谓壮哉”。“何其衰也”的“也”字，与通常的“也”字不一样，这个“也”字表示询问语气兼带感叹语气。）【在叙述庄宗狼狈不堪的一节里，多用四字句，四字句的音节紧张急促，与文情配合。可又不完全用四字句，“而士卒离散”是五个字，“至于誓天断发”是六个字，在整齐中见出变化。变化又正在极度紧张的地方，读起来在那里特别顿挫，就很足以传情。】【这两个长句，一扬一抑，大起大落。前者好像驾机起飞，直指长空；后者又似高山坠石，一落千丈，这就形成了全文中一个很有声势的大波。再则两个长句分别用“可谓壮哉”“何其衰也”两个分句感叹作结，也是又唱又叹，遥遥相对，使人感到笔墨酣畅，痛快淋漓。】【特别应该注意的是，反问句必须同正面语气的句子配合使用，不宜用得太多，才能恰到好处。比如“何其衰也”是反问句，但它是同前面的正面感叹句“可谓壮哉”相配合的，一正一反，相反相成，才起作用。如果前面也用“岂不壮哉”，那就反而成为滥调了。】【本文的中心论点在于宣扬“忧劳兴国”“逸豫亡身”的道理，因此对李存勖的扬和抑的对比度越大，便越能证明作者所要宣扬的道理。所以文章中出现的波澜正是为表现中心论点服务的。】

(五)议论部分

庄宗得失天下的原因已经叙述完了，之后该用什么表达方式了呢？(明确：议论)请学生看一下从“岂得之难而失之易欤?”到哪儿都属于议论？(明确：到最后)请学生一起读一遍议论的部分，思考：1.“岂……欤？抑……欤?”句式表示什么意思？2. 文中有几个观点句？

1. 岂得之难而失之易欤？抑本其成败之迹，而皆自于人欤?

①翻译句子，注意句子的句式特点，并改成陈述句。

直接翻译成判断句：并非得之难而失之易，探究一下庄宗成败的根本原因，都是由于人。

②这句话和哪句话呼应?

“岂得之难而失之易欤？抑本其成败之迹，而皆自于人欤?”在文中的作用是对观点“原庄宗之所以得天下，与其所以失之者”的呼应、强化。

至此，对庄宗得失天下的原因是人事论证结束。下面应该进一步从庄宗出发证明“得失天下(盛衰)的原因是人事”是普遍的道理，即要论证人事使王朝盛衰。

2. 在议论部分，作者写了几个观点句?

明确：三个。满招损，谦得益。/忧劳可以兴国，逸豫可以亡身。/祸患常积于忽微，而智勇多困于所溺。

问：这几个观点在内容上有什么联系？先看前两个观点句在内容上有什么联系。

明确：(搭台阶)可从“自然(当然)”入手。

“《书》曰：‘满(心态)招损，谦得益。’忧劳可以兴国，逸豫(生活)可以亡身，自然(当然也)之理也。”/“忧劳可以兴国，逸豫可以亡身，自然之理也”这一饱含哲理的警句，既是欧阳修对于“满招损，谦得益”的引申发挥，又是他对于中心论点中得失天下由于人事的具体内涵的明确昭示。/是远借“满招损，谦得益”这个在人事上具有深邃哲理和普遍意义的古训，把它落实到政治生活中，引申出“忧劳可以兴国，逸豫可以亡身”来。这就归纳了历史事实，突出了文章的中心思想，强调了它是“自然之理”。

追问：这两个观点是如何证明文章的论点的?

明确：谦虚谨慎、忧患劳苦使国家兴亡，骄傲自满、安乐会使自己灭亡，这就证明了“盛衰之理，实由人事”的观点。这是理论升华。

因此，在前面的叙述部分，庄宗得天下的原因可以进一步概括为两个词：“谦”“忧劳”；庄宗失天下的原因可以进一步概括为“满”“逸豫”。

这两个观点是从庄宗得出来的?作者为了表明这一点，将之落实在庄宗得失天下的原因中：“故方其盛也，举天下豪杰莫能与之争；及其衰也，数十伶人困之，而身死国灭，为天下笑。”为什么“其盛也，举天下豪杰莫能与之争”?因为他能“谦”，能耐“忧劳”，为什么“及其衰也，数十伶人困之，而身死国灭”?因为他自满，沉溺于“逸豫”之中。

至此，欧阳修通过对庄宗得失天下原因的探究，证明了观点，完成了论证过程。

请问：“满招损，谦得益”“忧劳可以兴国，逸豫可以亡身”与“祸患常积于忽微，而智勇多困于所溺”之间在内容上存在着什么关系呢?

明确：祸患常积于忽微(满则大意，不再关照细节，人之常情)，而智勇多困于所溺(逸豫则多有所溺，易为所困也)仍然是顺着观点的方向强调人事对祸患的关系。

请问：作者的写作重心由说两方面过渡到最后说一方面，可见这时作者开始针对北宋的现实告诫统治者要吸取庄宗宠爱伶人的教训，力戒骄奢，防微杜渐，励精图治。

史论证明完观点之后，一定是要针对社会的弊端而借古讽今的。《伶官传序》如此，《过秦论》《六国论》也同样如此。

请学生一起读一下议论的部分。

【语气把握指导：如结尾的“岂独伶人也哉”，既是感叹句又是反问句，既含蓄而又有较大的概括力，这就起到了“绾摄通篇”和“包举全局”的作用，给读者带来了广阔的启发性，使人们产生了更多的联想。古往今来，一个政权的垮台，甚至搞得国亡家破，难道只由于伶人这一个因素吗？只有这样写，才会有引古鉴今的意义，看似虚写，却包含着丰富的内容。然则这样的句子必须同表达主题思想的关键句有着密切的关联，才能产生艺术效果。结尾的"岂独伶人也哉"的上文必须紧接"夫祸患"两句正面的判断式的排句，才显得有力量，才不是滥调，而主题的启发作用和教育意义才体现得更鲜明、更强烈。"岂独伶人也哉"，"哉"字上连个"也"字，表示反诘与感叹的意味更重。】

（六）解释"盛衰"

"盛衰"是关键词，在文中出现三次。请辨析它们的含义是否相同，为什么？

明确：不完全相同。

1. 盛衰之理，虽曰天命，岂非人事哉！

明确：盛，兴盛，在文中指"得天下"。"衰"指失天下。

2. 其意气之盛，可谓壮哉！　　何其衰也！

首先要解释定语"其"和"意气"，才能进一步解释中心词"盛"【须给学生参考的义项，意气：①志向与气概。《晏子春秋·问上》：寡人意气衰，身病甚。（寡人志气衰退，身体病得很厉害）　②精神；神色。③志趣。盛：①兴旺。②强大。③众多；丰盛。　④大；盛大。⑤ 极；甚。】。方法一："意气之盛"是在什么情况下出现的？根据第三段可知是在"其系燕父子以组，函梁君臣之首，入于太庙，还矢先王，而告以成功"时出现的，此时心中满满的都是父亲的"遗志"，其勇往直前、无所畏惧的气概无人能比，由此"意气"可解释为"志向和气概"。还可以根据第二段来解释。第三段的"方其系燕父子以组，函梁君臣之首，入于太庙，还矢先王，而告以成功"是承第二段的"及凯旋而纳之"来的，区别只在于"成功"和还没有"成功"，"意气""盛"和不"盛"而已，可是庄宗的"意气"是不变的。课文是如何描写庄宗的呢？根据第二段可知其在父亲临终前告诉庄宗"此三者，吾遗恨也。与尔三矢，尔其无忘乃父之志！"因此，"矢"就代表着父亲的"遗志"，也是两人的相约之誓，"庄宗受而藏之于庙。其后用兵，则遣从事以一少牢告庙，请其矢，盛以锦囊，负而前驱"。可见，庄宗牢记父亲的遗志，表现出勇往直前、无所畏惧的气概。因此，"意气"可解释为"志向和气概"。"盛"解释为"大"。

"何其衰也！"和"可谓壮哉"呼应，可构成反义互解，而叙述的对象"意气"则一致。因此"衰"也应为"意气"的衰颓。

3. 故方其盛也(将此处的“盛”解释为“势力强大”，你同意吗？为什么?)及其衰也

首先，庄宗的“盛”和“衰”，文章哪儿写了？

明确：可以找到“其意气之盛”和“何其衰也”，可知此处的“盛”“衰”与第三段的“盛”“ 衰”是一样的。

其次，可以从词语间的呼应来看，与此处的“方”和“及”相呼应的词语在哪里？

明确：在第三段的“方”和“及”。而这两处的“盛”和“衰”则应与此处的“盛”“衰”含义一致。

(七)诵读、背诵、默写

在学生的诵读声中体会论证的过程。背，自己喜欢的句段。写，在本上默写自己喜欢的句段，同时可请一两位学生到黑板去默写。

四、把握主旨思路，关注表达方式

——《五人墓碑记》教学设计

教学目标：

1. 把握作者得出主旨的思路。

2. 理解碑文的语言特点。

3. 正确理解并力行“义”。

教学难点：

教学目标2。

教学重点：

教学目标1和3。

教学过程：

(一)导入

通过前面学习《五人墓碑记》，我们疏通了字词，概括了文意，下面继续学习《五人墓碑记》的内容和写法。在学习之前，先复习本课的字、词、句。【以下以PPT的形式出现。】

1. 实词练习

(1)请指出下列各句中画横线词的意义和用法。

①其疾病而死

②人皆得以隶使之，安能屈豪杰之流

③抶而仆之

【答案：①疾病：病得很重，名词活用为动词。②隶：像对待奴隶一样，名词活用为状语。屈：使……屈身，使动用法。③仆：使……倒下，使动用法。这一组是词类活用。】

(2)请解释下列各句中画横线的词。

①凡富贵之子，慷慨得志之徒

②吾社之行为士先者

③非常之谋难于猝发

【答案：①慷慨得志：气势显赫，飞黄腾达。②行：道德品行。为：作为。③非常：不同寻常。可联系所学：所以遣将守关者，备他盗之出入与非常(意外的变故)也。(《鸿门宴》)而世之奇伟、瑰怪、非常(不同寻常)之观，常在于险远，而人之所罕至焉。这一组是古今异义。】

2. 虚词练习

请指出下列各句中加点词的意义和用法。

焉　①激于义而死焉者　　②吴之民方痛心焉

之　①当蓼洲周公之被逮　　②大阉之乱

③凡富贵之子，慷慨得志之徒　　④凡四方之士无有不过而拜且泣者

而　①其疾病而死　　②丞之名而詈之　　③缙绅而能不易其志者

【答案：焉：①兼词，于是。②代词，指代毛一鹭。之：①助词，取独。②代词。这。③代词，这。④助词，的。而：①连词，表因果关系。②连词，表修饰关系。③连词，表转折转系。】

3. 句式练习

请指出下列各句的句式特点，说明理由并翻译。

①激于义　　或脱身以逃，不能容于远近

②激昂大义　　扼腕墓道

③谁为哀者?

④意气扬扬　　颜色不少变

【答案：①都是被动句，“于”是标志。激于义：被大义激励。或脱身以逃，不能容于远近：有的人抽身逃走，不能被远近的人容纳。②省略句，省略了介词“于”。激昂(于)大义：被大义激励。扼腕(于)墓道：在墓前的甬道用一只手握住另一只手腕表示愤慨。③宾语前置句，在疑问句中疑问代词作宾语，宾语前置：为谁悲哀呢？④意气扬扬：神情姿态昂首挺胸，无所畏惧，自若的样子。颜色不少变：容貌没有什么变化。“颜色”可联系“暮去朝来颜色故”(《琵琶行》)。“故予”句：所以我和我们同社的各位先生，惋惜这墓前空有一块石碑，就为它作了这篇碑记，也用以说明死生意义的重大，(即使)一个普通老百姓对于国家也有重要的作用。】

【设计意图：温故以知新，且为后面的分析写法和内容做语言上的准备。】

(二)理清思路

1. 碑文我们是第一次接触，碑文有什么特点呢？我们先来理清思路。请同学朗诵一遍，其他同学边听边思考：文章分几部分？各部分间的联系是什么？

学生读完后老师评价，老师可以示范一段。然后回答问题。

明确：先说分几部分。

第一部分：前两段，说明五人死因(激于义)，议论建墓立碑事之盛，突出五人死的价值：皦皦(不同一般)，并以“何也”领起下文。

第二部分：三、四段，追述苏州市民为周顺昌“声义”及五人慷慨就义时的壮烈情景。

第三部分：五、六段，论述五人之死的可贵、意义及其影响，指出作碑记的目的(“故”句)。

第四部分：第七段补述贤士大夫的姓名，表达自己对五人的崇敬之情。

2. 追问：刚才说“何也”领起下文，请问：“何也”领起的是三四段这一部分还是三至六段这两部分？为什么？

明确：“何也”领起的是三至六段两部分内容。领起了三四段肯定没有问题，三四段叙述五人如何“激于义”而死，这当然是五人“皦皦”的原因，重点看五、六段。五、六段，论述五人之死的可贵、意义及其影响，指出作碑记的目的，也是对五人为何皦皦即品行洁白的回答。因此“何也”领起下文三至六段。

【设计意图：整体把握文章的思路。】

(三)叙议结合

1. 如果去掉三、四段行不行，为什么？

明确：不行。从内容来看，三四段具体阐释着第一段“以旌其所为”中的“所为”，回答着第二段的“何也”。从表达方式来看，三、四段用了记叙的表达方式，五、六段用了议论的表达方式。先看五段和六段之间是什么关系。由“由是观之，则”可以看出，五、六两段应为层层深入的关系。“是”指代的是第五段所论述的内容，由“且”可知第五段说了两层意思，由“不可谓非五人之力也”可知本段论述的是五人“蹈死不顾”、坚守志向的可贵，“发愤一击”写五人行为对遏制魏忠贤以致促其灭亡的作用，由第六段“视五人之死”和“是以”后的“荣于身后”“不然”后的“老于户牖之下”可知谈的是五人之死的意义。三、四段的叙述和五、六段的议论有什么联系？第五段是针对第三段五人“发愤一击”的议论，第六段是针对第四段“五人之当刑也”走向死地的议论。因此“何也”领起了下文四段(除“故”句)。因此如果去掉了三、四段的叙述，则五、六的议论便成了无源之水，无本之木。

2. 三、四段的叙述部分，语言有什么特点？请以课文对五人就义时的描述加以说明。

请同学读第四段，之后通过师生互动来明确：生动、精练。生动如：“意气扬扬”“谈笑以死”，五人就义时的神情、举止历历在目。精练如：写五人之当刑，如此大事，要详细写，字数可以很多，而作者却以“意气扬扬，呼中丞之名而詈之，谈笑以死”十六个字就写出了五人的慷慨就义、视死如归，确实精练。碑文“生动”“精练”的记叙特点在第三段同样表现得很突出。如写吴民的义勇，只用了三句话——“哭声震动天地”“ 挟而仆之”“噪而相逐”。如写毛一鹭的逃脱只有一句话：“匿于溷藩以免”，却生动地写出了其狼狈、惶恐、着急。

3. 五、六段的议论部分：

(1)如果五、六段的议论部分去掉，好不好？为什么？

明确：如果去掉五、六段的议论，五人激昂大义的精神就难以彰显，主旨就难以突出，因此，议论是叙述的升华，是点睛之笔。

(2)议论是通过什么方法进行的？

明确：对比。

(3)请指出五、六段有几组对比？对比的双方是什么？对比的意图是什么？请同学朗读五、六段，之后讨论。

明确："大阉之乱，缙绅而能不易其志者，四海之大，有几人欤？"与生于编伍之间的五人"激昂大义，蹈死不顾"对比，意图是突出五人不畏强暴的斗争精神。

"由是观之，则今之高爵显位，一旦抵罪，或脱身以逃，不能容于远近，而又有剪发杜门，佯狂不知所之者，其辱人贱行"与"五人之当刑也，意气扬扬，呼中丞之名而詈之，谈笑而死。断头置城上，颜色不少变"对比，意图是突出五人品行的高洁，五人之死意义重大。

"五人(激于义而死)得以加其土封，列其姓名于大堤之上，凡四方之士无有不过而拜且泣者，斯固百世之遇也"与"五人者保其首领，以老于户牖之下，则尽其天年，人皆得以隶使之"对比，意图是突出五人为大义而死，死得其所。

(四)明确主旨

1. 通过比较，文章的主旨就显露出来了，是哪个词？请同学们回答。

明确：抓住"明死生之大"。"死生之大"和"死生之小"是以什么来区分的？"义"。

追问："义"有很多，有哥们义气，有正义，有忠义，等等。课本中的"义"是什么"义"？为什么？

明确："忠义"，课本说："匹夫之有重于社稷也"。

2. 让我们一起读一遍课文，体会这一"义"字。

(五)拓展

请同学想想历史上还有哪些忠义之士？

【参考】

五人舍生取义沉重打击了阉党，激励着豪杰之士去继续完成他们"匹夫之有重于社稷也"的事业，至今读来仍义气满怀，"国家兴亡，匹夫有责"又一次在心中响起。舍生取义是中华民族的美德之一，在历史的长河中，有无数壮士豪杰为了国家的独立、民族的富强而抛头颅、洒热血，可谓舍生取义的楷模，他们如群星般在历史的天空中闪烁着不灭的光辉。

文天祥留下"人生自古谁无死，留取丹心照汗青"的诗句从容赴死。谭嗣同放弃逃生的机会，留下"有心杀贼，无力回天，死得其所，快哉快哉"的豪言洒血刑场。陈毅面对敌人的火攻，留下“舍生取义今日事，人间遍种自由花”的诗篇随时准备以身殉国。从岳飞“笑谈渴饮匈奴血，壮志饥餐胡虏肉”的凌云壮志，到王翰的“醉卧沙场君莫笑，古来征战几人回”的洒脱胸襟，再到秋瑾“拚将十万头颅血，须将乾坤力挽回”的钢铁誓言，鲁迅“寄意寒星荃不察，我以我血荐轩辕”的赤子之心，直至夏明翰那临刑前“砍头不要紧，只要主义真。杀了夏明翰，还有后来人!”的坚定信念，叶挺在敌人的百般威胁利诱中写下“我应该在烈火与热血中得到永生”的铮铮誓言，只要是大义所趋，中华民族的仁人志士无不慷慨赴难，绝不回头。而今，且不要说焦裕禄、孔繁森，也不要说在抗洪救灾中不惜牺牲生命的解放军战士，仅看看 2004 年感动中国的十大人物中任长霞、牛玉儒“舍生取义”的事迹，我们就会更有信心、更有理由对自己、对他人说：“舍生取义代代相传，没有消失，它已渗入我们中国人的骨髓，流淌在我们中国人的血液中。”由此看来，舍生取义并不是生命的终结，而是生命的另一种“延续”，他们身虽死而神长存，“有的人死了，他还活着”。他们的义是国家之大义，民族之大义，那些重“哥儿们义气”而不明、不重大义者对此当羞愧难当。

今天是和平年代，让我们为“义”舍弃生命的情况并不多，那么作为 21 世纪的我们又该如何为国家为民族尽到“大义”呢？先听听原复旦大学校长、著名数学家苏步青的建议：一个真正的爱国者，其实用不着等待什么特殊机会，他完全可以在自己平凡的工作岗位上，表现出对祖国的热爱，关键在于要有主人翁的责任感。再看看至今已举办三届的“感动中国十大人物”，可以发现其共同的特点是：在本职工作中有主人翁的责任感，“位卑未敢忘忧国”，精进不已，甚至不惜牺牲生命，并做出了重大的或有影响力的成就。那么，当今之“义”也就一目了然了。既然如此，我们学生的“大义”就是把我们的本职工作做好，一是要把人做好了，二是要把学习搞好了。

五、关注标题，魂归故乡

——《消逝的钟声》说课稿

（一）文本分析

此文标题是“文眼”。综合文内信息，可以确定，此“钟声”不是一般的钟声，而是基督教(或天主教)教堂在圣诞日所发出的钟声，所以，这钟声可看作基督教文化的象征。而基督教文化的内涵是“善”“爱”“ 宽容”“和谐”等，因而，这钟声也可以看作善与爱的象征，这正是作者追寻、向往的精神境界。作者第一次在教堂里，受到宗教文化(包括琴声、歌声以及整体的环境、氛围)的感染，心灵仿佛找到了寄居之所(即后面所说的“故乡”)，不哭不闹，甚至“不能听也不能看了”，也就是说，自己的灵魂与那里的文化完全融为一体了。但很快，教堂连同幼儿园都被拆除了，琴声固然没有了，钟声也消逝了。——钟声的“消逝”意味着什么？钟声的消逝意味着灵魂失去了寄托，失去了“故乡”!

阅读史铁生的文章，需要有一个立足点，那就是关注灵魂。他肉体的躯壳已经残破不堪，几次想自杀，而让他活下去的唯一目的在于探寻活下去的意义，而这只能在于灵魂。这一点史铁生在《写作与越界》中说得很明白：“所以我想，写作不是模仿激情的舞台，而是探访心魂的黑夜”……“让我再引一段横光利一前辈的话，作为本文的结尾吧：‘作家的奥秘，既不在于写作的意欲，也不在非写不可，而在于与自身的魔障作斗争。’”灵魂无所寄托正是史铁生心魂的黑夜、正是他自身的的魔障，这正是作者要探访的对象、要斗争的对象。

那么史铁生如何让灵魂找回寄托，使其回归“故乡”呢？

40年后史铁生去了异域，随时随地都能听到自由的钟声，“我好像一下子回到了童年，整个世界都好像回到了童年”，他的心灵回到了善、爱的世界，回到了故乡。从中他获得启发：故乡并不仅仅是地域，更是心情，只要心情在，无论何时，无论何地，心灵都是回到了故乡。

如何让心情在？钟声是关键；外在的自由钟声，在此地有，回到地域意义上的故乡就没有了，怎么办？无他，唯一可行的办法就是借用史铁生在《想念地坛》中的方法“我已不在地坛，地坛在我”，那就是“我已听不到钟声，钟声在我”。如何才能将钟声放在心中？在此文，史铁生没说，不过我们可以推出，只能靠回忆(史铁生在《想念地坛》中说靠“想念”)听过的“那样的钟声”。

作者既题为《消逝的钟声》，那写“钟声”之前的三段文字要向读者传达什么信息呢？第二段的写作目的有二。其一，写斯大林之死，实际是交代特定的时代背景，那是斯大林崇拜的时代——斯大林主义统治中国的时代：专制，独裁，严酷的思想控制，等等。只有在这样的背景下，教堂才会被拆除啊！其二，“那年我两岁”的时候已经记事，并且记得那么具体、完整，这样，“大约两岁多"时记的事也就是真实的，毋庸置疑的。第一段和第三段两段，写尘世的"小街"，其目的在于：一是以尘世的喧嚣与教堂的宁静和谐做对比；二是从一个儿童的"好奇"表现人的"生命"的特质——人异于其他动物之处就在于：总要追问，总要探寻，总要关心生命的意义，这种好奇地"追问"，也与在教堂时的"傻了"形成对比。

因此本文是史铁生的灵魂回归故乡之旅：远离物欲世界，皈依于善、美的心灵故乡；现实无象征"善"和"美"的钟声，则靠"想念"让钟声永存在"我"心中。

(二)学情分析

应该说向高一下学期学生讲授这篇散文有相当的难度，我现在教高三，我让高三理科前80名和文科班的学生提问题，问题几乎差不多：文章的主旨是什么？文章为什么以"消逝的钟声"为题？"钟声"有什么含义？灵魂为什么被惊动？钟声为什么会消逝？写前三段和"消逝的钟声"有什么关系？不理解"作者对故乡新的理解"，等等。又让文科班的学生写赏析，文科班的学生大多都可以发现文章是以"钟声"为线索，按时间顺序写的，可对文章的主旨几乎都认为是思念故乡、童年，这就说明学生确实读不懂这篇文章。高三的学生尚且如此，何况高一的学生？有鉴于此，在教学的过程中，老师的引导就要多一些，铺垫就要厚一些。

(三)教学目标

1. 知识与能力：积累相关背景的知识、有关宗教的知识，训练从抓关键信息入手整体把握文章、利用诸因互解律解读文章的能力。

2. 过程与方法：通过抓文眼(即标题)、抓关键来解读文章。

3. 情感、态度、价值观：正确理解史铁生的宗教情结，引导学生关注心灵世界，不断超越自己。

(四)教学重点： 教学目标1、2

教学难点： 教学目标2、3

(五)教学课时： 一课时

(六)教学过程

1. 导入

史铁生，当代著名作家。他1972年、21岁的时候双腿瘫痪，1981年患严重的肾病，1998年开始做透析，一星期要去医院做三次透析，一周光看病就要用去三天，这样的生活要一直延续到他生命的终结，因此他说自己“职业是生病，业余在写作”。在2011年即将结束的时候，史铁生轻轻地走了，永远离开了我们。命运将史铁生限定在了轮椅上，剥夺了他的外部生活，他只得往内心走去，关心生命的意义、灵魂的归属，用思想做脚，越行越远。因此，著名作家贾平凹这样评价史铁生：“史铁生对生命的解读，对宗教精神的阐释，对文学和自然的感悟，构成了真正的哲学。”《消逝的钟声》可谓典范。让我们随着教堂的钟声，看看史铁生是如何解读生命、如何阐释宗教精神、如何感悟自然和文学的。

【做法】老师主讲，点出史铁生独特的经历、独特的思考、独特的作品。

【目的】介绍作者，为我们解读文章做铺垫。

2. 请学生将段落标明序号，请学生起来读书，在读书的过程中请学生思考：本文写了几个方面的内容？以“钟声”为线索着重写了哪三个时间段的钟声？

【提示】

①读书时注意以下三个可能读错的音：油坊(fáng)、强劲(jìng)、晚祷(dǎo)

②文章共15段，写了四个方面的内容：1—3段写儿时记忆中的尘俗世界，和后文形成对比；4—11段写儿时记忆里基督教文化对“我”的影响；12—14段写教堂被拆，钟声长久地消逝；15段写40年后再一次听到钟声，灵魂回归了故乡。

③文中着重写的三次钟声是：“大约两岁多”在圣诞节那天从教堂出来听到的晚祷的钟声，之后消逝了长达四十年的钟声，40年以后“再次听见那样的钟声”。(注意：“我一来到世上就听到的那种声音就是这教堂的钟声”虽然也是“钟声”，但作者没有着重写。)

【做法】请学生集体回答，老师提示、引导、修正。

【设题目的】内容划分，旨在整体把握文章，为下面分析钟声做好铺垫；三处钟声是下面分析的三大重点。

3．研读文本

（1）先看“大约两岁多”在圣诞节那天从教堂出来听到的晚祷的钟声

问题设计①：当作者听到晚祷的钟声后反应如何？请联系文章加以说明。

【提示】先连用三个“就是”——“就是这声音，就是它！这就是‘我’曾听到过的那种缥缥缈缈响在天空里的声音啊!”表达了作者的惊喜、激动、急切等心情。后用了两个“就是”——“我一来到世上就听到的那种声音就是这教堂的钟声，就是从那尖顶下发出的”，表达的是欣慰之情等，然后用一段对钟声的描写（钟声沉稳、悠扬、飘飘荡荡，连接起晚霞与初月，扩展到天的深处或地的尽头……）表现“我”听钟声听得如痴如醉，以至忘了时间。

【做法】引导学生研读文章、搜索信息、概括信息，然后请学生单独回答，其他学生补充、修正，老师适当引导。

【设题目的】为下一个问题做铺垫。

问题设计②：“我现在听到”的教堂的钟声和“我曾听到过”的声音、“我一来到世上就听到”的声音是一样的，可为什么“现在”的反应比以前的反应更加强烈？请学生找出相关段落并加以说明。

【提示】段落在四、五两段。作者第一次在教堂里，受到宗教文化（包括琴声、歌声以及整体的环境、氛围）的感染：本来作者“一路哭”，可一和教堂接触，作者的表现就迥异：一走进教堂的大门，“我”就“止住哭声”；“走进一间宽大的房子”，听了“我从未听过”的“琴声和歌声”后，“我”逐步受到影响：

开始是影响着“我”的听觉、视觉，这体现在：琴声和歌声“宁静又欢欣”，以至“一排排古旧的桌椅、沉暗的墙壁、高阔的屋顶也似都活泼起来，与窗外的晴空和树林连成一气”，然后，进一步影响“我”的感觉，这体现在：“那一刻的感受我终生难忘，仿佛有一股温柔又强劲的风吹透了我的身体，一下子钻进我的心中”，以至奶奶看到的“我”的样子是“琴声一响，这孩子就傻了似的不哭也不闹了”，不仅如此，由此“我”产生了强烈的羡慕之情，这体现在“我多么羡慕我的堂兄，羡慕所有那些孩子，羡慕那一刻的光线与声音，有形与无形”，进而灵魂被惊动，以至“呆呆地站着，徒然地睁大眼睛，其实不能听也不能看了”，以至“后来的事都记不大清了”。由此可见，歌声、琴声对作者的影响，由外而内，由感官而感觉而心理而灵魂，心灵仿佛找到了寄居之所，也就是说，自己的灵魂与那里的文化完全融为一体了。因此对教堂的一切事物，甚至阳光、声音都充满了神往，对教堂的钟声当然也充满了神往，进了教堂之后再听到钟声反应当然比以前更加强烈。

【做法】首先引导学生搜索答案区间，其次引导学生找“进了一个大门”和“走进一间宽大的屋子”后的反应，找反应时引导学生筛选关键词并恰当概括。

【设题目的】此题意在探寻第一次进教堂后对作者灵魂的影响——找到了故乡，这在文中具有着举足轻重的作用：钟声消逝了 40 年，本质上是灵魂找不到故乡，作者庆幸 40 年后再次听到了钟声，本质上是因为灵魂又回到了故乡，这个题目就为后面的探讨“钟声”打好了基础，做足了铺垫。

问题设计③：史铁生是不是一个虔诚的基督教徒？他是不是在宣扬基督教文化？如何理解文中所透露出来浓厚的宗教气息？

【提示】对作品中宗教气息的理解，我们可从 2003 年《南方都市报》记者对史铁生的一次访谈中找到答案：

记者：在你的作品中，有不少关于忏悔、末日审判的思考，并引用了不少圣经故事，你是否觉得，宗教信仰不可或缺？

史铁生答：宗教有很多，对宗教的看法也有很多，对神的看法每个人都不尽相同。我不说宗教，我说信仰。我觉得人是应该有一个信仰的。信仰就像刚才说的，我觉得我是残疾的，但有一个完美的精神境界存在，那么这就成为我的信仰了。所以讲信仰是一条路。我不喜欢那种功利的信仰，比如信到一定程度我就能如何如何了。我认为信仰和梦想差不多，没那么多实际的好处，它只是给你一种心灵的好处。

【做法】由老师提供资料。

【设题目的】帮助学生正确理解文中的宗教气息，培养学生知人论世的读书意识，为下面理解“钟声”做铺垫。

问题设计④：如何理解“钟声”的含义？

【提示】见“文本分析”。

【做法】因为学生缺少有关基督教最基本的知识，所以以老师宣讲为主。

【设题目的】解释标题中的“钟声”。

问题设计⑤：第二段属“插叙”，暂且置之不理，第一段和第三段写的是尘世的小街，围绕着尘世的小街，作者写了哪些内容？和“钟声”有什么关系？

【提示】第一问：围绕着尘世的小街，文中说“那儿更像是一个喧闹的世界的开端”，写了小街的“喧闹”；文中说“站在台阶上张望小街”“我很想去看看城外”，写了我的好奇。第二问的提示见“文本分析”。

【做法】这两段写得有些杂，老师可从概括“小街”的特点和“我”的反应入手引导，再引导学生将之和教堂的环境特点、我在教堂的表现做比较。

【设题目的】引导学生理解“尘世生活”在文中的作用。

(2)再探讨“消逝了长达四十年的钟声”

问题设计①：“钟声”为什么会消逝？请学生找出相关段落并解释。

【提示】引导学生关注第二段和第十三、十四段，答案见“文本分析”。

【做法】学生的背景知识缺乏，以老师提供内容为主。

【设题目的】引导学生关注时代背景、积累背景知识。

问题设计②：如何理解题目“消逝的钟声”？

【提示】钟声“消逝”了，因为教堂被拆了，这意味着什么？意味着灵魂失去了寄托，也失去了“故乡”。

【做法】请学生单独回答，其他学生补充、修正，老师总结。

【设题目的】标题是文眼，此题意在帮助学生理解“文眼”。

3. 最后看 40 年以后在异域“再次听见那样的钟声”

问题设计①：如何解读作者对故乡“新的理解”？

【做法】老师读第十五段，读完后，就“作者对故乡‘新的理解’到底新在哪儿”这一问题，给学生三分钟时间独立思考、两分钟时间组内讨论，然后请各组代表回答，其他学生补充、修正，若还不行，老师引导；老师的引导思路如下：

引导问题①：对于故乡“新的理解”，作者谈了几个问题？请分别概括。

【提示】作者对故乡“新的理解”包含两个方面：以分号为标志，分号前谈的是故乡是什么，分号后谈的是如何随时随地回到故乡。

【做法】提醒学生注意标点符号。

【设题目的】整体把握作者对故乡“新的理解”，训练概括能力。

引导问题②：先看第一个方面：故乡是什么。

首先，要理解句子主干。句子主干即“故乡是心情”，请学生思考“故乡”和“心情”的含义。

【提示】第一，此处的“故乡”，文中说“并不止于一块特定的土地”，那么“故乡”含义的重点肯定绝不是像有的同学所理解的地域意义上的含义，而只能是灵魂意义上的、心灵意义上的含义，这由后面的“故乡”“是一种辽阔无比的心情”和“这心情一经唤起，就是你已经回到了故乡”也可知。

第二，这“心情”指的又是什么？文中 的相关叙述是“我好像一下子回到了童年，整个世界都好像回到了童年”，而钟声中“我”“童年的世界”指的是两岁多在教堂中自己的魂灵与基督文化善与爱等完全融为一体的感觉。这样“心情”指的就是在教堂中自己的灵魂与基督文化“善”与“爱”等完全融为一体的感觉。

【做法】对“故乡”的理解要引导学生从揣摩句子中获得；对“心情”的理解则要引导学生段内互解、文中互解。

【设题目的】阐释“新的理解”中的核心词。

追问：如何理解“故乡是心情”?

【提示】很明显是说只要能让自己的灵魂回归善与爱就是灵魂回归了故乡。

【追问目的】整体把握第一个方面的主体内容。

关注修饰成分，请学生思考：如何理解这心情的“辽阔无比”“不受空间和时间的限制”?

【提示】作者在本段中已有具体的描述：“在清洁的空气里，在透澈的阳光中和涌动的海浪上面，在安静的小街，在那座城市的所有地方，随时都听见它在自由地飘荡。”即钟声随时随地在，心情就随时随地在，灵魂就随时随地回归故乡。

【做法】提示学生段内互解。

【设题目的】全面理解第一个方面的内容。

引导问题③：问题在于离开了“随时随地”都能听到钟声的城市，如何让心情“辽阔无比”“不受空间和时间的限制”? 这就要看第二个方面：如何随时随地回到故乡。

【提示】只要能唤起心情。

追问1：怎样才能唤起心情? 请说明理由。

【提示】只要能有“那样的钟声”就能唤起心情。文章是这样写的：我和妻子在那钟声中慢慢地走，认真地听它，我好像一下子回到了童年，整个世界都好像回到了童年。

【设题目的】训练学生诸因互解的能力。

追问2：有“那样的钟声”能唤起心情没问题，问题还在于作者终究要离开“随时随地”都能听到钟声的城市。回到了北京，心情如何才能被唤起?

【提示】见“文本分析”。

【做法】老师引导、讲解为主。

【设题目的】引导学生深入探究。

引导问题④：请学生归纳、总结：作者对故乡“新的理解”到底新在哪儿?

【提示】故乡不仅是地理意义上的，在此处更是灵魂意义上的，只要象征

“善”和“美”的钟声在，无论何时、无论何地，灵魂都可以找到寄居之所，都可以回归故乡；象征善和美的钟声现实不存在，则对“那样的钟声”只能想念，只要想念，心情就同样会被唤起，灵魂就同样会被惊动，就同样会回归故乡。

【做法】学生回答、补充、总结。

【设题目的】全面、准确、深入地理解作者对故乡“新的理解”。

问题设计②：作者为什么会对故乡忽然产生“新的理解”？

【提示】这正是作者对心魂的黑夜的探访、和自身的魔障作斗争的结果。

【做法】以史铁生的《写作与越界》给学生以启示。

【设题目的】探讨作者的写作目的；训练学生利用相关资料互解的能力。

问题设计③：为什么用“消逝的钟声”做题目而不以其他两个钟声做题目？

【提示】这和作者的写作目的有关，具体见“文本分析”。

【做法】老师提供资料，请学生个人回答，其他学生补充。

【设题目的】深入探讨作者的写作动机；训练利用文内因素和文外因素相互解释的能力；引导学生关注作家，培养知人论世的意识。

4. 总结

史铁生说，他喜欢霍金——另一个坐在轮椅上的人；霍金用作品照亮了宇宙，而史铁生，这个同样坐在轮椅上的人，我们说他的作品照亮的是人类的灵魂。在这篇散文中，史铁生就经历了灵魂找到故乡、灵魂飘荡无所皈依、灵魂回到故乡的过程，这也照亮了我们日益幽暗的内心。让我们也审视自己心灵的黑暗，去追求自己人生的美好境界，让自己的心灵也回到故乡，让我们的心灵宁静起来、欢欣起来、自由起来。

【总结角度】紧扣“灵魂”和“故乡”。

5. 布置作业

子曰：“吾十有五而志于学，三十而立。”同学们已经进入花季年华，自我意识已经产生，对周围的事物更加敏感了，思考得更多了、更深了，请同学们也学习学习史铁生的探索精神，把某一事物对你的触动，或感官上的，或感受上的，或认识上的，甚至是灵魂上的，用生花的妙笔描述出来，给你的人生成长路上增加一道永恒的风景，不少于600字，写在作文纸上。

【目的】希望学生能对自身有所审视，促进心灵的成长。

六、新课标理念下小说单元教学设计

【单元导航】

本单元为小说单元，除了《守财奴》是长篇节选，其余均为短篇。小说阅读无非抓环境、人物、情节，其中人物性格的刻画是核心。而人物性格刻画则是在情节推进和矛盾冲突中完成的。因此本单元的教学重点为特定环境下的人物性格刻画。

(一)药

【教学设想】

《药》主题深刻，内容繁复，线索交错。首先是理清明暗两条线索、领会题目的深刻含义，在此基础上联系作者的思想，联系作品的内容，以第四部分的第十段(倒数第五段)和十四段(最后一段)为聚焦点，了解景物描写对刻画人物、揭示主题的重要作用。

【教学过程】

1. 导入

鲁迅从事小说创作，有着明确的目的性，一者是为了呐喊几声，聊以慰藉那些在寂寞中奔驰的勇士，使他们不惮于前驱；二者企图在自己的作品里提出时代所关心而且又是迫切需要解决的问题。小说以“药”为题，目的在于揭示社会病痛，以引起疗救的注意。

2. 请学生按时间顺序讲述小说的内容，概括小说的主题

明确：革命者夏瑜被捕入狱被杀，华老栓却用革命者的血蘸馒头为儿子治痨病，从而在文中提出了这样一个问题：群众的愚昧和革命者的悲哀，或因了群众的愚昧而带来革命者的悲哀。

3. 小说情节的线索有何特点

明：买药——→吃药——→议药——→华大妈上坟

暗：夏瑜被杀——→夏瑜的血被吃——→茶客谈论夏瑜——→夏四奶奶上坟

4. 鉴赏语言

(1)“微风早经停息了；枯草在支支直立，有如铜丝，一丝发抖的声音，在空气中愈颤愈细，细到没有，周围便都是死一般静。”此段文字假如这样写：

“周围一点声音也没有，死一样地静。”好不好，为什么？

明确：写静，只写这里很静，这是很笨的写法，要采取各种方法把这个“静”烘托出来。鲁迅实际是写人的心理感觉：明明是风早不吹、草一点不动的，但是人感觉它似乎在颤，又因为它确实没颤，所以感觉它终于没有颤。这里是用心理上颤抖的声音来烘托静的。

(2)“只见那乌鸦张开两翅，一挫身，直向着远处的天空，箭也似的飞去了”，如果换个写法“只见乌鸦飞走了”不就好了？

明确：这里着力写乌鸦是飞向天空而不是飞向夏瑜的坟墓。一再强调其飞前的动作又是“张开两翅”，又是“一挫身”，“直向着远处的天空”，速度很快，“箭也似的飞去了”。这样用工笔重彩来描写这一“飞”，是有道理的，里面包含了鲁迅深沉的悲哀。

5．有学生问：“花环”是怎么来的

明确：鲁迅在《〈呐喊〉自序》中写道：“既然是呐喊，则当然须听将令了，所以我往往不恤用了曲笔，在《药》的瑜儿的坟头凭空添上了一个花环……因为那时的主将是不主张消极的。”由此可知，作为一个亮点，花环暗示革命是有希望的 。

小结：鲁迅的小说主题隐晦，要较确切地把握住主题，知人论世是断断少不了的，而更重要的是对精妙之处的品读。

【读写结合】

1．请展开想象的翅膀，想象夏瑜在狱中的生活，题目自拟。

2．课外自读《〈呐喊〉自序》。

(二)项链

【教学设想】

玛蒂尔德的悲剧命运乃性格造成的。作者表现性格最多、最有力的手段是心理描写和细节刻画，故以此为教学重点。

【教学过程】

1．导入：《项链》是法国短篇小说巨匠莫泊桑的传世名篇，为中国读者所喜爱，主人公玛蒂尔德为广大读者所熟知。人们在为马蒂尔德的悲剧命运叹息的同时，更多地思考探讨其悲剧命运的根源。请学生读书思考。

2．课文的情节一向为人所称道，请概述情节。

明确：以项链为线索，按借项链、丢项链、陪项链、得知项链是假的展开，结尾既出人意料之外，又在情理之中，给人以强烈的震撼。

3. 玛蒂尔德所处的社会环境是怎样的？为什么？

明确：社会金钱至上，女人美丽至上。何以见得？

“她生在一个小职员的家里”，没法子让一个有钱的体面人认识她、了解她、爱她、娶她，“只得”和一个小书记结了婚。“只得”一词显示她十分无奈。

“她觉得她生来就是为着过高雅和奢侈的生活”，她为此“狂乱的梦想”“伤心、悔恨、失望、困苦，常常整天整天地哭泣”。过上奢华生活是她梦寐以求的。

4. 导致玛蒂尔德的人生悲剧是什么？为什么？请从心理描写和细节刻画两方面分析。

明确：导致玛蒂尔德人生悲剧的是其极强的虚荣心。为什么？

收到请柬后，她“懊恼”“恼怒”以至泣下，因为“没有件像样的衣服”“没有一粒珍珠、一块宝石”“在阔太太中露穷酸相，再难堪也没有了”，虚荣心极强。

参加舞会时，她成功了，陶醉了，虚荣心得到满足了。

离开舞会时，当丈夫把带着寒伧味的衣服披在她肩上时，为了避免被那些穿着珍贵皮衣的女人看见，“她想赶快逃走”，当丈夫想去叫辆马车，叫她在舞会里等一等以防着凉时，她“一点也不听，赶忙走下台阶”，强烈的虚荣心控制着她 。

十年之后，尽管“成了一个穷苦人家的粗壮耐劳的妇女了”，但当她一个人坐在窗前时，就回想起当年那个舞会来，“她多么美丽，多么使人倾倒啊!”那虚荣心经过十年的磨炼并没有减弱，真让人悲哀啊!

5. 课文说：“要是那时候没有丢掉项链，她现在是怎样一个境况呢?”我们可以想象一下玛蒂尔德现在的情况。

参考思路：由其极强的虚荣心这一性格特点出发可以做各种推测、想象，比如被邀参加各种舞会，被富贵之士认识、了解、爱慕，致使玛蒂尔德或另攀高枝，家庭破裂，生活奢华，精神空虚或被人诱惑，又被人抛弃，境遇凄惨，没有了自尊，失去了安定，等等。

6. 丢失项链对玛蒂尔德是好事还是坏事？

明确：这是好事，这使玛蒂尔德从极度虚荣的云端上重重地摔到了地上，从某种意义上来说，这是玛蒂尔德灵魂的复活、本性的回归。

【读写结合】

1. 根据第4题题意写一篇关于《项链》的小说论证，自拟题目，注意心理描写和细节刻画。

2. 课外自读《简·爱》，比较简·爱与玛蒂尔德这两个人物的形象。

（三）陈奂生上城

【教学设想】

小说情节简单。小说中的陈奂生是当时农民的典型，因此须探讨的是小说所反映的时代，须研究当时农民的状态，还要注意体会作者塑造人物的重要手段：心理描写和细节刻画。

【教学过程】

1. 导入

高晓声是专注于当代农民生活的作家。他以陈奂生为主人公连续写了《漏斗户主》《陈奂生上城》《陈奂生转业》《陈奂生包产》和《陈奂生出国》五篇小说，人称“陈奂生系列”。作者的用意是在历史发展的纵向上，探索我国农民坎坷曲折的命运与心路历程的变化。

2. 由课文第一部分可知当时的社会状况大体如何？

党的十一届三中全会以后，农民“囤里有米，橱里有衣”。陈奂生最大的愿望是能碰到一件大家都不曾经过的事情，讲给大家听听就好了，就神气了，可见农民的精神生活仍很贫乏。

3. 阅读第三部分。上城卖油绳时感冒被吴书记送到了招待所，陈奂生的愿望终于实现了。让我们看一下陈奂生在陌生环境中的变化。

(1)陈奂生的表现以付出五元钱前后为界分为两个阶段？

①付五元钱之前的陈奂生对吴书记心存感激，以至泣下，可见农民多么容易满足，体现了农民的质朴。住招待所，陈奂生自惭形秽，害怕把被子弄脏，害怕弄出一点儿声音，害怕把大皮椅压瘪，体现了农民的善良。

②付出五元钱之后的这一段心理描写很传神。陈奂生此时的心理主要是对五元钱的痛惜，从中可以看出陈奂生的损人不利己的狭隘心理，也显示出他离现代文明人的距离之远。

③这一部分对陈奂生的刻画，很容易让我们想到鲁迅笔下的阿 Q。陈奂生先是“忿忿”，继而又“有了兴头”，“又肉痛起来”，不久“一狠心”买了帽子飘然而去。其典型特征就是“精神胜利法”。

(2)小说结尾应如何理解？

提示：其一，陈奂生的想法、做法与其前辈“阿 Q”有相同之处，但阿 Q

的“精神胜利法”不过是“自欺”罢了，而陈奂生不仅“自欺”，而且“欺人”，更可悲的是，被欺之人居然买他的帐！

其二，揭示了农民意识深处的封建等级观念及农村社会的落后。

小结：陈奂生的行事方式、心理状态和他的精神需求，真实地再现了刚过上温饱日子的中国农民的生活。陈奂生是特定时代的写照，同时又和封建传统有着密切的联系。

【拓展阅读】

课外自读“陈奂生系列”中的其他四篇，以对陈奂生的历史有更广泛的了解、更深入的理解。

（四）守财奴

【教学设想】

本文情节简单，主题明朗，而以细节刻画和语言描写见长，故指导阅读时应以此为重点。

【教学过程】

1. 导入：简介巴尔扎克和《人间喜剧》，简介与本文有关的情节。

2. 学生自读课文，概述情节。

提示：

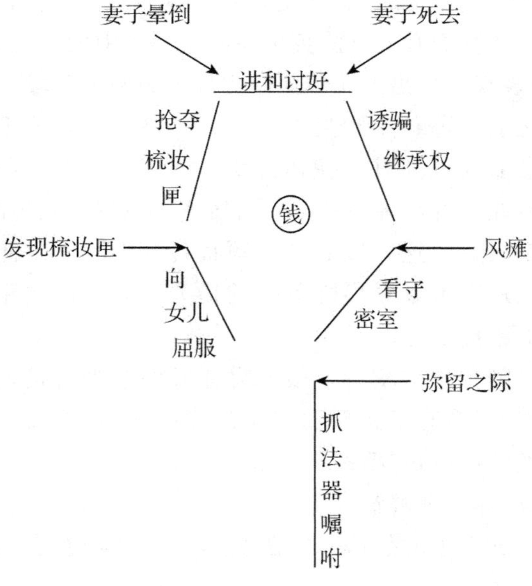

3. 分角色反复诵读“诱骗继承权”部分，鉴赏该部分的语言描写。

提示：为了把继承权这件大事办妥，先进行情感拉拢，迫使女儿同意当天晚上就办，接着为了迫使女儿就范，先是反复提醒公证人对孩子说的话要保险没有错，接着以办理文书“要花很多钱”来哄骗女儿，以“可怜的母亲”为诱饵来拉拢女儿，以月付一百法郎所谓的大利钱来引诱女儿，这一番表演连见多识广的公证人也“骇呆”了。

4. 这篇小说运用精彩的细节描写，刻画葛朗台的主要性格特征：对财富的贪婪。试举两三例加以说明。

提示：

(1)请看正当欧也妮母女欣赏查理留下的梳妆匣时，葛朗台进屋的情景：“一看见丈夫瞪着金子的眼光，葛朗台太太便大叫起来：‘上帝呀，救救我们！’老头儿身体一纵，扑上梳妆匣，好似一头老虎扑上一个睡着的婴儿。”一“纵”一“扑”写出了守财奴的贪婪与凶残。

(2)在描写了太太病重死亡、女儿悲悼亡母之后，这样写了葛朗台的举动：

“他来搀了她去用午饭，几小时地望着她，眼睛的神气差不多是很慈祥了；他瞅着女儿，仿佛她是金铸的一般。”一个“搀”的反常动作，活画出葛朗台为了守财，不惜以老迈之躯，强作慈祥，活画出了守财奴的骗子本质。

……

小结：巴尔扎克写对话巧妙，符合人物身份，符合人物性格，并不描写人物的模样，却能使读者读了对话，便好像目睹了说话的那些人；细节刻画，恰似高明的特写镜头，最真切、细致、生动、深刻地显示了守财奴的灵魂。

【扩展阅读】

课外自读《欧也妮・葛朗台》全文、《高老头》。

（发表于《中华活页文选(教师版)》2005 年创刊号）

第六部分　教学教育随笔

一、我教学路上的引领人

——记王俊鸣先生

不登高山，不知天之高也；不临深溪，不知地之厚也；不闻先生之言，不知语文教学之方也。

1998 年我来到了丰台实验学校，对语文教学一片混沌，一切都是在黑暗中摸索，其时的凌云主任做我的师傅，他说他教高三时只相信十二中王俊鸣老师的说法。不久丰台区又组织了"王俊鸣语文教学研讨会"。先生在我心目中变得高大起来，须仰视才见，尽管先生在当年的一篇讲话中说对权威无须仰视，因为仰视源于自己跪着，只要自己站起来就和权威一样高。我便找先生的书和录像看，觉得很好，却不能真正理解，只是止于知道的层次，不过仍坚持学习。后来余明忠老师做了我的师傅，是我教学路上的另一位引领者，待我如子。余先生和王先生是知己，两人经常有合作。2002 年左右，余先生从王先生那里领回了编写《冲刺金牌·奥林匹克竞赛辅导·初中作文》和《全国高考作文精选精评 200 篇》的部分任务，有关书稿往来，王先生指名让我去送稿。这样我就有了亲近王先生的机会。

到先生那儿去，或者去学校(当时十二中高中部还在老校)，或者去家里。到了以后，首先说有关稿件的问题，说完后，就可以和先生聊聊天，主要是我向先生请教，请教写稿中的困惑，请教教学中的疑惑。

那时稿件主要还是用手写的。在王先生那里，我看到先生自己写的稿子卷面整洁，先生对我送过去的稿子质量要求很高，看得很细，细到标点，细到句式，在点评每一年作文的稿件中，点评开头经常会出现相同的话，王先生要求变换说法，正所谓"言之无文，行而不远"。每次我去交稿件时都很惴惴。我给先生写稿不求稿费，只要先生能够看上眼就很高兴了。在先生那儿，这种对教育的责任感经常会看到。前几年闹得沸沸扬扬的东北怪味的快餐，对其中的主人公赵先生，之前先生还是时有赞词的，有一次就和我说赵先生让学生用文言文写作挺好的。对赵先生的口诛笔伐，开始我私下认为先生可以宽容一些，后来在和先生的一次聊天中，先生说这种课在全国各地到处表演，谬种流传，影响恶劣，不如此不足以正本清源，这让我肃然起敬。

其时，改革的浪潮正袭来，教学上我正彷徨，和学生的关系也不是很和谐。我曾就这些问题向先生请教，先生答曰："语文教学总的目标是十六字：激发兴趣，培养习惯，开阔视野，树立规范。"譬如如何激发学生的兴趣？先生以作文为例：要发现学生作文中的闪光点，哪怕是一句话、一个词，都要真诚地表扬他们。我按照这十六字在教学中领悟，卒有所获。先生又说："和学生间的交往本质上就是人际关系，如何交往？对学生要真诚，要尊敬，要培养自己的铁杆粉丝，不管发生什么，即使你错了，他们都会坚定地支持你。接手新生，不必在他们面前炫耀，开始把自己放低点，张果老骑驴看脚本走着瞧，这本质是做人的态度，争取一节课教学生一句话。"按此实行，我和学生的关系终于有了缓和，并沿着良性循环的轨道运行。

这次有关作文的写稿，我主要学习的是先生的《"作文与生活"断想》，这直接影响了我的随笔教学，我在教学中注意从"为什么写"的角度来激发学生的写作积极性，引导学生关注自己的心灵世界，引导学生读书，结果学生写作积极性高涨，后来我将这些实践成果总结出来，写成了《一路走来一路歌——我的随笔教学体会》，发表在2003年的《北京教研》上。跟着王先生写书，锻炼了我对文章的判断力。后来王先生又和我说了不同文体作文教学的不同策略：记叙文个性较强，教学应重在激发；议论文共性较强，教学可重在训练。王先生出的作文书很多，王先生自言比较满意的是"请你一起学作文"系列。在高三的议论文训练中，我就学习王先生的《请你一起学议论文》，特别注意学习写议论文的"一个角度"和"注意现实的针对性"，这两点我在很早以前就注意去做了，而前一点最近几年经过先生的宣讲，才得到了较大范围的推广，后一点则直到现在仍没有任何的改善，继续在高唱着"放之四海而皆准"的论调，而高考的指挥棒仍在瞎挥舞，仍在照顾着全市语文平均分的面子，让人不禁感叹"时无英雄，而使竖子成名"。关于如何训练议论文，先生有种做法让我颇为受益：先求质再求量，要针对学生作文中的问题讲评，讲评时决不能只是告诉学生哪儿不成，还要告诉学生怎样才成，要给他们做样子。这样，学生有写得好，可以用学生的；学生写得不好，老师就自己写例文，之后学生改写，再继续讲评，继续改写，直至写好，像这样学生写个两三篇就可以像个样子。我现在能做到的只是让学生写到第二遍，学生收获不少，而决不能像某些老师那样，写一次不行就再写下一篇，只求量不求质。

如何做学问？先生告诉我，由点做起，由点而线，由线而面。说着先生随手拿起桌子上的小本，说这上面全是在教学中发现的问题，或是对课文的独特见解，或是对教学思想的认识，随手记下来。先生的这点对我影响很大，我也准备了一个小本，开始钻研教材，只要有所发现，或是标点的用法，或是对词语的解释，或是对句子的理解，或是对中心的把握，我都将之尽快记录下来，这些后来就成为我写文章的论据。大约两年前，我到先生的办公室去，先生给我看他最新的成绩，先生按日期将自己每天的发现在电脑上敲出来，洋洋洒洒，我便笑着对先生说："您的发现从本儿转移到了计算机。"先生亦笑。在以后的讲座中，我便发现先生将自己的发现融了进去。

经过这次写稿，和先生就熟悉了，以后就经常带着问题到先生那儿去请教。由于先生家中有病人，我主要去先生的办公室。每个学期一般必去一次，否则就成了我的心理负担，甚至成了债。

有一次到先生那里去，先生其时还教着高三复读班，正在批改试卷。先生边判试卷边把学生答案中的典型问题抄下来。见我来了，便对我说："我们教学一线的和研究机构的比，在研究机构做学问的确实比我们有时间读书，书读的比我们多，其劣势也是很明显的。他们所做的只是从书本到书本，没有实践，指导一线教师终是隔靴搔痒。我们虽然读理论书没有他们读得多，但具有他们无法比拟的优势，那就是我们有大量的实践，这里面有学生的正确答案，更有学生的错误答案。我们做老师的要更多地想学生为什么会出错，努力去探究学生出错的原因，有了这种大量的思索，我们就可以将之上升为理论，再概括为术语。理论要科学，必须有术语，正所谓名不正则言不顺。因此我们说向学生学习，主要是向学生的错误学习；更加关键的是在课堂上，在课堂上讲什么，主要是针对学生的错误讲，这样讲就不空洞，学生就爱听，下次再讲这则材料就知道学生的问题出在哪里，这就是有经验。因此，不要厌烦判作业，不要讨厌判作文。华军，你看到了我自己就是这样做的，这才有了我的各种提法，课堂上才可能有效率。"这番话对我产生的影响可以说是天翻地覆的，因为从此以后，我对判试卷、判作文、判作业的态度发生了变化，努力克制厌烦情绪，努力让自己喜欢起来，渐渐叹气少了，更多的是抓住每一次机会认真分析学生错误的原因，甚至有一段时间讲课文时，我让学生提问题，之后将问题归类，再在课堂讲授，这样自己讲起课来，心中有目标，底气较足，学生受益也大。

到先生那儿去，先生经常向我推荐工具书，推荐必读书。大约七八年前，先生就向我推荐了《汉语大词典》三卷本，说这是中国目前最好的语文工具书，自己买了一套，在家里就可以备课。在学校就可以到图书馆去借着备课。我一听，当年就到人民文化宫的春季书市(当时书市还在人民文化宫，书市搬到地坛是近几年的事)上买了一套回来，后来《汉语大词典》又买了十二卷本的。从此我竟然关注起了语文工具书，凡曾经出现的语文词典尽量收入囊中。大约还是在那一次，先生和我谈及字的教学价值，说自己很想写一本有关字的源流演变的书，说着给我看了一本好像是云南一家出版社出的挺早的一本有关文字的书，已经比较旧了，其主要特点是用图表的形式展示了字义的演变过程。其时课本文言文后的思考练习还有一字多义的题。为了把课讲得深入，把课讲得有趣，我开始搜集各种有关字义演变的字典，还送了两套给先生。

先生不止一次和我提及要多读书，有关语文最基本的书，像有关语言、逻辑、修辞、文学的基本书，他两次和我谈在大学对他影响最大的书是讲哲学、讲逻辑的书，像模态词有的特级教师说不懂，关键是没有读有关逻辑的书。先生经常在我面前称赞读书不倦、笔耕不辍的老师，对于不读书、不写文章的老师，先生无奈、叹息，常说教书而不读书实在难以理解、难以想象，教学生写文章而自己不写文章，在指导学生时如何能搔到痒处？先生自己就是读书、写文章的楷模。先生的有关语文教学的文章时常在《中学语文教学》《读写月报》上发表，先生认为总结性的文章像《定性·悟道·讲法》《“阅读教学”价值论》都在最近几年写成，先生自己还写旧体诗。一次余先生和我谈及王先生想把自己写的一百来首旧体诗结集出版。受其影响，我就反思自己有没有坚持读书，有没有坚持写文章，经常惭愧不已；我虽然书读得不多，文章写得不多，但心向往之。先生的办公桌上经常摆放着很多书。我很喜欢浏览先生的办公桌，看看先生在看什么书，有时也翻翻，发现上面有很多批注。回去和余先生提及此事，余先生说王先生的批注整理出来就是文章；发现先生看的好书自己没有，就暗暗记下来。最近两年，先生一直在忙着编着《唐诗通解100首》，我每次去他那儿，他的办公桌上都摆满了各种有关唐诗的书，有一次发现他的办公桌上有一本《唐人律诗笺注集评》。先生说这本书很好，我就抓紧时间从网上买了一本。我好买书，凡是自己认为可能需要的书都买回来，不知不觉已经装满十组书柜了，目的之一是阅读，更重要的目的是先生所说的“备查”。

先生退休已整十年，但每天仍按照自己确定的方向读书、写文章，关心着当今最新的研究成果，关注当今语文改革的各种现象，自言“岁数大了，容易故步自封，我要与时俱进”，这并非虚言。两年前，大成学校的李强讲了一节公开课，讲的是张承志的《汉家寨》，先生点评时强调老师要充分利用学生资源，在课堂上随时帮助学生“生成”新的资源、“生成”新的能力，我们老师切实感到先生的精彩发言和以前讲的有很大的不同，也是坚持读书、随时“生成”的，正所谓“仰之弥高，钻之弥坚，瞻之在前，忽焉在后”。在当今这种汲汲于功名、汲汲于富贵的背景下，先生的淡泊、精进感动着我。

我时常庆幸自己从事中学语文教学之初，居然有缘结识并就教于先生这样的语文大师。我和先生交往十多年了，回首往事，先生对我的谆谆教导大多已经铭刻于心，而交往的场景大多已经淡忘了，而不变的场景是先生眉飞色舞地说，我聚精会神地听，说到会心处，我且笑且手之舞之足之蹈之，甚至促膝而谈。每次从先生那里出来后心情舒畅，如沐春风。今年是先生七十寿诞，我多么想把先生对我的教诲全部写出来，怎奈先生教学思想博大精深，我文笔不好、记忆不牢，怕辱没了先生，只好把我感受最深、实践较多的记下来，以谢先生对我教学道路上的引领，不知我的这份汇报先生能否心慰，能否展颜？

祝先生心宽体胖，健康长寿！愿先生这棵语文教坛的常青树永远葱茏，愈发繁茂！

二、最钟爱的还是你——语文教学

各位领导、各位老师：

大家好！

我今天演讲的题目是《最钟爱的还是你——语文教学》。

做语文教师已经两个年头了，经历了大风大浪，其中有对教学本质的不断探索、教学观念的不断更新，也有对教学目标的不断修正、教学功夫的不断锤炼；有十字路口的“独徘徊”，也有前进途中的“马蹄疾”，体会到了教学五味，其中有耕耘了却无收获的苦涩，奉献了却不被理解的酸辣，也有付出了而后有收获的甜蜜。

当工作不如意时，常常静下心来扪心自问诸如此类的问题：教师这一职业，爱它吗？胜任本职工作并出类拔萃，有信心、有能力吗？再具体一点儿，热爱学生吗？热爱中文吗？有信心做一名学者型的老师吗？课堂上能否极大地激发学生兴趣，有效地组织学生质疑、辨疑、析疑，有层次地训练语言、训练思维，有机地将育人融入训练中吗？

对此，我彷徨。我思索：挖掘自身教学的天赋，透视语文教学的现状，洞察语文教学的本质，探索育人教学的佳境。经过一番冥思苦想、缜密论证，我确信：对语文教学我还是情有独钟的。

首先，就自身而言，我喜欢这种教学对象比较单纯，人际关系相对简单，教学内容比较丰富的职业。

我本性情中人，讨厌彼此间的钩心斗角，厌恶仕途中的尔虞我诈，希望过“坦坦荡荡做人，兢兢业业工作”的生活，俯视各行各业还是教师最适合我，对人际关系复杂的政府部门、利益冲突剧烈的公司淡然置之。因此1998年毕业找工作时，不是师范毕业的我，只是把教师作为自己无悔的唯一选择，无论是到烟台面试、在威海奔波，还是到上海试讲、在南昌实习。随着工作阅历的增加见识了语文教学出成效的艰难，更深深懂得做一名优秀语文教师的不易，这不仅要有较强的表达能力、较高的应变机智，还要有巧妙的育人才能、完善的训练体系。对此，我相信自己，改造自己，提升自己，锲而不舍，深信以此去研究学生的心理，探索教学的规律，一定能够走出一条光明大道。现在，对学生心理的了解，对教学规律的把握，是深刻得多、丰富得多了，对课堂的组织也自如得多了，前面的路越来越明朗，目标越来越明确，信心也越来越增强了。

其次，就教学对象而言，我从心底喜欢孩子。

这并不仅仅是因为孩子心地善良、情感丰富，更重要的是在这个日益被金钱异化的社会中，只有孩子的心田才最容易播下真、善、美的种子，开辟一片绿洲。不可否认，有些孩子有这样或那样的缺点、这样或那样的恶习，并且这些缺点、恶习也曾让我难堪、苦恼、大发雷霆甚至无可奈何。对此，我常常点拨自己：假如由于自己的存在、自己的努力而使这个世界多了一颗真诚、善良、美好的心灵，那我便有了一份生存的价值，获得了人生的幸福。对此，我常常激励自己：既然自己无诲地选择了教师行业，既然自己非振臂一呼、应者云集的英雄，就应潜下心来研究让真、善、美在孩子心田生根、发芽乃至茁壮成长的契机。因为人活着，能不能幸福，最主要的是他有没有一颗善心。心肠好，那么穷点、富点，苦点、累点，寿命长点、短点，官大点、小点，他都能坦然无愧、豁达大度地对待，从而心安理得，活得幸福。

反过来，心肠坏了，他自己活得太累、太麻烦，别人也因为他的存在而受累、而麻烦。

再次，就教学内容而言，我喜欢中文专业。

其一，中文本身就是绚丽多彩的画卷。

日月星宿，峰峦湖海，霜风落叶，虎啸龙吟，无所不包；沧海桑田，人情世故，乡野都会，疆关沙场，尽收眼底；婉约娇美，粗犷豪放，幽默辛辣，警辟畅达，诸味俱全。面对如此画卷，心花怎能不怒放？笑容怎会不可掬？

其二，中文是适应现代社会的强大武器。

社会进步了，文明发展了，信息时代来到了。此时，谁不希望口角生风，舌绽莲花？谁不渴望落笔惊鸿，点铁成金？要如此，卡耐基认为，改变词藻是当务之急，而这就必须借助阅读的灵感及得自书本的资料，就必须让自己的头脑接受文学的洗礼。

面对内容如此绚丽、功能如此强大的中文，看着自己捉襟见肘的文学水平，想着祖国盛开的花朵，每每警告自己要博览群书，深思慎取。

最后，奉出最优化的教学过程，是我梦寐以求的。

观摩优秀教师的课，激趣、质疑、辨疑、析疑，随机应变，一气呵成；揣摩语言，训练思维，有重点、有层次；育人和训练水乳交融，妙若天成，那真是一篇篇跌宕起伏的小说，有开端，有发展，有高潮，有结局，更有那尾声的余味无穷；那真是一曲曲扣人心弦的乐章，有“铁骑突出刀枪鸣”的慷慨激昂，有“间关莺语花底滑”的温柔细腻，还有那“此时无声胜有声”的耐人寻味。对此，我唯有苦练基本功，更新观念，向名师学习，研究训练的梯度，带领学生一起冲锋陷阵直至进入自由王国。

教学的征程已经踏上，前途是光明的，道路是曲折的，理想是不变的，爱心是刻骨的，博学是必须的，探索是无止的，追求是无休的。

在此以魏树生老师的话自勉：

埋怨环境，天昏地暗；改造自我，天高地阔。

改变了自己，昨天的路会变近，昨天难办的事今天会极为顺手，昨天的对手今天可能成为助手，昨天最难教育的学生今天可能成为最细心的学生，昨天最不愿讲的课今天讲起来可能会成为一种享受。

改变了自己，会觉得水比昨天清，花比昨天艳，天比昨天蓝，世界比昨天更可爱。

我的演讲结束了。谢谢！

三、孔子，你可还是当年的孔子？

这次，终于有机会到曲阜去领略一下孔老夫子的遗风了，心潮澎湃。

祖籍为山东的我，不到圣人的故里去朝拜一下，心里总有些疙疙瘩瘩。记得上大学时，当有几位到过曲阜的教授和我聊起有关孔庙、孔府这些名胜古迹时，我无言以对，心有愧意，面有惭色。的确，孔子对中国人的影响超过了历史上任何一位叱咤风云的人物。回想一下中国封建社会，自董仲舒提出“罢黜百家，独尊儒术”以来，以孔子为象征的儒家思想就成为中华民族近两千年来的正宗，真是不可思议。皇帝要莅临天下、威震四海，得提倡它；臣子欲辅佐天子、治理百姓，得运用它；儒生想获取功名、享受荣华富贵，得掌握它；平民百姓辨别善恶、评判是非，得引用它。体现儒家思想的四书五经自然也就被国人视为至宝，奉为圭臬；这些儒家经典耗尽了千千万万硕儒的毕生心血，养活了千千万万的儒生，影响了一代又一代的中国人，成为中国人解不开的疙瘩，挣不脱的情结。纵观历史，有多少仁人志士、忠臣良将，苦守“舍生取义”“杀身成仁”等信条，坚信“人间遍开自由花”，而“我自横刀向天笑，去留肝胆两昆仑”；又有多少卑鄙小人、佞臣奸相因背弃仁义、气节等纲常而遭人唾骂、遗臭万年。五四后，随着马克思主义的广泛传播，随着“民主”“科学”观念的深入人心，人们逐步摆脱了儒家思想的禁锢，努力地追求个性发展，谋求个人发展，然而漫长岁月的浸染，儒家思想仍然根深蒂固、深刻地影响着人们的理想、价值观念以及为人处世、待人接物等诸方面。试想这样一位对中国人影响如此深刻久远的人物，不去实地瞻仰他、了解他、亲近他，如何对得起中国文化？如何对得起毕业于中文系的我？

现在，我将去体会一下孔子的巨大魅力，终于可以心安了。

经过一个晚上的颠簸，第二天上午到了曲阜。近了，近了，孔子的气息越来越浓郁了，四处弥漫着，所到之处，我恭敬而喜悦地观察着，发现：凡大街小巷繁华之处无不借着孔子的名声，凡商店旅馆其招牌必以“孔”字打头。原来这里处处享受着孔子的荫庇，甚至连建筑样式也古朴典雅，一如平遥古城，又似北京的琉璃厂。若孔子还健在，见此当手捋长髯，眉开眼笑吧？到了孔庙，城楼上有一条很长的横幅，大意是瞻仰孔子的永恒魅力，体会儒家文化的博大精深。听听这口气，多自豪；看看这心态，多自信。

进了孔庙，也就是历代封建王朝祭祀孔子的庙堂。这里，庭院疏阔，古树葱郁，禽鸟翔集，白鹭翱翩，鸟鸣雀喧，碑碣如林，使庭院显得更为幽深古朴。让我大吃一惊的却是孔庙这皇宫之制的气派：那建筑格式，竟可以和皇帝一样，享用那九重九间的规模，一如紫禁城。作为一介草民的孔子对皇上怎可如此不敬？作为一介寒士的孔子怎可如此奢侈？然而导游却说这些建筑是皇上下令建造的，并褒之为素王。平心而论，孔子的学说真可以“王天下君黎民”吗？纵览历史风云，静思治乱得失，帝王统治天下的心法实乃外儒内道，而儒家学说实已蜕化为儒教，与孔子的本义已大相径庭。封建帝王如此抬高孔子的地位，如此提高儒家学说的知名度，对此，我们究竟是该羡慕孔子还是该敬佩封建帝王？

孔庙的旁边就是孔府，即孔子后代长子长孙居住的地方。据介绍，孔府占地 180 亩，各类建筑 463 间。徜徉其间，只见楼室厅轩鳞次栉比，长廊曲径，扑朔迷离，雕梁画栋，富丽堂皇，是一座典型的中国封建贵族庄园，不愧为“天下第一家”。不过，回味一下导游所说的孔子去世时仅存简陋的住宅三间，不禁生发出“一人飞升，仙及鸡犬”的感慨。回首孔子身后与生前的巨大落差，不禁暗问：这究竟是孔圣人的魅力还是皇帝老儿的英明？

边看边听边思索，对孔子生前死后如此悬殊的际遇，不禁感慨万千：想当年孔子为了推行其学说，广收门徒，周游列国四十年，却不被诸侯采纳，惶惶然如丧家之犬，而这一切只不过是为了恢复不合时宜的周代礼制，即“君君、臣臣、父父、子子”，其生前何等迂腐、何等困顿！死后，由于其学说顺应了统治者维护社会秩序的需要，而为历代统治者所宣传所供奉，一下子好似如来有了佛眼通，令中国人为之眩目对之顶礼，直至今天，香火犹存，这又何其神明，何其通达！然而，这究竟是孔子的荣耀还是孔子的悲哀？

这让我想起了庄子在《秋水篇》中讲的一则故事。庄子在濮水边钓鱼，楚威王派两个大夫去请他到楚国做官。庄子头也不回静静地对使者说：“我听说楚国有个神龟，已死了三千年了。大王很珍视地将它藏在太庙的明堂之上。这只乌龟，是情愿为留下骨头显得珍贵而死，还是宁愿在稀泥中拖着尾巴游来游去地活着呢？”两个大夫说：“宁愿在稀泥中拖着尾巴游来游去。”庄子说：“你们快走吧，我将在稀泥中拖着尾巴游来游去。”庄子因此成了追求自由的智者，后人也从中汲取了生生不已的恢复本心的源头活水；而孔子成了神龟。

正如老子一针见血地指出："天地不仁，以万物为刍狗；圣人不仁，以百姓为刍狗。"刍狗者，祭祀时所用之器具也，用之即来，挥之即去。

时间到了，该离开孔庙、孔府了。好雄伟的孔庙，好气派的孔府，供奉着孔圣人。心愿已了，疙瘩已解，情结已开，全身空灵。该离开孔庙、孔府了，此时天空蔚蓝，阳光明媚，树木葱郁，好一片景致！

四、弘扬中华礼仪文化　丰富"立人"教育内涵

——校本《沿着圣贤的足迹(礼)》序

中华民族是传承千年的礼仪之邦。相传在三千多年前的殷周之际，周公制礼作乐，形成了最初的礼制。其后，经过孔子和七十子后学，以及孟子、荀子等人的提倡和完善，礼乐文明成为儒家文化的核心。西汉以后，作为礼乐文化的理论形态和上古礼制的根源，《礼记》《周礼》《仪礼》先后被列入学官，不仅成为古代文人必读的经典，而且成为历代王朝制礼的基础，对于中国文化和历史的影响持久而深远。随着东亚儒家文化圈的形成，礼乐文化自然成为东方文明的重要特色。毋庸置疑，要了解中国传统文化，就必须了解中国礼仪文化。

任何一个民族的文化都不可能是万世一贯的，必须与时俱进，弃其糟粕，取其精华。在民族精神文化的演进发展中，不断地扬弃，不断地实践创新和丰富完善，优秀文化的因子才会历久弥新，长久地存活在历史的长河中，持续地影响着一个民族的精神面貌和文明素养。中国的礼仪文化也是这样。

立足现实，我们认为弘扬中华礼仪文化，对于建设有中国特色社会主义精神文明具有重要意义，尤其是对于丰富我校"立人"教育实践研究具有一定的价值。

一、礼仪中有太多的真知灼见，值得我们汲取。如"礼之体，敬为主。礼之用，和为贵"，这就告诉我们礼的本质就是对别人恭敬，因此任何没有"敬"的礼都是虚假的礼，都是别有用心的礼，只能引起人们的厌恶、警惕。虽说"礼多人不怪"，可只有符合适度的原则才会让别人高兴，做什么事包括行礼都要坚持中庸即无过无不及的原则。再如对女子的要求是"以诚敬为体，以威仪为用，以中正为则，以谦让为主"，这告诉我们女孩子要注意自己的仪容仪表，端庄大方，不可随意；要对别人谦让，不可蛮横、强势，咄咄逼人，只

有这样的女孩儿才会受到人们的欢迎。另外，古代的礼强调父子有亲、君臣有义、夫妇有别、长幼有序、朋友有信这五伦。古代的伦理原则不正是我们现在在饱受煎熬后渴望得到的吗?

二、社会道德的严酷现实让我们不禁想起了礼仪。近些年来，由国民道德水平引发了许多社会问题，这不仅影响到了成年人，如不少家庭夫妻矛盾、婆媳矛盾突出，离婚率高于结婚率，核心就是只有利益，没有伦理，成为影响社会稳定的炸药包，社会的恶劣风气也影响到了学生，学生也深受其害：有相当的学生孝亲尊师的观念淡薄，忤逆父母，顶撞老师，心中只有自己，不考虑别人，没有扎下德行的根基，致使独生子女的教育成为目前社会最大的问题之一。如此下去，再没有礼仪的教育，教育将南辕北辙，社会将是一片荒芜的沙漠。

三、文化强国需要礼仪。21 世纪是文化的世纪，国家与国家、民族与民族的竞争，将会越来越多地在文化领域中展开。文化是民族的特征。文化存则民族存，文化亡则民族亡。古往今来，真正灭绝于种族屠杀的民族并不多，而灭亡于固有文化灭绝的民族却不少。中华文明是世界四大古文明中唯一没有发生过文化中断的。在未来的世纪中，中华民族能否自立于世界民族之林，基本前提之一，就是能否在吸收先进的外来文化的基础上，建立起强大的本民族主体文化，这无疑是具有战略意义的大事。礼乐文化是中国传统文化的核心，能否将其发扬光大，对于本民族主体文化的兴衰至关重要，对于国家能否强大甚为重要。

基于此，我们选编了这本有关古代“礼”的校本教材读本，目的是想通过一个个活生生的例子引起我们高中生的思考：我们应如何以礼修身，来达到自身的完美？应如何做一个合礼的孩子、学生？我们正处在长身体，长知识，情感、态度、价值观逐步形成的阶段，我们将来要步入社会，应如何合礼地处理好和上级、下级的关系？我们男生要考虑将来如何做才是一名真正的男子汉，才能担负起家庭的重担；我们女生应考虑如何做才是一名贤慧的妻子、孝顺的儿媳妇，让夫妻和美、家庭和睦？这些，本书中的很多例子都可以给我们以启发，有的可以照搬，有的则要采取拿来主义，总之我们要活学活用，学以致用，这才是与时俱进。

是为序。

2013 年 3 月 3 日

五、明理力行《弟子规》

——校本《弟子规》序

余推行《弟子规》于四班已五载。余所以推行者，乃悦于其质惊于其厚而眩于其文，深感大有裨益于莘莘学子，实乃教化弟子之大道，其效优于西方教育理论之粉墨登场者，且余素性驽钝，于西方教育理论涉猎未广，领悟甚浅，卒趋传统教育之一途矣。然鄙人于传统教育如《弟子规》者仍知之甚少，“知耻近乎勇”，于己则诵读之体悟之笃行之，于生则督促之引导之激励之。督促之方乃时时提醒、日日诵读，天天监督。引导激励之法有四：树学生力行之典型、疏学生前进之心障、延事业有成之贤达、和社会呐喊之呼声。予所谓贤达者，区家教中心吴广亮先生、全国劳模北京市优秀教师曲广立先生、区教科所孙铁铮先生、大方广公益网李越女士诸君子是也。其德足以化之，其行足以教之，其名足以镇之。水滴石穿，绳锯木断，乃默默坚持之效也。四班诸生，善良故可拭其心灵之尘垢，明理故可抑其贪欲之蔓延，力行故可制其行为之散漫，虽非至善至美，然殊胜于同年级他班诸生。举所以教化诸生之大端者，曰君、亲、师，曰信、解、行、证。

《弟子规》影响中国数百年，不肖子孙如鄙人者犹蒙其泽，浸溉之既久，方知慧海无边，高山仰止，景行行止。徘徊瞻顾，不乏有识之士振臂高呼，乃有忠厚之士躬耕实践，且遥相呼应矣，然欲无愧于祖先，任重而道远。学校欲开发校本课程，吾欣闻《弟子规》位列其中，教于初一新生。余虽驽钝，琐事不少，然于编《弟子规》校本一事则未尝敢懈怠焉。《周易》有云：“积善之家，必有余庆”，编写《弟子规》为行善积德之举欤？《学记》曰：“教学相长”，传授《弟子规》为增长智慧之途欤？

毕竟鄙人才疏，教学汲汲，欲成此事，颇有难度，然有识之士如杨淑芬先生，其人余幸得而见焉，于《弟子规》研究深入，力行不已，实为大德。故此次校本初稿以其讲述为基础，依《弟子规》内容顺序，从明理和力行两方面，根据学生实际，予以增删。迨正式开讲，则根据初一实际，进行修改。

望大方之家不吝赐教！

是为序。

2009 年 8 月 28 日丑时

写于高三暑假临时办公室南平房

六、传承经典文明的火炬

——以信、解、行、证推行《弟子规》的实践

《弟子规》影响之大，诵读之广，仅次于《三字经》。该书分五个部分加以表述，具体列出则是为人子弟在家、出外、待人接物、求学应有的礼仪与规范。特别讲求家庭教育与生活教育，是启蒙养正，教育子弟防邪存诚，养成忠厚家风的最佳读物。

中华民族向来以礼仪之邦著称，依靠的正是《弟子规》一类的传统经典。在开展文明礼仪活动中，我觉得《弟子规》距离我们较近，更容易为我所用。既然如此，我何不尝试用《弟子规》作为教材，从高一开始实施文明礼仪教育呢？

为了更好地推行《弟子规》，我在信、解、行、证四个方面进行了一些探索。

先说信。信是根本。

如何增强学生的自信心呢？我告诉学生：《弟子规》是圣学的根基，光会念会背没有用处，重要的是要能做到，每一句每一个字都要落实，不能违背。这是圣学的骨干。像我们盖一栋大楼，《弟子规》是结构的架子，非常重要，要真正相信、理解、肯做，不能只做表面。经学校同意，我先后聘请了区教科所的孙铁铮老师，区家教中心的吴广亮老师，全国劳模、北京市优秀教师曲广立老师，大方广公益网的李越老师作为我班的课外辅导员。他们德高望重，说话有分量，更能增强学生学习、力行《弟子规》的信心和决心。孙老师主编的《教育情报》内容丰富，针对性强，有智慧，实用，新鲜，成为我和学生多年来经常学习的重要资料。经过一年的学习，学生的信心大增，经过两年的学习已养成习惯，信心已潜移默化了。

再说解。解是基础。

由于《弟子规》是用文言文写成的，因此首先存在着文字上的障碍。如何解决这一问题呢？我的方法之一是每天早晨挤时间，先是学生一起读，一者正音，二者营造良好的氛围，三者便于学生自己理解。等读得较熟了就让学生自己读，读懈怠了再一起读，再懈怠就请个人读，读着读着就成诵了。通

过读，学生慢慢由理解得少到理解得多，到大体理解。开始读的目的是理解，等理解了之后再读的目的就是提醒自己按照《弟子规》来做，对照检查一下自己哪些方面做得好，则加勉，正所谓“慎终如始”。

方法之二就是结合班中出现的问题讲解。在高一时讲得最多的有这么几句：“父母呼，应勿缓；父母命，行勿懒；父母教，须敬听；父母责，须顺承”，这主要是针对在家不孝敬父母、没规矩、要脾气的现象；“路遇长，疾趋揖；长无言，退恭立”，这主要是提示学生要主动和老师打招呼；“将加人，先问己，己不欲，即速已”，这主要是针对班中不遵守纪律和不能为学生创造良好的学习、休息环境讲的；“有心非，名为错；无心非，名为恶。过能改，归于无，倘掩饰，增一辜”，这主要是针对学生中明知故犯和有错不改的现象；“唯德学，唯才艺，不如人，当自励；若衣服，若饮食，不如人，当自励”，这主要是告诫学生当志向高远，不要沉溺于物质享受之中；“房室清，墙壁净，几案洁，笔砚正”，以此鼓励大家做好、保持好教室的卫生，收拾好自己的桌面。

另外，我还注意向学生及时提供《弟子规》与现实结合得好的信息。2006年的五一期间，我自费去安徽庐江文化教育中心学习《弟子规》，其中周永杉老师讲的《弟子规——企业家的摇篮》很精彩。我回来后便利用班会时间给学生讲，反响很好。

然后说行。行是关键。

教师必须身体力行，以身作则，也就是《弟子规》所说的“身贵端”。虽是老生常谈，却是真理。老师本来就是世人做人的表率。以身作则不一定就能带好班，但不以身作则一定带不好班。如何力行呢？对长者“或饮食，或坐走，长者先，幼者后”，在学生面前“步从容，立端正”，从学生手中接送物品必须用双手，要求学生按时到校，我必到，如若没有做到要求学生做到的，我会接受至少和学生一样的处罚。对学生而言，在每周一篇随笔的常规作业中让学生在每月的第一周以《弟子规》为话题写一篇随笔，要求就其中的某一句话联系现实加以生动的阐释，批改、选择、归类，然后在班会上交流彼此的理解、经历。学生自己的理解、经历更容易为学生所接受，其影响是潜移默化的，因此效果更显著。

最后说证。证是验证。应该说《弟子规》已深入学生之心。这体现在我们班学生有规矩至少在全年级是出了名的。大多学生见到老师必毕恭毕敬地问好，和老师接送物品时必用双手。我班的学生上课做得较好，课间教室绝大多数时间较安静，午休时间教室里的安静在全校都是很出名的，为此教育处还特意安排我在班主任会上做了交流。

（本文收入由北京市教委德育处编，由北京出版社出版的《细节育文明礼仪迎奥运》一书中，有改动）

跋

这本书是我近二十年语文教学的总结。近二十年来，对阅读教学、作文教学从一无所知到有了自己的教学理念；对上课、考试从茫然到相对熟悉；对写文章、编杂志从无从下手到“轻车熟路”。能有这些进步，首先离不开王俊鸣老师、余明忠老师、王征老师的提携与指教。

1998年毕业刚来丰台实验学校，语文组让我上节公开课——《眼睛与仿生学》，我心里真的没底。一天下午，天儿很热，余老师从对面的办公室赶过来，让我到他办公室说一下上课的思路，我如同沙漠中的旅人看到了泉水，欣喜、感激之情油然而生。余老师那时只是一名普通老师，正教高三。我有个观人的方法：在你最无助时，真心帮助你的人就是你真正的贵人。从此我和余老师就走得近了，待之以师礼。中午吃饭一般都找余老师一起吃，或在食堂里，或在干休所，或在小面馆，吃饭时或饭后遛弯时我常常向余老师请教自己备课中的问题，请教上公开课的事情，询问考试的诀窍，余老师对我从说得少，不大动感情，到后来说得多，喜怒形于色，不遗余力地指点。再到后来，不仅教学的事，连人际往来的事，余老师都加以关注，或躬亲，或提醒。连过年过节去看望他时，他都一如既往地对我耳提面命，有时甚至声色俱厉，我当然知道，这是真把我这个徒弟放在心上了，或者如余老师所言，把我真当成自己的孩子了，就俯身倾耳以听。我请教文言文时，余老师可以背着课本和我说，这让我大为佩服，余老师告诉我他当初文言文底子也薄，就背书，慢慢就崭露头角了。他要求我也这样，我听话，课本中的文言文基本上都可以背下来，甚至现代文也背，水平就大长，文言文教学就成了我的一个特色；也因此在教学中有了更多的新发现，就写成备课札记，时间一长，竟攒了不少，这成为我写论文的源头活水，这要归于背诵之功。即使仅凭这一点，我也要终生感念余老师。我上公开课时，余老师经常和我说他在汉中讲大课，讲课都是“呕心沥血”，每一次上大课的教案都是一个剧本，里面有假设的师生对话，经常对镜自照，勤加练习，师父都如此，我怎敢怠慢？我累，余老师比我还累，又是说课，又是看教案，又是听试讲，又是听课，又是督促我写课后反思。2000 年，我的第一篇 3500 多字的有关《梅花岭记》的教学反思在《丰台教育》上发表了，我很兴奋，余老师也很高兴，认为我笔头还是涩，就让我写三年日记，我照做了，写了四五年，日记本有好几本。后来余老师是特级了，大约有三四年的时间，《中华活页文选》《北京教研》《丰台教育》向余老师约稿，余老师就让我写，他提意见，我再改，直至余老师点头，一篇稿子才算通过，这样我写论文的水平也就慢慢提高了。后来，我的稿件余老师都会过目，重要的如在丰台区有关师德的演讲，余老师就亲自改，并让我从中学习写作的门道。这样，余老师帮我攒了不少文章，我深深知道发稿对我是多么不容易，因为余老师退休后的这七八年时间里，我只在《丰台教育》上发了一篇文章，因此在写作上、论文的积累上我受益于余老师的最多。参加工作后第六年首次教高三时，我很紧张，余老师也紧张，反复和我说备考的注意事项，连我去送余老师坐车在马路边等车时都叮嘱我；当高考成绩不错时，余老师比我还高兴，并叮嘱我把这三年带班、教学的做法、经验、教训分门别类地写下来，我就写成了三万字左右的资料《走过这三年》，余老师则是见着领导、遇到杂志社认识的编辑就宣传，就推荐，可谓逢人说"张"，后来这些材料慢慢都用上了。余老师还谆谆告诫我一定要把学校的文学社传承下去，虽然没有名利，但这是语文老师分内的事，做起来，做下去，做好它，这对提升学生的自信心，增强老师对文章的辨别力都有莫大的好处。于是我坚持下来了，一直坚持出杂志，出班刊，不仅有纸质的，还传到学校的网站。在 2014—2016 两个学年，我上传了 2000 多篇学生的作品，受益匪浅。王俊鸣老师退休后，余老师过年时带着我和何宏亮老师去看王先生，请王先生吃了顿饭。去的路上，余老师跟我们俩儿说，退休后不如退休前门庭若市，门庭就冷清了，我们更要常常去看王先生。余老师退休后，我看余老师如故。退休前余老师把他珍藏的《语文教材研究》六册书送给了我，说这套书是从汉中带过来的，教书主要靠这套书，很少示人，我知道余先生的深意，我定不负先生的厚望。余老师退休后最初几年经常到校协助学校做一些事，同样有机会就推荐我，后来，《北京青年报》就用一个版面图文并茂地介绍了我带班的经验，这只是一例而已。

刚工作就听教语文的老教师说王征老师讲课曾获全国一等奖，在北京市小有名气。听了王老师几节课，感觉就是轻松，如话家常，如沐春风。在教课上王老师给了我很多的指导。王老师第一次评我的课《梅花岭记》是在我教书的第二年，优点足，不足准，从读音到知识再到上课的表情，条分缕析。

到了第三年和王老师高二同头(在一个年级共事)，王老师提出讲课外内容，集体备课，资源共享，一人承担一个内容，讲全年级的课，讲到本班时，任课老师要听课，之后要评课，如此一年，现在想来，收获真多。王老师评课给我印象最深的是要抓语言，要深入浅出，上课语言要口语化，不要背教参或其他参考书上的书面语，不要板着脸，要亲切，要在学生基础和老师的教学目标之间搭桥铺路。到了教学的第八年即 2005 年下半年又开始同头，一直到 2014 王老师退休。八九年的时间里，我们一直在一个办公室。这期间，我上公开课的时候王老师继续不遗余力地听课、指导，如讲《国殇》时，王老师针对我朗诵示范的环节提醒我：既然描写的是战斗的场面，就要把学生、听课老师带入当时的情境中，因此在朗诵前要渲染一下自己作为一名爱国战士的情怀，开始朗诵时要加一句“听，战场上战鼓擂响了”，在学生诵读环节也要提醒男女生以战士的心态来读，在男女分开读、合读时都强化男兵、女兵方阵的意识，提高士气，效果很好；帮助我精心设计板书，反复斟酌写多少字，字如何摆放，字的颜色如何搭配，力求有美感。我第一次参加区骨干教师“创新杯”大赛时，对参赛的文章《秋天的音乐》，王老师自己也研读，然后拿着上面写得密密麻麻的稿子给我说课，然后又听我说课，提出修改意见，又多次询问准备的情况，如同自己参加比赛一样。王老师退休前的几年，我在忙着编文言文版的校本教材《沿着圣贤的足迹》，以八德(孝悌忠信礼义廉耻)分类，每类按内容分组，每组的内容相近，约十篇左右，每组前写“导语”，要写好“导语”，就要通读每组的全部文章，之后要看出“同”，更要看出“异”，这种事烦琐而辛苦，一般人不愿做，有时我忙不过来，请王老师帮忙时，王老师欣然同意，并且按时高质量地交稿。看着王老师作文纸上隽秀的字儿，敬佩、感激之情油然而生。如今王老师已退休两年，但当时的情景历历在目。

王俊鸣先生，在他七十大寿的时候，我给先生写了一篇文章向先生汇报自己学习的收获。时间又过去了六年，我每有发现，就把写成的小文章发给先生，请先生斧正，先生都把自己的看法详细地告诉我，好的赞许，有问题的提醒，错误的指出，先生看过了我就踏实了。本书“备课札记”中的文章，先生也都审阅过。2015 年上半年上区级公开课《伶官传序》，我频繁地向先生请教，先生不厌其烦，详细指导，最终确定了本文的教学价值——议论文的论证思路，这节课获得一致好评，我也踌躇满志。须特别提及的是，近两年向先生系统地学习了解读各种文本的普适规律和读懂诗词的特殊规律，为此微信、短信、邮件往来频繁，超过了以前十多年的总和，先生诲我不倦。这两年我长进很大，先生也表扬我质疑能力有了进步，这是先生给予我的莫大的财富，没齿难忘。

这些年最重要的收获是有了明确而系统的教学理念。王俊鸣先生继承叶老的思想，进而提出语文教学的核心目标是让学生获得语文智慧。就阅读方面说，首要任务是让学生把书读明白，然后才提得到鉴赏审美。把书读明白，要探究两个规律：文本的规律和读书者的思维规律，只有建立在对这两个规律正确认知基础上的教学法才可能是有效的。为此，先生提出了“文章诸因互解律”，进而提出了诸因互解的系列文章解读法。在教学环节上，先生根据学生学习心理的规律，提出了“四环节”的主张：接受性学习、实践性学习、总结性学习、拓展性学习。这些观念和主张，引导我的教学走上了自觉而有效的道路。我付诸实践，学生喜欢，确实有效。我当继续努力，反复实践，以求得心应手。

就作文教学方面说，先生从基础教育的基本任务出发，强调作文与生活的辩证关系，突出一个“真”字：真相、真理、真情、真语言。据此，我更关注学生的情感世界，关注读书，因此随笔和剪报（即抄好文、写推荐理由）作业成了常规作业，“随笔（剪报）交流课”应运而生，点评时“为什么写”比“怎么写”更重要，学生积极性高涨，15 本文学社杂志和 12 本班刊是证明；写议论文，同样关注为什么写，即要解决什么问题，突出一个角度，深入论证，论证中理由得真，不能造假，才能让人信；理由要充分，不能干瘪，才能让人服，近两年来课前五分钟演讲是我在这方面的实践，演讲前我要和学生说稿，虽累却有效，班刊《指点江山　悦读经典（2016 届、2017 届演讲集）》是阶段性的总结。以后议论文的训练当在有序上下功夫。

其次，我要感谢区里的三位教研员管然荣老师、亓东军老师和谢政满老师。他们给了我讲公开课的机会，带着我出教辅书，指导我出文言文模拟题，在教学上给了我很多切中肯綮的指导。我还要衷心感谢《北京教研》曾经的编辑张素珍老师，在我教龄不足十年时，对我的稿子青睐有加，甚至曾约我为“专栏作者”，虽然因我有自知之明而委婉谢绝了，但这事却增加了我的自信，给了我前行的动力。我还要感谢白素云老师、韩明英老师。她们来校视导两年，两周听一次课，使我的课堂组织更加有效，教学视野更加开阔。

最后，我还要感谢丰台实验学校历届领导对我的理解、宽容、关心、爱护和支持，使我能够在一个相对宽松的环境中踏踏实实地、心无旁骛地教书育人，使我的努力、实验成果能够及时结集成册，得以物化。